소신 있게
엄마표
꼭육아

일상의 별별 상황에 바로 적용할 수 있는

소신 있게
엄마표
끌육아

한송희 지음

SNOWFOX

프롤로그

요즘 〈삼시세끼〉, 〈미운우리새끼〉, 〈나 혼자 산다〉와 같은 프로그램이 인기가 있는 걸 보면, 연출된 모습보다는 리얼한 모습이 사람들의 마음을 더 움직이는 듯해요. 꾸미지 않고 있는 그대로를 보여주는 출연자들의 삶을 보면, 우리와 별반 다를 것 없는 모습들이라서 더욱 공감이 가는 거죠.

저는 육아서도 마찬가지라고 생각해요. 하지만 시중에 나와 있는 대부분의 육아서는 이론이나 방법에 초점이 맞춰져 있었어요. '있는 그대로, 가감 없이 현장육아를 논하는 책이 있다면 좋을 텐데.' 이 생각이 계기가 되었죠. 책에 담으면서 조금은 정제되고 정돈되었지만, 생생한 현실 육아를 담고자 노력했어요.

이미 육아를 하고 계시거나 아직 육아를 경험하지 않으신 분이어도 글 속의 상황을 상상하며 읽다보면, 결코 멀리 있지 않은 우리 주변의 긴박한 육아 현장을 떠올리실 수 있을 거예요. 다음 이야기를 시작하기 전에, 어떤 상황을 가정해볼게요.

A 상황 : 엄마가 애가 울든지 말든지 청소를 하고 있어요.

B 상황 : 엄마가 기차 안에서 아이가 하는 질문을 무시한 채 멍하니 있어요. 급기야 가만히 좀 있으라며 아이를 다그치죠.

A와 B의 엄마는 나쁜 엄마일까요? 아직 나쁜 엄마로 판단하기는 이릅니다. 조금 연출된 현실 현장으로 좀 더 깊이 들어가 볼게요.

A 상황의 엄마는 아이가 넷인 엄마예요. 집엔 막내와 엄마뿐이에요. 큰 애 둘은 학교에 갔고 셋째는 어린이집에 갔지요. 이 엄마는 돌쟁이 막둥이를 돌보며 외벌이로 가정을 이끌고 있어요. 그래서 매일 해야 할 집안일이 쌓여있죠. 우는 아이를 보면 마음이 아프지만 지금이 아니면 청소기를 돌릴 시간이 없어요. 얼른 청소기를 돌리고 아이를 안아 젖을 먹인 후 다시 바닥을 닦고, 보채는 아이를 재웁니다. 쉴 틈이 없네요, 아이들이 돌아오기 전에 설거지를 끝내고 식사 준비를 해야 하거든요.

B 상황 속 엄마의 이야기도 해볼게요. 남편과 관계가 틀어져 힘든 상황이에요. 기차를 타고 여행을 가는 게 아니라 혼자 아이를 데리고 시댁의 집안 행사에 가는 길이었죠. 그런 와중에도 아이의 질문은 끊임없이 샘솟아요. 이거? 저거? 그거? 요고? 자꾸 물어봐요. 계속 대답해주다가 질문이 끊겨 잠깐 쉬는데, 아이가 또 묻는 거예요.

이렇게 A와 B의 엄마가 처해있는 사정을 알아봤어요. 어쩌면 우리는 '나쁜 엄마'와 '좋은 엄마'라는 이분법으로 타인을 혹은 내 자신을 판단하고 있었는지 모릅니다. 하지만 내 상황과 상대의 입장을 더 자세하고 신중히

들여다보지 않는 한 우리의 육아를 판단할 사람은 아무도 없어요.

　　육아는 그래요. 기준이 모호하고요. 육아법대로 따라 해도 잘 안 되더라고 말하죠. 그건 내 상황과 다르기 때문이지 그 육아법이 잘못된 게 아니에요. 훈육관련 책을 열심히 독파하고 그대로 했더니 그 날만 괜찮더래요. 아이가 원래의 모습으로 돌아왔다며 하소연을 하는 엄마가 있었어요. 보편적인 훈육법을 적용했기 때문이죠. 아이와 관계 자체가 틀어져 있었는데 훈육법이 통할 리 없어요.

　　우리는 육아의 기본을 잃어가고 있어요. 가장 기본이 되는 틀을 놓치고 살고 있죠. 저는 그 이야기를 할 거예요. 제가 제시해 드리는 육아법들은 어쩌면 복잡해 보이지만, 가장 기본인 '사권신공' 스킬을 장착하고 육아법을 적용한다면 큰 어려움 없이 엄마도 아이와 즐겁게 육아를 할 수 있다고 자신 있게 말할 수 있어요.

　　평범한 엄마가 아이와 24시간 부딪히며 경험했던 육아의 민낯을 고스란히 담아냈어요. 육아에 대해 1도 모르고 무턱대고 덤볐던 어리석음과 교만함이 모두 무너지고, 뭉개지고, 몸부림치면서 알게 된, 진한 육아의 정수를 이 한 권에 한 땀 한 땀 정성껏 담았어요.

　　유명하지 않은 사람의 글이라도, '진짜'를 알아봐주시는 독자의 손에 들려졌으면 좋겠어요. 일상에서 기저귀 갈다가도 보고, 식탁에서 라면 먹다가 국물 묻혀가며 읽고, 설거지하다가 물때 묻히면서 보고, 무엇보다 아이와 함께 보는 책이 되길 바라요. 밑줄을 쫙 그으며 보셔도 좋아요. 더 궁금한 게 있으시면 언제든 제 블로그에 와서 물어보세요.

나아가 어디든 엄마들이 모여 각자의 육아법을 이야기하며 서로의 꿀팁을 공유할 수 있는 작지만 단단한 발판이 되는 책이 되길 간절히 바랍니다.

천 명의 아이가 있다면, 천 가지의 육아법이 있어요. 그리고 내 아이를 위한 육아법은 세상에 단 하나뿐입니다. 당신의 육아법은 무엇인가요? 우리 같이 찾아볼까요?

세상에 태어나 온갖 재료를 이용해 만들 수 있는 것들은 다 해보았습니다. 그 중 가장 어렵고 으뜸이 가는 일은 '사람' 만드는 일이라고 생각합니다. 저는 그 일을 더 즐겁게 하기 위해 책을 쓰기 시작했고, 책이 나올 수 있게 도움을 주신 모든 분들께 이 지면을 통해 감사의 인사를 전하고 싶습니다.

특히 언니가 글 쓰는 동안 이따금씩 제 자리를 대신해준 동생과 늘 묵묵히 곁을 지켜준 남편, 부족한 점이 많음에도 세상 누구보다 최고인 엄마로 만들어주는 서뉴, 으뉴에게 고마움을 전하고 싶습니다. 무엇보다 많은 원고의 양을 줄여가며 다듬는 과정을 함께 해주시고 멋진 책으로 만들어 주신 스노우폭스북스 직원 분들과 저와 함께 호흡을 맞춰간 이현진 에디터님 그리고 제 곁의 모든 분들께 진심을 담아 고마움을 전합니다.

— 서뉴 · 으뉴 엄마 한송희

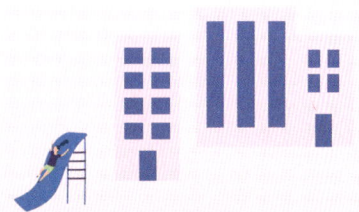

차례

프롤로그 ★4

chapter 1
육아, 그 멀고도 험난한 길

내 육아는 왜 힘든 걸까? ★15
육아 완벽 주의? 그러다 쓰러진다 ★19
양육도 대물림이 된다 ★24
내 아이가 떼쓰는 이유는 옆집 아이와 다르다 ★30
사랑스런 미치광이 ★36
육아서 이론대로 크는 아이는 없어요 ★41
육아의 기본기 다지기 : '사권신공' 스킬 ★44
엄마가 주고 싶은 사랑 말고 아이가 원하는, 사랑 ★46
엄마의 리더십, 권위 ★51
엄마 말만 믿게 되는 마법의 약속, 신뢰 ★54
이것만 알면 공감하기도 누워서 떡 먹기, 공감 ★57

chapter 2
옆집 엄마는 모르는 우리 집 육아

엄마 껌딱지, 이건 아니지	★ 65
분리불안 완전 정복	★ 67
말 못하는 아기라고 양치기 엄마는 되지 말자!	★ 71
아무도 알려주지 않는 돌쟁이 훈육법	★ 78
막무가내 3세 이하 탐험기 아이를 위한 집 세팅!	★ 85
안 돼! 하지 마! 만지지 마! - 전쟁의 서막 3종 세트	★ 87
호기심 끝판 왕, 어지르기 선수, 망치기 선수	★ 94
미운 네 살, 막무가내 일곱 살도 변하는 마법	★ 101
우리 아이 이럴 때는 어떻게 해야 할까요? - 7가지 별별 상황 해결법	★ 109
두려움과 걱정이 많은 아이(생각 탐험가)	★ 130
손톱 물어뜯는 아이	★ 142
잠시도 가만히 있지 못하는 아이(자극 탐험가)	★ 147
욱하는 아이 화 다루기	★ 162
아이가 감동하는 칭찬법	★ 171
결과보다는 과정을 칭찬하기	★ 174
스마트폰과 동영상 제대로 노출하기	★ 178

chapter 3
엄마 없이도 당당한 우리 아이

유치원·어린이집 시원하게 결정하는 꿀팁	★ 191
울던 아이도 금세 적응하는 엄마의 스킬	★ 212
울면서 가는 아이 이렇게 다루자!	★ 219
치마 바람? NO! 이제는 준비하는 베스트 맘 시대	★ 223
우리 애가 친구한테 맞고 들어왔어요!	★ 228
뱃속에 동생이 있어요!	★ 232
동생을 만나기 전에!	★ 234
드디어 동생이 태어났다!	★ 240
우리는 사이좋은 형제	★ 250

chapter 4
짓 하게 안 먹는 아이도 온 종일 먹을 것만 찾게 되는 엄마의 레시피

아이가 밥 잘 먹게 되는, 엄마 마음 세팅 5단계!	★ 265
어디, 이래도 안 먹나 봅시다!	★ 267
자다가도 벌떡! 엄마표 레시피	★ 276

chapter 5
본능에 충실한 우리 집 꼬맹이 이해하기

배변 훈련은 이렇게	*287
애착 물건은 소중하게	*295
벌써 성교육이 필요 할까요?	*299
성폭력 예방을 위한 5가지 특훈	*308

chapter 6
엄마 마음 사용 설명서

엄마는 상황실장	*315
육아의 블랙홀에서 빠져나오고 싶을 때	*317
생존 육아법	*327
엄마의 화 다스리는 리얼 현실 팁	*336

에필로그   *344

『소신 있게 엄마표 꿀육아』를 읽기 전에 참고해주세요!

하나!

본문에 '엄마'라는 단어가 많이 나옵니다. 이는 내용상의 유연함과 편의를 위해 '엄마'로 표기했을 뿐입니다. 이 책을 읽는 분의 상황에 따라 '주 양육자'(아빠, 할머니, 할아버지, 베이비시터, 선생님)로 변경하여 읽으셔도 좋습니다.

둘!!

본문에 육아 상황에 따라 읽으면 도움이 될 만한 책을 소개해드리고 있어요. '고품격 육아를 위한 추천도서'라고 해서 해당 책을, 꼭 해당 상황에 읽어야 한다는 강제적인 의미를 두고 있지는 않아요. 자유롭게 골라 읽어보세요.
그림책이 육아에 도움이 되는 건 사실이지만, 단순히 참고 도서로만 여기시면 아쉬운 점이 많아요. 그림책의 매력은 실로 어마어마하답니다. 평소에도 그림책을 가까이 두고 무궁무진한 상상의 세계에 빠져보세요.

chapter 1

육아, 그 멀고도 험난한 길

내 육아는 왜 힘든 걸까?

자면 깨우고 싶고, 놀고 있으면 재우고 싶은 게 엄마 마음이죠. 눈에 넣어도 예쁠 것 같은 내 아이와의 행복한 하루가 동전의 앞면이라면, 바로 뒷면에는 금방이라도 쓰러질 듯 위태롭고 힘든 육아의 현실이 존재해요. 아무리 육아서를 읽고 노력해도 양육 환경은 달라지지 않죠. 엄마들은 매 순간 최선을 다하는데 무엇이 문제일까요? 방법은 없을까요?

이 질문의 답을 찾기 위해서는 '왜, 무엇 때문에 하루에도 몇 번씩 천당과 지옥을 오가는지' 그 이유를 제대로 알아야만 합니다. 그래야 이 현실을 타개할 수 있어요.

저도 한때 같은 의문을 가지고 있었어요. 육아에 치여 하루하루를 버티듯 살다 보니 어느 순간부터 제 예상과 완전히 빗나간 삶을 살고 있는 거예요. 그때부터 '무엇이 나를 이렇게 힘들게 하는지' 매일 생각했어요. 우선

수면 부족에서 오는 스트레스가 있었죠. 그다음은 체력 저하, 자율성의 소멸, 인권침해 등으로 인한 의지력 고갈, 밤낮 없이 이어지는 육아와 집안 노동, 예전과는 180도 달라진 사회적 위치, 양육 대물림, 엄마 역할을 잘해내지 못하고 있다는 죄책감, 물음표 가득한 우리 아이의 성장 발달과정 등 엄청나게 많은 어려움이 있더군요.

저는 좀 더 깊숙이 이 문제를 파헤쳐 보기로 했어요. 그리고 세 가지 원인을 알게 되었죠. 첫 번째는 육아 완벽주의(더 잘하고 싶은 마음), 두 번째는 양육의 대물림에 매인 삶(우리 엄마도 이랬어! 그러니까 나도 어쩔 수 없어), 세 번째는 육아서의 해석에 따른 오류, 네 번째는 내 아이에 대한 정보 부족(아이의 성향과 성격, 연령에 따른 성장 발달에 대한 제대로 된 이해)이 문제의 원인이라는 사실을 알 수 있었어요.

엄마들이 힘든 진짜 이유는 자신만의 뚜렷한 가치관이나 기준 혹은 원칙이 없는 육아를 하고 있기 때문이었죠. 내 안에서 답을 찾고, 우리 아이와 합을 맞춰야 하는데, 엉뚱하게 옆집 아이나 육아서에서 해답을 찾고 있었던 거예요. 그뿐만 아니라 결혼·출산·육아에 대해 가지고 있는 어떤 환상들이 우리를 더 복잡한 미로 속으로 인도하고 있었죠.

- 결혼하면 화목하고 안정적인 삶이 될 거라는 환상
- 아이를 낳으면 행복하고 안정적인 삶이 될 거라는 환상
- 내 아이는 착하고 똑똑한 영재로 태어날 거라는 환상

이런 환상들은 시간이 지나면 자연스럽게 사라지죠. 그리고 우리는 현실과 환상이 엄청나게 다르다는 것을 깨닫게 됩니다. 시간도, 경제적으로도 여유롭지 않은 상황에서 내 아이가 결코 똑똑하고 착하기만 하지 않다는 현실을 마주하게 돼요. 머리로는 이해가 되지만, 인정하고 받아들이기가 쉽지 않죠.

육아 공부도 해야 하고, 남편한테 이해도 구해야 하고, 양육의 대물림으로 인한 어려움도 이겨내야 하고, 아이의 개성도 받아들여야 하는 현실에 엄마의 몸과 마음은 점점 무거워집니다. '나'에서 '엄마'로의 대대적인 환경 변화 앞에 속수무책으로 무너져 내리는 좌절감은 또 어떤가요.

어쩌면 이런 혼란은 당연해요. 모든 게 처음이니까요. 첫 결혼이고, 첫 출산이고, 더군다나 이런 현실에 대해 아무도 알려주지 않았으니까요. 어렵고 힘든 것이 당연하죠.

육아로 힘든 하루하루를 보내던 저는 어느 날 문득, 이런 문제가 생각보다 심각하지 않다는 생각이 들었어요. 인생이 하나의 선으로 이어진 것도 아니고, 누구나 불완전한 상태로 살아가고 있다는 현실을 자각한 거죠. 불완전함을 인정하지 않기 때문에 불행한 거였어요. 먼 미래를 생각하다 일상의 소소하지만 소중한 것들을 놓치고 흘러보냈던 거예요.

저는 먼저 표면적으로 드러난 문제를 살펴보았어요. 깊숙이 들어가니 표면적으로 드러나 있던 문제는 정말 큰 문제가 아니었죠. 누군가한테 이런 육아 고민을 털어놓았더니, 주변에 도움을 청하고 마음의 짐을 내려놓으라고 조언하더군요. 하지만 지금 제게 필요한 것은 내려놓음이 아니라 받아들이는 것이었어요. 문제 해결의 실마리는, 현실을 있는 그대로 받아들이는 것으로부터 찾을 수 있다는 깨달음을 얻게 되었죠.

육아 완벽 주의? 그러다 쓰러진다

"그만해! 그만! 엄마, 돌아버릴 것 같아!"

가끔은 저도 모르게 아이들한테 이렇게 소리 지르고 맙니다. 그것도 아이를 향해서 말이죠. 누구라도 이런 상황을 겪는다면 다르지 않을 거라고 위안을 삼아보지만, 소리를 지르고 난 다음엔 어김없이 죄책감이 몰려와요.

두 아이는 한 시간 내내 쉬지도 않고 질문을 하며 요구를 했죠. 누가 더 목소리가 큰지 내기라도 하듯 악을 써대니 질문인지 떼를 쓰는 건지 알 수 없는 지경이었어요. 24시간 두 아이와 함께 지내며 단련된 저도 이런 상황엔 두 손 두 발 들고 맙니다.

예민한 첫째 '서뉴'를 낳고, 둘째 '으뉴'까지 낳고 난 후로 부쩍 육아가 버거워졌어요. 그때 저는 제 자신에게 진지하게 물었어요. "내 육아는 왜 이토록 힘든 걸까?" "엄마가 처음이라서 힘든 걸까?" 맞는 말이지만, 뭔가 이상하잖아요. 어떤 일이든 하면 할수록 익숙해져서 조금은 쉬워지는데, 벌써 7년째인 육아는 이상하게도 해가 거듭될수록 어려워집니다.

한때 제게도 '엄마라면 이래야 해'라는 저만의 기준이 있었어요. 부모님이 맞벌이로 바쁘셨기에, 저는 훗날 아이를 낳는다면 제 모든 것을 포기하더라도 아이만을 위하리라는 생각을 하기도 했어요. 하지만 이제는 알게 되었죠. 아이만을 위하는 엄마가 꼭 좋은 엄마는 아니라는 것을요.

어쩌면 우리는 '완벽한 엄마'가 '좋은 엄마'일 거라는 착각에 사로잡혀 있는 건 아닐까요? 나는 충분히 아이에게 잘해주고 있는데 꽥 한 번 소리 지른 걸 가지고 '전문가가 이렇게 하라고 했는데 난 그러지 못했어!', '육아서에서 이렇게 말하라고 했는데, 난 좋은 엄마가 아니야!' 하며 혹시 죄의식을 가지며 살고 있지는 않나요? 또는 '엄마라면 이래야 해'라며 혼자만의 가이드라인을 세우고 살아가고 있지는 않은지요?

저 역시 이런 가이드라인을 세우며 나름대로 '완벽한 엄마 코스프레'를 하며 살았어요. 그런데 둘째가 딱 15개월이 되는 시점부터 모든 게 뒤엉키기 시작했죠. 어느 날은 첫째의 어린이집 하교 시간이 임박했는데, 둘째는 울고불고 난리였고, 집 안은 난장판이었죠. 그때 저는 그야말로 멘붕(멘탈 붕괴) 상태에 빠졌어요. 밤에 두 아이를 재워두고 거실에 나와 가만히 앉아 있으니 온갖 생각이 스칩니다.

'이건 아니지. 나 행복하고 애들도 행복하려고 사는 건데. 그래서 이 모든 고생을 감수하는 건데. 이건 오롯이 이 한 몸 바치는 일이요, 나 죽자고 하는 짓이 아닌가? 내가 없는 내 인생이라니!'

그런 생각이 파도처럼 밀려옵니다. 제가 본격적으로 달라진 건 그때부터였습니다.

그 전까지 저는 '나보다 아이가 먼저인 삶'을 지향하며 참고 인내했고, 아이의 모든 것을 받아주어야 한다고 생각했어요. 완벽할 수 없는 일인데도 불구하고, 제가 할 수 있는 일 이상을 하려다 보니 육아는 힘에 부치고 힘들기만 했죠.

많은 육아서가 '아이는 엄마 하기 나름'이라는 말로 완벽한 엄마의 모습을 부추깁니다. 각종 미디어에는 무슨 무슨 영재가 등장해 엄마들이 어떻게 해야 하는지 아주 상세한 지침을 제시하죠. 영재의 육아 방식이나 전문가의 이론에 근거한 육아 방식은 단지 한 가지 사례일 뿐인데도, '우리 아이도 그렇게 잘 키우고 싶다'는 욕심이 엄마들을 영재 교육의 노예로 만듭니다. 내가 잘하면 우리 아이가 잘 클 거라는 믿음이 엄마 속에서 쑥쑥 자라나죠.

요즘은 다양한 채널을 통해 육아 전문가의 의견을 들을 수 있어요. 얼핏 보면 달라 보이지만 결론은 늘 똑같습니다. 결국 자신의 삶을 모두 내려놓고, 아이를 위해 희생하는 엄마가 되라는 말이에요. 육아엔 환경이 중요하니까 엄마가 나서서 이상적인 육아 환경을 갖춰줘야 한다는 이야기지요.

하지만 과연 그런 엄마가 진짜 좋은 엄마일까요? 저는 그렇지 않다고 생각해요. 과거엔 아이를 위해 희생하는 엄마가 좋은 엄마였을지 몰라도, 이제는 당당하게 내 가치를 높이며 자신을 사랑할 줄 아는 엄마가 좋은 엄마라고 생각해요. 사회인이자 동시에 엄마라는 역할을 감당해야 하는 것이 요즘 엄마들의 삶이죠. 바쁘고 힘든 현실 속에서도 자신을 사랑할 줄 아는 엄마라면 분명히 아이 또한 진정으로 사랑하고 이해할 수 있을 거예요.

그러니 '엄마는 이래야 해'라는 고정관념을 머릿속에서 지웠으면 해요. 완벽한 엄마는 실제로 존재하지 않아요, 또 그런 엄마가 좋은 엄마도 아니지요. 자신의 정체성을 부정하고 전문가가 제시하는 '엄마 모델'에 자신을 맞추려는 것부터 거부해야 해요.

> 엄마 물주세요. 엄마 밥 다 먹었어요. 엄마 이거 입어도 돼요?
> 엄마 이거 가지고 나가도 돼요?
> 엄마 그때 내가 가지고 놀았던 리본 끈 어디다가 뒀어요?
> 엄마 으뉴가 자꾸 내꺼 만져요. 야 하지 말라고~ 엄마 나 주스 먹고 싶어요~
> 엄마 치약이 다 떨어졌어요. 엄마 세수하는데 으뉴가 방해해요~
> 엄마 로션 다 발랐어요~ 엄마 머리 묶어 주세요~ 엄마 옷 다 입었어요.
> 공주 책 어디 있어요? 엄마 나도 화장하고 싶어요~
> 엄마 화분에 물 줄게요. 엄마 똥 닦아 주세요. 엄마 물 쏟았어요.
> 닦아주세요. 엄마 공주인형 어디 있어요? 엄마 내 벨가방이 안 보여요~
> 엄마 샌들 말고 구두 신어도 돼요?
> 엄마 보라색 리본 달린 거 말고 이렇게 된 구두 그건 어디 있어요?

양육도 대물림이 된다

등원 준비를 해야 하는 바쁜 아침에 세월아 네월아 장난치는 두 아이를 보면 혈압이 상승합니다. 종이 쪼가리 하나를 두고 알콩달콩 잘 노는가 싶더니, 어느새 소리를 빽빽 지르며 원수처럼 싸우는 아이들을 보면 결국 뒷목을 부여잡고 맙니다. 그뿐이 아니죠. 바람이 쌩쌩 부는 추운 겨울날에는 치마를 입겠다며 생떼를 쓰고, 햇볕 쨍쨍한 한여름에는 부츠를 신고 가겠다고 또 어깃장을 놓습니다.

"빨리 와, 늦었어! 언니 유치원 버스 왔잖아! 기다리잖아! 빨리 오라고! 나가, 나가! 빨리 나가!"

두 아이를 재촉하고 다그쳐서 간신히 버스에 태워 보냅니다. 그러고 나서 '내가 왜 그랬지? 왜 다그쳤지?' 하며 급반성 모드에 돌입하죠. 반성 모드가 작동되면, 돌보지 않은 텃밭 위의 자갈처럼 껄끄러웠던 나의 행동과 감정을 돌이켜보게 됩니다. 그러다가 유년 시절을 떠올리죠.

그 당시 저희 엄마 모습이 마치 붕어빵처럼 지금 제 행동에서 그대로 되살아나고 있어요. 떼쓰는 아이의 입을 막기 위해 아이를 외면하거나 혹은 소리를 꽥 지르거나 사탕을 던져주는 모든 행동이 엄마가 했던 모습 그대로입니다. 절대로 엄마처럼 하지 말아야지 다짐하고 또 다짐하지만, 저도 모르는 사이 엄마의 육아 방법을 그대로 답습하고 있었던 거죠. 제게서 나오는 말투나 단어가 낯설지 않게 느껴지는 건 그 때문일 거예요.

어렸을 때, 내 말은 공감해주지 않고 동생 편만을 들어주고, 무언가 하려고 하면 짜증을 내고 소리를 지르고 다그쳤던 친정엄마의 모습이 오늘 저를 통해 고스란히 재현되고 있으니, 이것이 양육 대물림이구나 싶어 우울해지고 친정엄마가 원망스럽기까지 합니다. 인정하고 싶지 않아도 제 모습은 부모님을 많이 닮아 있어요. 그러다 문득 어떤 깨달음이 오죠.

'아! 그렇다면 양육 대물림 문제만 해결하면 더 이상 아이한테 소리 지르지 않는 좋은 엄마가 되겠네!'

여러 육아서를 보면 '육아에 힘들어 하는 엄마'의 특징이나 원인을 이야기할 때 양육 대물림을 빼놓지 않죠. 양육 대물림의 함정에서 벗어나려면 단순히 육아 스킬을 익히는 것만으로는 안 되고, 먼저 엄마 안에 있는 내면 아이를 치유해야 한다고 해요. 어렸을 때 받은 상처를 치유하면, 양육 대물림이라는 우물에서 빠져나와 그 끈을 끊을 수 있다고 조언하죠. 그렇게 되면 말로만 듣던 '아이에게 소리 지르지 않는 엄마, 화내지 않는 엄마, 다정다감한 엄마, 아이의 개성과 재능에 맞는 최고의 육아를 하는 엄마가 될 수 있다는 얘기죠.

틀린 말은 아니지만, 직접 해보니까 왠지 모르게 자꾸만 제 자신이 작아지더군요. 책 몇 권 읽었다고 원하는 결과를 얻을 수 없다는 사실도 그 무렵 알았던 것 같아요. 소리 지르고 반성하고, 다시 소리 지르고 반성하는 나날이 되풀이되니 죄책감의 크기만 커졌어요. 이렇게 저 혼자 내면 아이와 씨름하고 방황하는 사이에도 아이들은 크고 작은 사건 사고를 저지르며 매 순간 자라고 있었어요.

아이들을 보니, 이건 뭔가 현실에서 많이 동떨어진 이론이라는 생각이 들었어요. 육아는 실전이고, 아이들은 저를 기다려줄 수 없지요. 육아는 생방송처럼 지금 당장 벌어지고 있는데, 언제 마음을 다잡고 어떻게 대응해야 한다는 건지 모르겠더군요.

'양육 대물림 책임론'은 설득력 높은 심리 분석인지 몰라도 개인적으로 대안 제시에는 비현실적인 측면이 있다고 느껴졌어요. 그래서 저는 다시 고민했어요. '현실적 대안은 없을까? 실시간으로 이루어지는 육아 현실에서 어떻게 하면 좋은 육아를 할 수 있을까?'

고민 끝에 저는 **지금 여기**에 집중하기로 마음먹었어요. 또 다른 과거가 될 현재를 변화시켜 미래를 바꾸는 방법이죠. 내면 아이를 치유해야 한다는 말에 충분히 공감했지만, 저의 과거를 모두 지우지 않는 한 완전한 치유 또한 있을 수 없다는 생각이 들었기 때문이었어요.

==현재에 집중한다는 말은 지금 여기, 우리 아이의 행동과 마음에 집중하는 것을 말해요.== 아이가 하는 모든 행동에는 이유가 있어요. 그런데 우리는 그 작은 행동으로 인해 갖가지 어려운 상황을 되풀이하고 있죠. 현재 아이가 왜 떼를 쓰는지, 엄마 말을 듣지 않는 이유가 무엇인지 알아내는 데 초점을 맞추는 거예요. 엄마는 그 상황 너머에 있는 아이의 '진짜 속마음'을 알아야 한다는 말이죠.

==정말 중요한 것은 소중한 우리 아이와 눈을 맞추면서, 행복한 순간을 공유하는 것이라고 생각해요.== 양육의 대물림으로 인해 내면 아이와 싸우느라 아이의 속마음을 알아차리는 데 에너지를 쏟지 못하는 안타까운 일은 없었으면 해요. 아이의 진짜 속마음을 알게 되면, 엄마 스스로 납득할 수 있는 육아가 가능해져요. 육아가 조금 수월해지면 엄마도 아이도 평화로운 일상 속에서 좋은 추억을 더 많이 만들겠지요.

엄마가 화를 내는 게 잘못은 아니에요. 사탕을 준다고 해서 나쁜 것은 아니죠. 중요한 것은 언제 어느 때 훈육을 해야 하는지 관심을 갖고 알아보고, 내 아이한테 맞는 맞춤 훈육 방법을 찾기 위해 탐색해야 한다는 거예요. 이런 엄마의 노력은 반드시 긍정적인 결과로 돌아올 거예요.

양육 대물림 · 내적 불행 · 내면 아이에 대한 불안

엄마의 불안

- 친정엄마한테서 받은 양육 태도가 되풀이되어 아이한테 전가될 것 같다.
- 아이가 나에게 부정적 영향을 받아 양육 부작용이 발생할 것 같다.
- 아이가 나에게 부정적 영향을 받아 정서적으로 불안해질 것 같다.
- 내적 불행에서 벗어나지 못해 평생 불행한 감정에 휩싸여 살 것 같다.

저도 처음 육아를 시작할 때만 해도 많은 불안감이 있었어요. 아이를 무조건적으로 이해하고, 희생하고, 베풀어야만 제대로 된 사랑이라고 생각했어요. 하지만 그건 인생은 하나의 선이 아니라 무수한 점으로 이루어져 있어요. 내 기억이 결코 정확하지 않은 거죠. 엄마든, 아이든 자신의 입장에 맞게 변형하거나 기억하지 못할 수도 있기 때문에 항상 정확하게 기억한다고 할 수 없어요. 나쁜 기억을 오히려 좋은 추억으로 잘못 기억하는 경우도 있어요.

저도 단란한 가정에서 행복했던 어린 시절을 보내지 않았어요. 하지만 지금은 누구보다 가족을 위해 노력하는 엄마가 되었답니다. 이론대로라면 저는 매일매일 불행한 삶을 살고 있어야 하지요. 이를 그림으로 설명할게요.

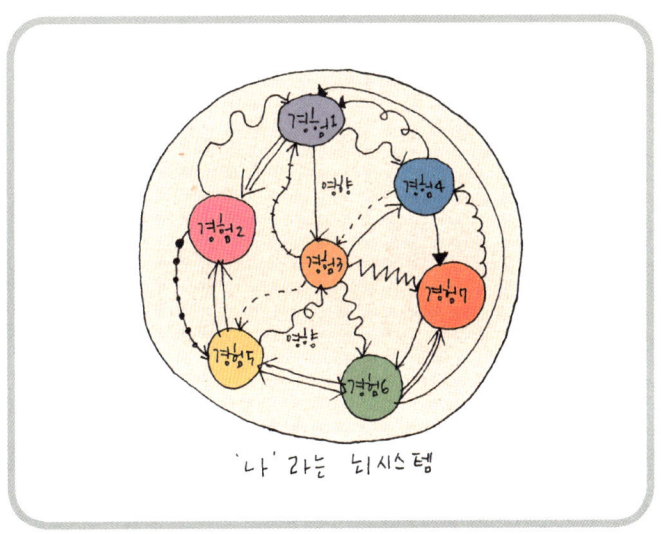

우리는 매순간 경험하고, 그 경험은 다른 경험에게 영향을 줍니다. 다양한 경험이 쌓이면 새로운 경험을 할 때마다 기존의 정보를 제공받죠. 이런 과정을 통해 내 안에 축적된 경험은 새롭게 변하기도 하고, 업그레이드되기도 합니다. 하지만 삭제되지는 않아요.

다시 말해 경험은 하나의 정보예요. 영향을 받지 않도록 뇌 프로세스를 변경하면 내적 불행이 우리 안에서 문제를 일으키지 않죠. 실제 삭제는 불가능하지만 삭제한 것처럼 느끼게 하고, 경험1을 경험3으로 변경하는 뇌 프로그램을 가동하면 이런 작용이 가능해요. 스스로 선택하는 거죠. 결국 내적 불행에 매여 매일같이 힘들어할지, 아니면 어두운 과거로부터 힘차게 박차고 나와 윤택한 삶을 살 것인지는 엄마 자신의 선택에 달려 있어요.

내 아이가 떼쓰는 이유는 옆집 아이와 다르다

　양육 완벽주의나 양육 대물림에 매이지 않고 우리 아이의 진짜 마음을 아는 데 집중하다 보니, 저만의 비법이 생겼죠. 그리고 그 경험이 쌓여서 상황별 맞춤 전략으로 정리할 수 있게 되었어요. 아래에 상황별로 적용해볼 수 있는 유용한 스킬들을 소개해드릴게요.

　어느 날 우주에서 괴상한 녀석이 나타납니다. 요 녀석은 첫째 아이와는 좀 다릅니다. 떼를 쓸 때도 뭔가 달라요. 해가 쨍쨍한 날, 부츠를 신고 나가겠다고 생떼를 쓰기 시작합니다.

　첫째는 조금만 신경 써서 육아 스킬을 쓰면 아무 문제가 없었어요. 먼저 기본 스킬인 '공감하기' 스킬을 사용하고, 그도 안 되면 토닥이고 '협상'만 잘해도 첫째는 금방 넘어갑니다. 그래도 안 될 때는 협박하기, 강압적으로 대하기 스킬로 마무리하곤 했죠.

그런데 둘째는 공감을 해줘도, 토닥여줘도, 심지어 협상을 하자고 해도, 협박을 해도 소용이 없습니다. 무조건 원하는 신발을 신고 나가야 하지요.

🤱 "으뉴, 부츠 신고 가고 싶구나? 그치?" **(공감하기)**

🧒 "응."

🤱 "해가 쨍쨍 나서 부츠 신고 가면 발에 땀나고 답답할 텐데? 그럼 걷기도 힘든데?" **(구슬리기)**

🧒 "시느 꼬야. 시느 꼬야."

🤱 "그래도 신고 싶어?" **(다시 공감하기)**

🧒 "응."

🤱 "으뉴가 부츠를 정말 많이 신고 싶구나. 에구." **(리얼 마음 공감하기)**

🧒 "시느 꼬야. 시느 꼬야."

🤱 "운동화 신고 가면 마이쮸 줄게!" **(꼬시기)**

🧒 "시더 시더, 시느 꼬야, 시더."

🤱 "이거 신고 가면 엄마가 초콜릿 안 준다!" **(협박하기, 강압적으로 하기)**

🧒 "시더. 시느 꼬야."

🤱 "어, 저거 뭐야? 어머, 저거 봐 저거 봐." **(주의를 분산시켜 분위기 전환하기)**

주의를 분산시켜 분위기를 바꾸면 아이들이 고집 부리는 걸 까먹기도 해요. 그럴때 다시 공감해주면 먹히는 경우도 있거든요. 그런데 둘째한테는 씨알도 안 먹히는 데다 그야말로 '답정너'의 반응이 돌아옵니다. 한겨울에 눈이 펑펑 오는 날, 결국 아이가 원하는 대로 맨발에 슬리퍼 신겨서 나가면 사람들의 따가운 시선이 제게 꽂히죠.

전 세계 자녀교육서의 바이블로 자리 잡은 『칼 비테 교육법』의 칼 비테는 "환경이 다를 뿐 누구나 똑같이 태어난다."고 말했어요. 아이는 모두 똑같이 태어나지만, 엄마가 제공하는 환경에 따라 영재도 되고 둔재도 될 수 있다는 말이죠. 하지만 저는 이 주장에 동의하지 않아요. 환경이 다른 건 맞지만, 아이도 전부 다르게 태어난다고 생각하기 때문이죠.

때로 이론은 복잡다단한 현실과 달리 너무 평면적입니다. 아이는 이론에 근거해 만들어진 물건이 아니라 인간의 지식이나 연구 결과를 언제든 뛰어넘을 수 있는 살아 있는 생명체예요. 태어나는 순간부터 단 한순간도 쉬지 않고 성장하고, 변하는 그런 역동적 존재라는 말이죠. 반면, 이론은 제어된 특정한 환경에서 도출된 결과물입니다. 이론은 정지되어 있으며, 학자들이 통제한 환경 아래에서만 유의미한 결과를 낳죠. 실험실에서는 변수라는 게 존재하지 않지만, 현실에서는 통제할 수 없는 변수가 너무나 많아요. 그 변수는 때때로 공감대를 이끌어내기 힘들 만큼 지나치게 사적인 경우도 많죠. 육아의 현실이 이럴진데, 어떻게 단편적인 이론과 연구 결과에 맞출 수 있을까요?

아이마다 다르다는 말은, 똑같은 방식으로 아이를 대해서는 안 된다는 걸 의미해요. 아이들이 떼를 쓰는 이유와 상황은 제각각 달라요. 그렇기 때문에, 아이에 따라 혹은 상황에 따라 대응법도 달라야 합니다. 아이들이 떼쓰는 이유가 타고난 성향 탓도 있겠지만, 연령 발달에 따라 나타나는 떼쓰기도 있고, 부모의 양육 태도 그리고 환경적 요인으로 인해 나타나는 다양한 떼쓰기가 있어요. 다음의 4가지는 보편적으로 많이 보이는 떼쓰기 형태랍니다.

① 엄마를 이기려는 똥고집

"엄마, 나는 엄마가 생각하는 것보다 강하단 말이에요."

이기려고 한다는 것은 진짜로 엄마를 이긴다는 게 아니라 자신이 강하다는 걸 보여준다는 것을 뜻해요. 아이는 엄마가 생각하는 것보다 스스로 할 수 있는 것이 많고 혼자 해보고 싶은 것도 많은데, 엄마들이 아이들을 **과소평가**하거나 **과잉보호**하려는 데서 오는 떼쓰기죠.

② 엄마의 관심을 받기 위한 고집

"엄마, 나는 엄마랑 놀고 싶어요. 저한테 관심을 가져주세요."

엄마가 떼를 부릴 때만 아는 척을 하거든요. 엄마가 혼내는 것도 아이는 엄마가 주는 하나의 관심이라고 생각해요. 그래서 엄마와 함께하고 싶어서 떼를 부리는 경우가 있어요. 즉 이야기를 나누고 싶은 거예요.

③ 막무가내로 떼쓰기

"엄마, 나도 내 마음을 모르겠는데 엄마가 나를 어떻게 알겠어요!"

말 그대로 달리 어찌할 수 없는 상황입니다. 아이 스스로 화를 주체하지 못해 더욱 떼를 쓰는 거예요.

④ 욕심꾸러기의 떼쓰기

"엄마, 나는 몽땅 가지고 싶어요. 이것도, 저것도 다 내 거예요."

하고 싶은 게 많은 욕심꾸러기 같은 마음을 갖게 되면 떼쓸 일이 많아요. 엄마에게 "나도 할 수 있어요. 나는 강하단 말이에요."라고 말하는 아이한테 과소평가나 과잉보호로 대응한다면 엄마의 권위는 추락하고 말아요. 관심을 받기 위한 몸부림인데, 욕심으로 오인해 꺾으려고만 하면 아이는 더 관심을 받고 싶어 발악을 합니다. 아이의 진짜 마음을 모르고 무작정 대응하는 건 정말 위험해요. 아이가 떼를 쓰는 건, 우리에게 간절히 하고 싶은 이야기가 있는거죠.

몸이 아프면 다양한 증상이 나타나죠. 단순히 열이 난다고 해서 무조건 '열 감기네!' 하고 단정 짓지 않잖아요? 잘 모르고 대응하는 건 마치 증상이 어떤지 살피지도 않고, 무조건 해열제로만 해결하려는 셈이죠. 저는 아이가 하는 행동이 일종의 '열나는 것'과 같은 신호라고 생각해요. 아이의 타고난 성향이나 주변 환경, 처한 상황이 모두 다른데, 어떻게 같은 방법으로 떼쓰기를 다스릴 수 있을까요?

아이의 진짜 마음을 알기까지 엄마는 아이와 '육아'라는 한 배를 타고 일정 시간을 함께 보내며 서로 합을 맞춰봐야 해요. 그렇게 서로를 알아가

다 보면 아이한테 맞는 육아법을 찾을 수 있죠. 저도 첫째를 키우며 터득한 육아 비법은 첫째에게만 통용되고, 둘째한테는 또 다른 육아 비법이 필요하다는 사실을 깨닫게 되었어요. 한 배에서 태어났지만, 성향이 다른 두 아이를 키우며, 육아라는 산의 정상으로 가는 길이 여러 갈래라는 것을 배웠지요. 중요한 건 겉으로 보이는 아이의 생떼에 주목하는 게 아니라, 꼭꼭 숨은 아이의 속마음을 찾는 일이에요.

타고난 합이 좋아 아이와 엄마가 서로 잘 맞을 수도 있지만, 엄마와 아이가 서로 낯설고 어색한 관계인 경우도 많은 것 같아요. 어색해도 괜찮아요. 엄마도 엄마가 될 준비가 필요하니까요. 그리고 그건 아이와 함께 배워가며 터득해 나가는 것이지, 처음부터 준비가 되어 있는 엄마는 없어요.

사랑스런 미치광이

　　애덤 필립스는 『멀쩡함과 광기에 대한 보고되지 않은 이야기』에서 "아기는 향기로울 수 있고 사랑스러울 수 있고 숭배의 대상이 될 수 있다. 그러나 만약 어른이라면, 너무도 뻔뻔스러워서 미치광이라고 생각할 수밖에 없는 모든 특성을 가지고 있다"라고 말했어요. 또 한편, 제니퍼 시니어는 『부모로 산다는 것』에서 "아기는 자제할 줄 모르고 자기가 원하는 대로만 사는 것 같고, 마치 세상에는 자기 혼자만 산다고 생각하는 것 같다"고 이야기해요. 한 마디로, '**아이 = 사랑스런 미치광이**'라는 표현이 딱이겠죠.

　　큰애는 생후 11개월이 되자, 자신의 요구를 들어주지 않는다며 징징거리고, 떼쓰고, 발을 구르고, 바닥에 드러눕기 시작했어요. 뭐든지 자기가 하겠다고 난리를 치기 시작했죠. 또 하고 싶은 건 많아서 이거 만지고 저거 만지고, 이리 저리 왔다 갔다 해요. 안 그래도 이유식 만들랴, 기저귀 갈아

주랴, 재우랴 말도 안 통하는 아이랑 하루 종일 함께하느라 힘들어 죽겠는데, 또 다른 미션이 주어진 거죠. '먹여주고 입혀주고 재워주면 됐지, 어찌 나를 힘들게 하느냐고요!'

그렇다고 좌절하기엔 이르죠. 저는 또다시 큰애를 연구하기 시작합니다. '난리 부르스인 너의 의중은 과연 무엇이냐!'

아이는 시시각각 다르고 나이에 따라 행동이 변합니다. 사람은 생후 12개월까지의 성장 속도가 가장 빠르다고 하는데 진짜인가 봅니다. 어제까지 입도 뻥긋하지 못했던 단어가 아이에게서 툭 튀어나오거나, 어제까지 누워 있던 아이가 하루아침에 벌떡 뒤집어서 배밀이를 시작하죠!

큰애 역시 생후 12개월이 되면서 확 변했습니다. 이 시기의 아이는 자아가 형성되고, "엄마! 나도 혼자 할 수 있어요."를 외치죠. 하지만 엄마 눈엔 여전히 속싸개에 싸인 아이 같아서, 지금까지 해온 것처럼 양육을 하죠. 하지만 아이들은 **연령별로 다른 특징**을 보이면서 성장합니다. 만약 엄마가 아이의 발달 과정에 무관심하다면, 변하는 시기마다 벽에 부딪쳐서 육아의 고통에서 벗어나지 못할 거예요. 어쩌면 아이를 원망하고 우울감에 빠지게 될지도 몰라요.

저는 혼자 하겠다고 나서는 큰애의 행동에서 뭔가 달라졌음을 눈치챘어요. 강제로 했다가는 오히려 힘들 수 있겠다고 생각했죠. 그때부터 아이의 발달 과정에 대한 공부를 시작했어요. 그렇게 아이를 이해하고 연령별 특성을 고려해서 양육을 했더니 굉장히 수월해졌어요. 이 시기의 아이들은 **혼자 하고 싶고, 탐색하고 싶은 욕구**가 엄청나요. 호기심도 그만큼 커지죠. 눈에 보이는 모든 것은 만져보고 싶어 해요. 걷기 시작할 무렵 아이를 데리고 밖에 나가면, 이 난봉꾼 아이는 온통 저지레하며 돌아다닙니다.

아이는 뭐든지 무조건 '혼자' 하려고 듭니다. "내가! 내가!"를 입에 달고 살며 해보고 싶어 안달합니다(이러다 말겠지 하겠지만 천만에 말씀, 이제 시작이죠. 네 살은 그 정점을 찍는 시기!). 이유식을 먹이려고 하면 숟가락을 홱 낚아채서 혼자 먹겠다고 하죠. 저는 아이가 요거트를 온몸에 치덕치덕해도, 바닥과 벽에 도배를 해도 그냥 뒀어요. 무조건 해보고 싶은 시기니까요.

영유아들은 '안 돼', '만지지 마'라는 부정적인 명령을 어느 정도는 인지하지만, 정확하게 이해하지는 못합니다. 그래서 저는 아이가 온 집 안을 헤집고 다닐 수 있도록 위험한 물건을 싹 치웠어요. 집 안에서만큼은 마음껏 탐색할 수 있게 했죠.

혼자 하고 싶어 하는 시기의 정점인 네 살 아이는 말도 어느 정도 할 줄 알고, 말귀도 다 알아들어요. '혼자 하고 싶어요, 저는 혼자서도 잘해요!'라는 이야기를 몸으로 입으로 말하는 시기죠. 실제로, 네 살이면 스스로 할 수 있는 행동도 많이 늘긴 해요.

양치도 할 수 있고요(물론 꼼꼼히 못한다는 게 함정이지만요!), 차에도 올라탈 수 있고요(다리가 짧아 온몸이 더러워진다는 게 함정이지만요!), 요리도 가능하고, 빨래도 널 수 있어요. 혼자 머리도 감아요. 모든 게 서툴다는 게 함정이긴 하지만요.

생후 12개월 무렵 아이의 '혼자 할 수 있어요'와 네 살 아이의 '혼자 할 수 있어요'는 약간 차이가 있어요. 생후 12개월은 스스로 하고자 하는 범위가 넓지 않아요. 다만 탐색하는 범위가 넓을 뿐이에요. 네 살은 어느 정도 탐색 본능이 충족되어 위험을 조금씩 인지하기 시작하죠. 그러나 한편으론 혼자 하고 싶어 하는 범위도 광범위해집니다.

엄마가 요리를 하면 아이가 끼어듭니다. "나도 나도 칼로 썰어볼래요!" 그러다 6~7세가 되면 정말로 혼자 할 수 있는 일이 많아져요. 이때 엄마는 아이가 혼자 한 것처럼 보일 수 있게 도와주는 일을 끝내고, **정말로 아이 혼자 할 수 있다는 믿음**을 가져야 해요. 아이의 연령을 고려하지 않고 끝까지 아이를 믿지 못하고 2~4살 때처럼 대하면, 아이는 어쩌면 혼자 도전하기를 포기할지도 몰라요. 아니면 엄마가 없는 곳에서 몰래 도전할 수도 있어요.

==아이의 키가 자라고 몸무게가 느는 모습을 초고속 카메라로 찍은 영상을 보듯 알아차리면 좋겠지만, 우리 눈은 아이의 성장을 정확히 인지하지 못하죠. 어쩌면 이런 이유 때문에 아이가 시시각각 변하는 모습에 맞춰 육아를 하는 게 힘든건지 몰라요.==

그래서 저는 조금 더 쉽고 현명한 육아를 위해, 아이의 성장에 따른 변화의 조짐을 미리 알 필요가 있다고 생각해요. 그걸 모르면 대비할 수 없고, 육아는 점점 미궁으로 빠지게 되죠. 아이를 아는 것은 육아에서 정말 중요한 일이에요.

아이를 다 키워 놓은 엄마들이 종종하던 말이 있어요. "내 속으로 낳았지만, 나도 모르겠다." 아이를 길러본 유경험자만이 할 수 있는 이야기지요. 어쩌면 내가 낳은 아이니 내가 제일 잘 알아야 한다는 생각이 바탕에 깔려 있다고 볼 수도 있어요. 하지만 엄마도 처음부터 아이를 잘 알 수는 없어요. 우리가 남편이 어떤 사람인지 조금씩 탐색했듯이 혹은 여행지를 미리 공부하면서 여행을 준비했듯, 아이의 성격과 기질 등에 대해서도 공부를 해야 하죠. 알면 알수록 육아에 대한 두려움이 줄어들어요. 하지만 오해하지 않으시길, 육아 이론을 공부하라는 말이 아니에요, 내 아이를 공부해야 해요.

육아서
이론대로 크는 아이는 없어요

　육아가 힘든 이유는 육아를 모르기 때문이 아니에요. 엄마들 모두 나름의 육아법을 알고 있고(부모님으로부터 혹은 주변으로부터), 참고할 만한 육아 서적도 참 많아요. 하지만 저는 다른 곳에서가 아닌, 우리 아이들을 통해 육아에 대한 개념을 정립할 수 있었어요.

　육아는 아이와 제가 만들어가는 이인삼각 달리기에요. 제 자신이 어떤 성격이며 어떤 사람인지, 아이의 성향은 어떤지, 연령별로 아이가 어떻게 달라지는지 관심을 가져야 할 뿐 아니라, 아이의 성장에 맞춰 육아의 방식에도 변화를 주어야 하는 것이 육아의 진짜 모습이었어요.

　육아는 엄마가 희생의 아이콘이 되어 책에서 시키는 대로 아이를 키우는 게 아니에요. 함께 성장해서 아이의 독립을 기뻐하고 축하하는 일이죠. 지금까지 많은 사람들이 육아의 초점을 '엄마의 역할론'에만 맞춰왔어요. 엄마가 해야 할 일에 포인트를 맞추다 보니 육아의 또 다른 주체가 되는 아이는 소외되었던 거죠. 하지만 여전히 육아 이론을 양산해내는 공급자 중심의 육아법이 강력한 영향력을 행사하고 있어요.

육아 이론이 불러올 수 있는 가장 큰 문제는 '내 아이한테 맞지 않는 옷'일 가능성이 크다는 거예요. 개성만점의 우리 아이를 이론에 맞추려다 보니, 많은 엄마들의 육아가 갈수록 미궁에 빠지죠. 그렇다고 육아 이론을 버려야 한다는 말은 아니에요. 육아 이론은 그 이론이 만들어질 당시, 즉 지금이 아닌 과거의 아이들을 대상으로 정립된 과거의 흔적이죠.

육아 이론대로 크는 아이는 존재하지 않아요. 설계도대로 만들어지는 건 물건이지, 사람이 아니에요. 아이는 제품이 아닐 뿐더러 설계자의 의도대로 자라지도 않아요. 그렇기 때문에 설계도를 만들 수 있는 사람도 없다고 볼 수 있지요. 결국 엄마가 아이를 알아가는 과정에서 쓰여지는 건 설계도가 아닌 히스토리예요.

엄마 역할이라는 부담을 버리고 조금 더 아이에게 초점을 맞춰보세요. 아이에 대해 더 잘 알수록 육아 스킬을 언제 어떻게 적용해야 할지 알게 돼요. 육아에 있어서 우리는 의사 선생님입니다. 아이의 이런 증상에 이런 약이 필요하듯, 아이의 개성을 먼저 검진한 뒤 그에 맞는 처방을 내려야 합니다.

육아의 바다에 뛰어들기도 전에 섣불리 결론을 내버리지 않길 바라요. 열린 결말을 향해 나아가야 할 육아가 닫힌 결말로 치닫지 않도록 해주세요. 아이는 어떻게 자랄지 모르는 미지의 생명체예요. 아직 모든 게 서툰 아이를 엄마가 돕는다는 마음을 갖고 육아의 길에 동참하기를 바라요. 내 아이와 엄마인 내게 맞는 단 하나의 육아법을 찾아가는 긴 여정에 제가 조금이나마 도움이 되기를 바랍니다.

> 부모가 된다는 것은 성인의 삶에서 맞이할 수 있는
> 가장 갑작스럽고 극적인 변화 가운데 하나다.
> - 『부모로 산다는 것』 (제니퍼 시니어 지음, 알에이치코리아) 중에서 -

육아의 기본기 다지기 ; '사권신공' 스킬

사랑의 사전적 의미 가운데 하나가 '어떤 사람이나 존재를 몹시 아끼고 귀중히 여기는 마음 또는 그런 일'이에요. 아이를 처음 임신했을 때의 마음을 떠올려보세요. 남편과 같이 새 생명의 존재를 알고 나서 신기해 하며 초음파 사진 한 장에 어떤 기대감으로 부풀지 않았나요? 점점 불러오는 배를 보며 내 아이한테 무한한 사랑을 베풀어야겠다고 생각하지는 않았는지요? 태어난 아이의 보드라운 살갗에 뺨을 부비고 향긋한 살냄새를 맡으며 무한한 사랑을 느끼지 않았는지요?

그런데 오늘의 엄마들은 정작 아이 때문에 격하게 힘들어 합니다. 이것이 현실이죠. 그러다 아이를 위해, 엄마 자신을 위해 이 책을 집어 들었을 거예요. 힘들고 어렵지만 그럼에도 불구하고 그 사람을 위해 뭔가를 하려는 것, 그것이 바로 사랑일 거예요. 이미 존재 자체만으로도 소중하다고 여기는 것, 억지로 쥐어짜내는 감정이 아니라 있는 그대로 아이를 사랑해주세요.

　아이에게 신뢰를 주고 아이를 이끌기 위해서는 '**사랑의 기술**'이 빠져서는 안 돼요. 누구나 나를 사랑해주는 사람의 말은 거역하고 싶지 않거든요. 사랑하니까 그 사람이 원하는 걸 들어주고 싶어요. 사랑에는 이유가 없잖아요. 우리가 연애할 때 그 사람이 왜 좋은지 그 이유를 설명하지 못하는 것처럼, 아이가 나를 사랑할 때 그리고 내가 아이를 사랑할 때에도 이유는 없어요.

　하지만 아무리 엄마의 마음속에 사랑이 가득하다 해도 매일 반복되는 육아에 지치고 힘들 수 있어요. 매일 성장하는 아이들의 날것 그대로의 행동에 중심을 잃고 우왕좌왕할 때, 꼭 필요한 건 따로 있지요. 제가 엄마들에게 강조하고 싶은 내용은 바로 '사권신공'입니다.

　==사권신공이란, 육아에서 기본으로 장착하고 있어야 할 4가지 육아 스킬로, '사랑, 권위, 신뢰, 공감'을 의미해요. 제아무리 수많은 육아 방법을 잘 알고, 잘 적용하더라도 '사권신공' 스킬이 장착되지 않은 상태라면 아이와 엄마의 행복한 육아가 힘들 수 있어요.== 이 네 가지를 제대로 알고 육아 스킬을 사용하면 아이와 더 친밀한 관계를 유지할 수도, 더 멋진 일상을 만들 수도 있어요.

엄마가 주고 싶은 사랑 말고
아이가 원하는, 사랑

아이를 사랑하는 데 무슨 방법이 있는지 궁금해 하는 분이 있을 거예요. 물론 평소처럼 편하게 말하거나, 말하지 않아도 전달되면 고맙겠지만, 사랑이란 표현하지 않으면 알 수 없어요. 아이 역시 마찬가지예요. 그렇기 때문에 사랑을 표현하는 방법도 공부가 필요하죠. 여기서 <mark>중요한 건 엄마가 주고 싶은 사랑이 아니라 아이가 사랑받았다고 느끼는 사랑을 주어야 해요.</mark>

🍮 사랑을 준다고 착각할 수 있는 상황들

엄마 :　　　장난감을 사주는 것
아이 속마음 : 내가 원하는 걸 제공해주는 멋진 사람

엄마 :	네가 먹고 싶다고 해서 사주거나 만들어주는 음식
아이 속마음 :	내가 먹고 싶은 거 사준 사람
엄마 :	네가 하고 싶다고 해서 보낸 사교육기관이나 사준 책
아이 속마음 :	즐겁고 재미있는 걸 제공하는 사람

혹시 남편이 고가의 선물을 안겨주고, 월급을 많이 갖다 주었을 때 진심으로 사랑한다고 느끼나요? 아니면 "오늘 혼자 아이를 돌보느라 힘들었지?" 혹은 "내일 어머니 오시는데 많이 신경 쓰이지?"라며 내 마음을 알아주는 따뜻한 말을 해줄 때 그렇게 느끼나요?

사랑은 내가 주고 싶은 것을 주는 게 아니라 받고 싶은 것을 주는 거예요. 아이도 마찬가지예요. 자신의 말을 존중하고 지지해주며 인정해주는 사람 혹은 떼나 응석을 부릴 때 적절하게 대응해주는 사람, 시도 때도 없이 사랑스런 눈빛을 보내주며 토닥토닥해주고 안아주는 사람을 '나를 사랑하는 사람'으로 인식한답니다. 엄마의 온 육아 감각을 활용해 아이가 느낄 수 있도록 진심을 전해주세요.

① 아침에 일어났을 때 사랑 표현하기

사랑의 눈빛으로 아이를 바라보는 것도 중요하지만 행동과 말로 직접 표현하는 게 굉장히 중요해요. 둘째가 태어나기 전까지 첫째에게 거의 매일 아침 똑같은 행동을 보여주고 똑같은 말을 들려주었어요.

"사랑하는 우리 서뉴, 잘 잤어요? 우리 예쁜 서뉴."

뽀뽀해주고 만져주고 "엄마 딸, 예쁜 엄마 딸, 엄마한테 와줘서 고마워!"라고 말해요. 아이가 엄마로부터 사랑받고 있다는 걸 충분히 느낄 수 있게요. 둘째가 태어난 후로는 두 아이한테 하고 있죠.

② 매일 사랑한다고 말해주기

언젠가 강의하러 가서 이런 질문을 받았어요. 아이들한테 사랑한다는 말을 얼마나 자주 하느냐고요. 사실 저는 아이만 보면 사랑한다는 말을 입에 달고 살거든요. 그렇게 답했더니 많이 놀라시더군요. 사랑한다는 말은 입이 닳도록 해도 지나치지 않아요.

"사랑하는 서뉴야, 식탁에 앉아."

"우리 사랑하는 서뉴, 유치원 잘 다녀와. 엄마가 사랑해."

모든 상황에서 사랑을 표현해요. 아이가 떼를 부리거나 막무가내로 나올 때 적용할 수 있는 첫 번째 기술을 알려드릴게요. 징징대며 울고 있는 아이를 덥석 안아 올리세요. 그리고 온 힘을 다해 꽉 안아주세요. 사랑하는 마음으로요. 그러면 내 사랑이 아이한테 전달돼서 징징거림을 멈출 수 있어요.

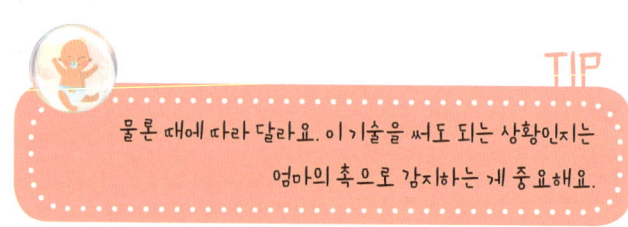

TIP
물론 때에 따라 달라요. 이 기술을 써도 되는 상황인지는 엄마의 촉으로 감지하는 게 중요해요.

③ 시도 때도 없이 사랑의 눈빛 보내기

아이를 그윽하게 정말 사랑스런 눈빛으로 바라봐주세요. 아무리 어린 아이라도 엄마의 눈빛에 스며 있는 사랑을 읽을 수 있답니다. 그냥 지켜보는 게 아니라 정말 사랑을 담아서 바라봐야 해요. 미소를 지으며 눈빛에서 하트가 나오도록이요! 아이는 엄마의 눈빛에 예민해요. 걱정스럽거나 의심하는 눈빛도 알아본답니다.

④ 진짜 마음 알아주기

많은 엄마들이 아이와의 기 싸움에서 '내가 너를 이기고 말겠어.'라는 결연한 마음을 갖곤 해요. 그러기보다 마음을 조금만 내려놓고 아이의 진짜 마음을 알아주고 인정해주세요. 아이는 자신의 마음을 알아주었다는 것만으로도 엄마가 나를 아주 많이 사랑한다고 느낀답니다.

⑤ 손으로 하트를 만들어 불어주기

첫째가 아데노이드비대증으로 수술해 2주간 저와 딱 붙어서 지냈던 적이 있어요. 그때 손으로 하트를 만들더니 후후 불면서 "엄마한테 사랑 들어가라고 부는 거야."라고 말하는 거예요. 어쩌면 이렇게 사랑스런 표현을 하는지. 최근엔 오히려 제가 벤치마킹해서 두 아이한테 자주 쓰고 있어요. 이 책을 읽고 있는 엄마들도 적용해보세요.

⑥ 엄마와 아이만의 스킨십 사인 만들기

그냥 안아주는 게 아니라 특정한 스킨십 사인을 만들어보는 거예요. 안아줄 때도 방향이나 위치 뽀뽀를 세 번 하기, 손 뽀뽀를 하고 하트를 보내기 등의 방식으로 스킨십에 둘만의 규칙을 만들어 매일 실행해보세요. 서로에 대한 사랑이 샘솟는답니다.

⑦ 사랑해줄 때마다 스티커 붙여주기

아이들은 눈으로 보지 않으면 쉽사리 믿지 못하는 습성이 있어요. 얼마나 사랑하는지 느끼게 해주고 싶다면, 하트 스티커를 하트 판에 붙여주세요. 하트 스티커가 늘어갈수록 아이는 엄마의 사랑을 눈으로 직접 확인할 수 있어요. 스티커가 어렵다면 칸을 색칠하는 방법도 좋아요.

엄마의 리더십,
; 권위

　많은 엄마들이 권위라는 단어에 반감을 보여요. 아마도 '엄마의 권위'라는 표현 자체가 잘못 해석되어 그런 것 같아요. 권위란, 상대방을 통솔하고 따르게 하는 힘을 뜻해요. 사회로 치면 리더십이겠죠. 그런데 우리는 권위를 자칫 독재로 받아들여, 아이를 마음대로 휘두르는 것으로 여겨요. 이런 오해가 엄마들을 혼란에 빠뜨리는 것 같아요. 저는 권위를 존경심이라고 표현하고 싶어요. 아이들이 엄마를 보고 존경할 만한 마음이 생기게 하는 것이 엄마의 권위라고 생각해요. 우리 어른들도 존경하는 사람이 있고, 그 사람의 말을 믿고 따르고 싶잖아요. 아이들도 마찬가지예요.

　그런데 우리는 긍정적 의미의 권위도 내려놓고 무조건 친구 같은 엄마가 되고 싶어 해요. 권위가 없어야 아이가 언제라도 비밀을 털어놓고 편하게 대할 수 있을 거라고 지레짐작하곤 하죠. 하지만 권위가 있어도 아이와 비밀을 나누는 가까운 사이가 될 수 있어요.

요즘 엄마들은 아이의 기를 살려주기 위해 많은 신경을 써요. 그리고 아이의 의사를 존중한다며 자주 아이에게 선택권을 넘깁니다. 하지만 어떤 엄마는 아이에게 선택권을 넘겨주면서 주도권까지 같이 줘버리는 경우가 있어요. 이런 경우 엄마는 도리어 아이에게 끌려다닐 수 있지요.

권위(존경심)를 갖기 위해서는 이 '주도권'을 잘 지켜야 해요. 엄마가 주도권을 가지고 있을 때 권위가 생기기 때문이에요. 엄마는 **엄마의 권위**를 지키면서도 동시에 **아이의 의사를 존중**하는 **균형 있는 육아**를 고민해야 하죠. 다음의 5가지는 이런 균형 감각을 기르는데 도움이 되는 내용이에요.

① 아이의 의사를 존중해요

누가 묻지 않아도 아이는 스스로 할 수 있는 상황에서 자신이 직접 하겠다고 의사 표시를 합니다. 하지만 대부분의 엄마가 바쁘고 힘들다는 핑계로 혹은 보호 차원에서 그냥 대신 해주는 경우가 많아요. 만약 아이가 혼자 할 수 있다면 아이에게 기회를 주세요. 그게 바로 아이를 존중하는 것이랍니다. 그리고 이렇게 엄마에게 존중받은 아이가 자라서 엄마를 존중해주죠.

② 단호하게 이야기해요

무턱대고 화를 내거나 짜증을 내면서 "안 돼!"라고 말하지 마세요. 가정 내에서의 규칙과 원칙을 사수하고 지켜주세요. 즉, 가족이 함께 정한 규칙을 어길 때에만 무조건 안 된다고 말해야 해요. 단호박 같은 엄마가 되는 것이지요. 아이의 눈물이나 고집에 넘어가지 않는 엄마의 단호함이 필요하기에, 이 스킬을 **단호박 스킬**이라 명명할게요.

③ 어른을 공경할 수 있도록 일상에서 예의를 가르쳐요

예의는 하루아침에 이뤄지지 않아요. 자연스럽게 습관이 될 수 있도록 도와주세요. 어른을 보며 인사하도록 가르치고, 나보다 약한 사람을 위해 양보하고, 줄을 서서 기다리는 등의 규칙을 평소에 차근차근 알려주는 거지요.

④ 아이의 의견이나 주장을 잘 들어주고 존중해요

가끔 아이의 말을 잘 들어주지 않고 엄마 혼자서 일방적으로 말하는 경우가 있어요. 이렇게 오직 엄마 주장만 내세우는 것은 권위가 아닌 강압입니다. 권위 있는 엄마는 아이로부터 존경받을 수 있지만, 억누르기만 하는 강압적인 엄마는 아이로부터 존중받지 못하게 돼요.

⑤ 아이가 가진 개성을 이해하고 인정해주세요

아이는 엄마가 자신의 특징을 이해하고 인정해줄 때, 존중받고 있다는 느낌을 받아요. 만약 아이가 많이 예민하거나 신중한 성격이라면 천천히 기다려주세요. 엄마가 아이의 특징을 잘 캐치해서 각 상황마다 충분히 이해해주면 아이도 엄마를 존중하게 되지요.

엄마 말만 믿게 되는 마법의 약속,
; 신뢰

신뢰한다는 건 인간관계에서 매우 중요해요. 아이와 나 사이에서도 예외가 아니지요. 신뢰를 잃게 되면 아이는 더 이상 엄마 말을 믿지 않아요. 엄마가 아이에게 믿음을 심어주는 건 육아에서 아주 중요합니다. 우리가 흔히 저지르는 실수 가운데 하나가 병원에서 하는 행동입니다. 예방접종을 하러 가면 엄마들은 겁에 질린 아이한테 이렇게 말하죠. "괜찮아. 안 아파. 조금 따끔하고 말 거야."

여기서 주사가 안 아프다는 엄마의 말은 거짓말이에요. 이런 거짓말도 소용이 없을 만큼 아이들이 느끼는 주사에 대한 공포는 어마어마해요. 그래서 저는 거짓말을 하기보다는 아이의 공포를 공감해주는 방법을 택합니다. 엄마의 말은, 엄마가 하는 약속은 아이에게 아주 중요해요. 아이와 약속한 것은 아무리 사소한 일이라도 꼭 지켜야 해요. 대수롭지 않은 일이라 생각하고 약속을 어기기 시작하면 아이는 엄마의 말을 걸러 듣기 시작해요. 엄마를 믿지 않고 의심의 눈초리를 보내게 되죠.

🍮 엄마의 흔한 거짓말 6종 세트

① 엄마 금방 갔다 올게 → 그러고 나서 반나절 나갔다 온다.
② 엄마 안 나가. 아빠랑 놀고 있어 → 아이를 안심시키고 안 볼 때 휙 나가버린다.
③ 엄마가 이따가 줄게 → 준다고 해놓고 절대 안 준다.
④ 알았어, 해줄게 → 해준다고 해놓고 안 해준다.
⑤ 잠깐만 이따가 볼게 → 말해놓고 안 본다.
⑥ 응 엄마가 사줄게 → 말해놓고 안 사준다.

사실 누구나 이런 거짓말로 위기를 넘기고 싶을 거예요. 우리 엄마들도 우리를 그렇게 키웠잖아요. 이런 행동이 잘못되었다기보다는 이렇게 하면 안 된다는 사실을 몰랐던 거예요.

엄마들이 나는 이런 적이 별로 없는 것 같다고 생각해도, 정작 아이들은, 약속을 지키지 않았다는 걸 귀신같이 알아요. 하원 후에 간식을 사준다고 했으면 사줘야 하고, 코딱지만 한 종이 쪼가리를 버리지 않는다고 약속 했으면 버리지 말아야 하고, 목욕하고 나서 "간식을 줄게"라고 말했으면 목욕하고 양치를 했어도 간식을 줘야 해요. 여기서 한 가지 짚고 넘어가야 할 것은, 약속을 이행할 때는 생색을 내야 한다는 것이에요.

얼마 전 둘째가 아빠한테 목마를 태워달라며 매달렸어요. 자기 전이라 양치질을 하고 오면 목마를 태워준다고 했죠. 양치질을 하고 온 아이에게 목마를 태워주며 생색을 냅니다. "으뉴야 아빠 말이 맞지? 양치질하고 오면 목마 태워준다고 했지?" ==아이는 양치질을 하면 약속이라는 개념을 잊을 수가 있어요. 그러니 약속을 지켰다는 사실을 이렇게 한 번 언급해주면서 각인시켜주세요.==

이것만 알면 공감하기도 누워서 떡 먹기,
; 공감

공감하기는 육아의 꽃으로 불릴 만큼 매우 중요해요. 그런데 이 '공감하기'가 생각만큼 잘되지 않는다며 어려움을 호소하는 분들이 많아요.

"아이의 마음을 읽어줘야 한다는 건 잘 알겠는데, 그게 쉽지 않아요."

"맞아요. 그럴 때는 그렇게 해야 하는데…."

공감하기란, 엄마가 아이의 생각을 읽고, 아이의 진심을 있는 그대로 마음으로 받아들이는 것이에요. 그런데 그게 말처럼 쉽지 않아요! 정신없이 육아와 살림을 하다 보면 공감할 타이밍을 지나쳐버리는 경우도 많아요. 흔히 공감이라 하면 상대방의 감정을 고스란히 이해하고 느껴야 한다고 생각해요. 네가 슬프면 나도 슬퍼야 하고, 네가 힘들면 나도 힘들어야 하는 거죠. 하지만 공감의 진짜 정의는 **상대방의 상황에 나를 대입하는 것**이라고 생각해요.

다시 말해 상대방이 슬프다고 해서 나까지 슬퍼할 필요는 없어요. 상대방의 상황에 나를 대입시켜 그 상황을 알기만 하면 된답니다. 나는 슬프지 않지만 상대의 슬픔을 생각해 "그래서 그랬구나? 그랬던 거구나."라는 따뜻한 말 한마디를 건네는 것으로 충분해요. 이제 보다 쉽고 효과적인 **3가지 '공감 공식'**을 알려드릴게요.

리얼 공감하기 3공식

① 그랬구나 공식

아이한테 "그랬구나."라고 말하세요. 아이의 행동에 어떻게 대응해야 할지 잘 모르고 막막할 때는 먼저 아이의 말을 경청한 뒤 "오구 그랬어? 그랬구나."라고 부드럽게 말하며 아이의 마음을 토닥토닥 해주세요.

② 알아 공식

단순한 한마디 말이지만, "알아."라는 말만으로도 아이는 엄마가 자신을 공감한다고 느낄 수 있어요. 아이가 유치원에서 속상했던 일을 이러쿵저러쿵 이야기하면, "그래 알아. 엄마가 네 마음을 알아."라는 뉘앙스로 말해주세요.

③ 거울 공식

앞의 두 가지 공감 공식을 실천하기 어렵다면, 아이가 한 말을 그대로 받아서 다시 한 번 이야기해주세요. 어투만 다르게 바꾸면 된답니다.

(예) "언니가 때렸어! 여기 아파. 으앙."

"언니가 때려서 아파? 오구 여기가 아파?"

"엄마, 마음이가 내가 그린 그림 가져가서 속상했어!"

"마음이가 사랑이 그림 가져가서 속상했어?"

이 3가지 공식만 알아도 웬만한 상황은 수월하게 넘어갈 수 있어요. 공감하기를 시작으로 하나둘 해나가다 보면 정말 힘든 상황도 척척 이겨낼 수 있는 날이 올 거예요. 지금은 다른 육아 스킬을 시도하지 말고, 딱 하나 공감하기만 밤낮으로 연습하세요. 아이가 싸우고 떼쓰고 징징거리면 어떤 상황이든 공감하기 공식을 적용해 분위기를 전환해보세요. 잘 안 되었던 스킬이 능숙해지면, 아이가 변하는 기적을 경험할 수 있을 거예요.

이제 기본적인 **'사권신공'** 스킬을 장착했다면 육아에서 필요한 양념 같은 스킬이 있어요. 조금 많아서 복잡하다고 느껴질 수도 있지만, '이런 것들이 있구나.' 정도로 읽고 넘어가고 좋아요.

꿀육아를 위해 장착해야 할 14가지 리얼 육아 스킬

1. 하나를 주고 둘을 얻는 : 거래하기 스킬

아이가 원하는 것이 허용하기 힘든 상황에서는 다른 걸 내어주고 서로 거래하는 스킬이에요. 빈번히 사용되지만, 적재적소에 사용하면 더없이 좋은 육아 스킬이죠.

2. 할리우드 뺨치는 여배우 : 연기하기 스킬

연기는 해도 거짓말은 하면 안 된다는 마음으로 아이를 상대해야 하는 스킬이에요.

3. 오버액션으로 홀릭 : 과장 반응하기 스킬

아닌 것도 맞게 만드는 스킬로, 오버해서 과장되게 표현해야 하는 상황에서 사용하세요.

4. 나는 원래 까칠한 엄마는 아니다 : 민감하게 반응하기 스킬

둔한 엄마도 민감하게 반응해서 아이의 감정을 즉시 읽거나 행동을 재빨리 파악할 때 필요한 스킬이에요.

5. 인내가 필요한 순간 : 기다려주기 스킬

평소에 자주 사용되는 스킬입니다. 빨리 하라고 재촉하고 싶어도 꾹 참고 조용히 아이가 하는 걸 지켜봐 주세요. 엄마의 인내심이 필요한 스킬이랍니다.

6. 토닥토닥 응원해야 하는 순간 : 격려하기 스킬

아이의 있는 모습 그대로를 인정하고 받아줄 때 쓰는 스킬이에요. 엄마의 작은 응원이 아이에게는 큰 힘이 됩니다.

7. 내 아이도 선택할 권리가 있다 : 선택권 주기 스킬

엄마가 권위와 주도권을 갖되, 아이에게 적절한 선택권을 제공함으로써 존중받고 있는 느낌을 받게 해주세요.

8. 우리 집에 필요한 법·규칙·규율을 정하는 : 일관성 스킬

'일관성 있게 행동하라'는 말은 하나의 규칙을 정해서 그 규칙에 맞게 생활해야 한다는 의미에요. 가정 환경이 잘 조성되면 바깥에서도 규칙을 잘 지킨답니다.

9. 무심한 듯 시크하게 : 단호박 스킬

아이의 의견을 무시하라는 의미가 아니에요. 온화한 목소리 톤으로 말하되, 절대 안되는 건 단호하게 안 된다고 말하는 스킬입니다.

10. 아무것도 아니라는 듯 반응하지 않는 : 반응하지 않기 스킬

보통 무시하기로 많이 알고 있는 스킬이에요. 무시한다기보다 반응하지 않는 것으로, 아이에게 더 이상의 자극을 주지 않는 스킬이에요.

11. 육아의 예방접종 같은 : 예측하기 스킬

엄마가 충분히 인지하고 있고, 예측할 수 있는 상황에서 벌어질 수 있는 문제를 미리 예방하기 위한 스킬이에요.

12. 엎질러진 물 충분히 처리 가능한 : 사후 대처 스킬

미리 예측하지 못했어도 괜찮아요. 당황하지 말고 정확하고 신속하게 사후 대처를 해요.

13. 신도 못하는 관찰, 엄마가 한다 : 전지적 관찰자 시점 스킬

'전지적 작가 시점'은 작가가 등장인물의 행동·태도·내면까지 설명하는 이야기 방식이에요. 아이를 볼 때도 이처럼 전지적 시점으로 보아야 해요. 아이가 처한 외부 상황, 속마음까지 모두 살피고 꿰뚫는 스킬이에요.

14. 정확하게 판단하자 : 셜록 홈스 스킬

주관적인 판단이 아니라 셜록 홈스처럼 상황을 분석하고 살피며, 객관적인 증거로 판단하는 스킬을 말해요.

chapter 2
옆집 엄마는 모르는 우리 집 육아

엄마 껌딱지, 이건 아니지

"싫어 엄마랑 있을 거야!" 제 몸에 풀을 발랐는지, 꿀을 발랐는지 찰싹 달라붙어 무조건 엄마만 찾는 요 엄마 껌딱지를 보면, 무한정 행복하다가도 속으로 '제발 나도 쉬게 해주렴.' 하며 울고 싶을 때가 많아요.

아이가 생후 6개월 정도 되면 사람의 얼굴을 알아보기 시작하는데, 이때부터 낯가림도 같이 시작된답니다. 낯가림을 안 할 때는 너도 안고, 나도 안고 모두가 "내 새끼!" 하며 예뻐했는데, 이제는 엄마(주 양육자) 말고는 아무한테도 가지 않으려고 해요. 엄마는 좌절하죠. 잠깐이라도 떨어져야 숨이라도 쉴 텐데, 딱 붙어서 엄마와 한 몸이 되어갑니다.

분리불안을 이해할 때, 아이의 입장에서 분리불안을 바라보면 이해가 쉬워요. 아이의 입장에서 엄마는 내가 아는 유일한 세상이자 나를 보호하는 우주와 같다고 느껴요. 그래서 엄마와 떨어지면 나한테 엄청난 큰일이

==닥칠 거라는 아주 무시무시한 공포와 위협을 느끼게 되는 거죠.== 세상에 나온 지 얼마 되지 않은 아이가 자신을 보호해줄 사람을 원하고, 안전한 영역에 머물고 싶어 하는 것은 당연해요.

분리불안은 정도에 차이가 있을 뿐, 아이의 성장 발달 과정에서 누구나 겪는 하나의 증상일 뿐입니다. 하지만 때때로 어떤 분들은 분리불안을 심하게 겪는 아이의 감정과 행동을 애착의 문제로 전이시켜, '아이의 애착 형성이 잘못된 건 아닐까?', '혹시 우리 아이한테 다른 심리적인 문제가 있나?' 등의 걱정을 하는 분도 계세요. 저는 그런 분들께 크게 걱정하지 않으셔도 된다고 말씀드리고 싶어요. 또한 애착이 문제의 유일한 원인이라고 할 수도 없어요.

분리불안은 생후 6개월경부터 4세 전후로 많이 경험하지만 4세 이후에도 경험할 수 있어요. 엄마와 안정적인 애착이나 신뢰 관계가 잘 형성되지 않았거나 아이의 성향에 따라 조금 더 길게 분리불안을 경험하기도 합니다. 하지만 이 또한 엄마와의 애착과 신뢰가 원인이라고 말할 수는 없어요. 아이마다 갖고 있는 여러 성향과 환경적인 문제가 있을 수 있기 때문에 전적으로 엄마 탓이라고 생각하지는 않으셨으면 해요. ==분리불안은 아이에게 '이제 엄마가 없어도 너를 보호해줄 누군가가 있어'라는 생각이 들게끔 환경을 만들어 간다면 충분히 극복할 수 있어요.==

분리불안 완전 정복

　육아에 있어 어떤 상황을 아이만의 문제로 치부하거나 그렇다고 엄마 탓만 하지 않았으면 좋겠어요. 전체적인 환경을 살펴봐야 해요. 가족 구성원과의 관계나 다른 물리적인 요인도 살펴야 하죠. 단순히 하나의 이유만으로 문제가 증폭되거나 해결되지 않는다는 말이에요. 언제 어느 때 어떻게 힘들어 하는지 형태를 체크해보는 게 중요해요.

　단순히 집 안에서 엄마와 떨어지는 것만 힘들어 하는지, 엄마가 외출할 때 자지러지게 울면서 떨어지기 싫어하는지, 이제 막 어린이집에 등원하기 시작하면서 엄마와 떨어지는 걸 너무 힘들어 하는지, 낯선 사람만 보면 울고 엄마와 더 붙어 있으려고 하는 것인지 등 주변 환경과 아이의 연령을 살펴봐야 해요. 이제 낯가림을 시작할 나이인지, 환경이 자주 변한 건 아닌지, 주 양육자가 여러 명은 아닌지, 주 양육자가 자주 외출을 한 건 아닌지 등 양육 환경을 체크한 다음 해결 방법을 찾아야 해요.

0~12개월은 아이가 세상을 알아가고 안정적인 공간임을 인식하는 시기로, 환경이 자주 변하지 않는 것이 좋아요. 예를 들어 이사를 자주 하거나, 사회성을 키워준다는 명목 아래 새로운 사람을 만나게 하거나, 새로운 환경을 접하게 하지 않는 게 좋아요. 많은 전문가들도 이 시기의 애착 형성이 중요하다고 하죠. 꼭 엄마가 아니라도 아이가 안정적으로 세상을 탐색하고 알아가며 '신기하고 재미있는 곳이 많고 나는 안전해'라는 생각이 들 수 있도록 돌봐야 합니다. 이 시기에 안정적인 경험을 하지 못하면 분리불안이 더 심해질 수 있어요. 하지만 적절한 대응 방법을 찾아가면 충분히 극복할 수 있어요. 아이가 안정적인 경험을 할 수 있도록 도움을 주는 엄마의 적절한 대응방법 3가지 소개할게요.

① 아이의 마음 알아주기

분리불안은, 단순히 엄마의 외출이나 기관에 등원할 때 떨어지는 걸 힘들어 하는 것만 의미하지 않아요. 심한 경우 생후 12개월에서 36개월의 아이들이 집 안에서 엄마가 화장실에 가는 것조차 싫어서 울음으로 표현하고 졸졸 따라다니기도 하죠. 그럴 때 가장 좋은 해결 방법은 아이가 느끼는 감정을 그대로 받아들여주는 거예요.

"우리 사랑이, 엄마랑 같이 있고 싶어? 오구 그래. 엄마도 같이 있고 싶어."

다정한 말투로 아이의 마음을 공감해주고 보듬어주세요.

② 무한 사랑주기

아이가 어느 연령이든 가장 중요한 건 엄마의 사랑이에요. 사랑이 없으면 아무리 다양한 스킬을 적용해도 힘들어질 수 있어요. 무한한 사랑을 받은 아이는 낯선 환경에서도 불안을 느끼지 않고, 자연스럽게 적응하며 안정감 찾아가요.

사랑을 주는 데는 특별한 방법이 필요하지 않아요. 다정한 눈빛으로 사랑한다고 말해주거나 머리를 쓰다듬으면서 안아주세요. 마사지 놀이도 좋고 '곤지곤지 잼잼' 같은 쉬운 놀이를 해도 좋아요. 엄마와 충분히 질적으로 가까워지는 시간을 가져보세요.

③ 일상에서 대화하기

잠깐 쓰레기를 버리거나 화장실을 갈 때도 아이와 눈을 맞추며 자세히 이야기해주세요. "사랑아, 엄마 쓰레기 버리러 갔다 올게." 쓰레기통에 쓰레기를 버리는 행동을 아이에게 직접 보여줍니다(신뢰 주기 스킬). 화장실을 갈 때에도 마찬가지로, "사랑아, 엄마 화장실 가서 쉬하고 올게."라고 말하면서 화장실에서 쉬하는 모습을 보여줍니다(배변 훈련과 연결됩니다).

아이는 처음에는 어색해해도 차츰 '엄마가 어디 가는 게 아니구나. 정말로 쓰레기를 버리고 오는 구나.'라고 생각합니다. 이런 대화는 아이와 간접 상호작용을 하는 효과가 있습니다. 신뢰를 주기 위해서는 갓난 아기라도 내 아이를 하나의 인격체로 여기고, 나와 동등한 존재로 생각하는 것에서부터 시작해야 합니다. 아이는 자연스럽게 엄마로부터 존중받는다는 느낌, 사랑받는다는 느낌을 가질 수 있어요. 어쩌면 엄마가 주도하는 일방적인 대화가 과연 상호작용이 될까 싶기도 하겠지만, 말 못하는 아이에게는 쌍방의 상호작용을 하는 셈이에요. 엄마가 일상의 모습을 말로 표현해주면, 아이가 언어를 더 빨리 익히는 효과도 있어요.

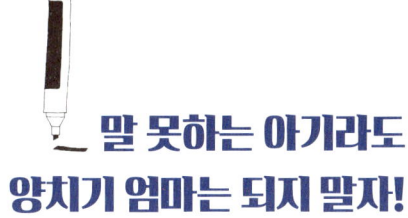

말 못하는 아기라도 양치기 엄마는 되지 말자!

기저귀를 갈 때도 기저귀를 간다고 말해주세요.

"마음이 응가 쌌네. 기저귀 갈자." 또는 "마음아, 우리 기저귀 갈까?"

간식이나 먹을거리를 주면서도 말을 걸어 주세요.

"엄마랑 바나나 먹자." 또는 "여기 과자가 있네."

엄마의 기분이나 상태를 자주 표현해주세요.

"오늘은 날씨가 추워서 엄마도 추워. 마음이가 방긋 웃고 있어서 엄마도 기분이 좋다."

대화를 하는 이유는 아이에게 신뢰와 사랑을 주기 위함이에요. 엄마의 말 속엔 '엄마가 하는 말은 믿어도 되고, 믿게 되면 안전해지는 거야. 그러니 엄마를 신뢰해도 된단다.'라는 메시지가 내포되어 있어요.

♥ 까꿍 놀이

아이가 어렸을 때 자주 했던 까꿍 놀이는 분리불안에 많은 도움이 돼요. 까꿍 놀이는 대상영속성*에 해당하는 놀이로, 아이는 엄마가 사라지는 것이 아니라 다시 나타난다는 것을 알게 해줘요. 손이 아닌 인형을 활용해도 좋고, 엄마가 자신의 얼굴을 가려도 좋고, 엄마가 아이의 눈을 가려도 좋아요.

♥ 소소하게 숨바꼭질 놀이

아이가 걸음마를 하고 활동성이 활발해지는 시기에 할 수 있는 놀이에요. 안전한 집 안에서 1초에서 3초 정도 숨었다 나타나는 것을 반복하면 아이는 엄마가 사라졌다 잠시 뒤 나타난다는 것을 알게 되지요. 까꿍 놀이에서 자연스럽게 숨바꼭질로 이어가면 좋아요.

꼭 '해야 한다'는 책임감을 가지고 몇시부터 몇시까지 아이와 놀아줘야지 하고 정하는 게 아니라 일상에서 자연스럽게 해보시는 거예요. 엄마와 아이가 합을 맞춰가는 것이 육아예요. 때문에 아이의 컨디션에 무조건 맞추기보다는 엄마와 아이, 두 사람의 상황을 고려해야 해요. 엄마가 설거지를 하고, 아이도 이유식을 먹이고 난 후 타이밍이 잘 맞아떨어졌을 때 소소하게 숨바꼭질만 해도 아이가 좋아한답니다.

---

* 대상영속성 : 존재하는 물체가 어떤 것에 가려져서 보이지 않아도 그것이 사라지지 않고 지속적으로 존재한다는 것을 말한다.

♥ 발칙한 거짓말을 하지 않아요

"엄마 어디 안 가, 계속 놀고 있어."라고 말하고 잽싸게 바깥에 나갔다 오는 엄마. 아이가 우는 상황을 피하기 위해 재빨리 나갔다 온다고 해도 엄마에 대한 아이의 신뢰도는 점점 떨어지게 돼요. 사소한 거짓말이 쌓이면 양치기 엄마가 된답니다. 이런 행동 패턴이 반복되면 아이는 엄마가 하는 말을 믿지 못해 더 엄마에 집착하고 붙잡을 수 있어요. 아이가 울더라도 미리 이야기를 하고 외출하시는 게 나아요.

숫자를 아는 아이라면 시계를 이용해 약속하고 지키는 방법도 있어요. 엄마가 외출해서 돌아와 아이와 함께 시곗바늘을 확인하면 아이는 엄마의 말을 신뢰하게 됩니다. 이렇게 신뢰가 쌓이면, 엄마가 잠깐 나갔다 온다고 해도 동요하거나 불안해하지 않아요.

♥ 외출 하기 전에, 아이에게 미리 말해요

어느 정도 말귀를 알아듣는 아이에게 아주 효과적인 방법이랍니다. 외출 전에 미리 "엄마가 토요일에 결혼식에 갔다 올 거야. 아빠랑 잘 놀고 있으면 엄마가 볼일 보고 올게."라고 말하고 중간 중간 한 번씩 신호를 더 보냅니다. 아이에게도 마음의 준비를 할 시간을 주는 거지요.

♥ 떨어지는 연습하기

돌 무렵이 되면서 숨바꼭질이 조금씩 익숙해지기 시작하면 거실에서 방으로 떨어지는 연습을 시도해보세요. 처음에는 아이와 익숙한 사람이 있을 때 '빠이빠이' 헤어지는 인사를 하고 엄마가 방으로 들어가서 1분 있다 나오는 거예요. 그다음에는 3분, 5분 이렇게 시간을 늘려가며 이 방에서 저 방으로 이동해요. 이번에는 아이가 아빠랑 방으로 들어가서 장난감을 가지고 논다든지 이렇게 아이와 연습하면 좋아요. 두 돌 이전에 어린이집에 가야 하는 아이한테 적합한 놀이에요.

♥ 애착 물건 만들어주기

낯가림과 분리불안은 그 성격이 조금 달라요. 생후 6개월이 지나면 낯가림을 하는 아이도 있지만, 하지 않는 아이도 있어요. 아이가 낯가림을 하면 가급적 새로운 사람과 자주 접촉하는 것은 피하세요. 그리고 아이가 안정감을 느낄 수 있는 **애착 물건**을 만들어주면 좋아요. 낯을 가리거나 낯선 환경을 두려워하는 아이는 안정감을 주는 물건을 통해 그 상황을 극복하기도 하거든요. 아이의 나이가 어릴수록 주 양육자나 주 애착 대상에 더 안정감을 느끼는데, 정상적인 발달 과정이랍니다.

♥ 생글생글 즐겁게 '빠이빠이'

아이와 헤어질 때는 아이가 익숙한 환경에서 엄마가 아주 기분 좋은 표정을 지어야 해요. 가끔 엄마들이 헤어지면서, 안쓰러운 마음에 자신도 모르게 불안해하고 걱정스런 표정을 짓기도 해요. 아이는 그런 엄마의 불안한 감정을 고스란히 느끼고 덩달아 불안해 할 수 있어요. 아이와 헤어질 땐, 비록 속으론 불안해도 겉으로는 생글생글 웃는 모습을 보여주세요.

♥ 낯선 사람이나 환경에 서서히 적응하게 해 주세요

낯가림이 시작된 아이는 문화센터나 친구 집에 놀러가는 일에도 불안감을 느낄 수 있어요. 갑자기 모르는 누군가가 확 다가와서 놀라지 않게 서서히 시간을 늘려가며 친해질 수 있게 해주세요. 어린 아가일수록 잦은 외출보다는 안정된 환경에서 주 1~2회 정도 외출하는 게 적합해요.

♥ 엄마와 헤어질 때 하는 인사 의식을 만들어요

엄마와 아이만 아는 인사 신호를 만들어요. 헤어질 때 기분 좋게 헤어질 수 있어요. 또한 이런 의식적인 신호를 통해, 지금 헤어지긴 하지만 다시 엄마와 만날 수 있다는 것을 알려줄 수 있어요.

♥ 갑자기 혼자 두고 나가지 말아요

아이와 방에서 장난감을 가지고 놀다 보면 아이 혼자 잘 놀기도 해요. 그래서 잘 노는 아이를 두고 잠깐 방에서 나가요. 놀이에 집중한 아이는 뒤늦게 엄마가 사라진 걸 알고 놀랍니다. 이럴 때는 엄마가 집안일을 하러 나간다고 알려줘야 해요. 엄마들은 이런 경우 아이가 엄마를 못 가게 붙잡을 거라고 생각하는데, 제가 제시하는 방법들을 사용해보면 아이가 안정감을 느끼고 다시 장난감에 집중해서 잘 놀 거예요.

♥ 일부러 숨거나 놀리려고 사라지지 않아요

아무런 신호도 없이 갑자기 숨거나 놀리기 위해 사라지는 행동은 아이한테 불안감을 가져올 수 있어요. 가급적 놀이로 연결시켜 자연스럽게 떨어지는 연습을 하면 좋아요.

낯가림과 분리불안은 비슷해 보이지만, 본질에서 조금 차이가 있어요. **낯가림**은 낯선 사람에 의해 불안을 느끼는 것이고, **분리불안**은 엄마와 떨어지는 그 자체에 불안을 느끼는 거예요. 간혹 예민한 기질의 아이에게서 나타나는 반응을 낯가림이나 분리불안으로 느낄 수 있어요. 이럴 때 낯가림이 있다거나 분리불안이 심하다고 무조건 규정하지 않으면 좋겠어요. 이 감정들은, 때가 되면 기고 걷는 것처럼 아이들이 경험하는 감정 중 하나예요.

그런데 이를 심리적인 문제로 치부하거나 성격적인 문제로 받아들여서 치료하려고 하면 육아가 더 어렵게 느껴지기도 해요. 혹시 4세 이후에도 계속 분리불안 증세가 심하다면 기관이나 병원에 가서 정확한 진단을 받고 치료를 해야겠지만, 이런 경우는 흔하지 않아요. 아이를 지나치게 걱정하면 아이가 정상적으로 잘 성장하는 데도 문제가 있다고 생각되어 육아가 다른 쪽으로 흘러가거나 어려워지기도 해요.

★★★★★

고품격 육아를 위한 추천도서 1

『**무지개 까꿍**』 최정선 글, 김동성 그림, 웅진주니어
『**커다란 알 하나**』 최숙희 글·그림, 웅진주니어
『**누구게**』 최정선 글, 이혜리 그림, 보림
『**엄마 껌딱지**』 카롤 피브 글·그림, 한솔수북
『**숨바꼭질**』 이석구 글·그림, 한울림어린이
『**누구야?**』 정순희 글·그림, 창비
『**달님 안녕**』 히야시 아키코 글·그림, 한솔수북

아무도 알려주지 않는 돌쟁이 훈육법

저는 큰아이 경모를 임신했을 때 참 어리석은 생각을 했습니다.

아이를 낳고 나면 자유의 몸이 되어

훨훨 날아갈 수 있을 거라 생각한 것입니다.

- 『신의진의 아이심리백과』 (신의진 지음, 걷는나무) 중에서 -

    육아에 대한 어려움은 상상 그 이상이죠. 소아정신과 전문의조차 아이가 태어난 후를 예상하지 못할 만큼 육아는 우리를 극한의 상황으로 몰아가요. 전혀 예측할 수 없는 세계로 들어가는 거죠. 힘에 부친다고 느끼는 건 당연해요. 1년 동안 먹이고, 입히고, 재우고를 무한 반복하며 본능의 욕구를 채워주기 위해 고군분투했기에 '돌이 지나면 편해지더라.'라는 말을 철썩같이 믿고 기대를 갖게 되죠. 그런데 요놈 봐라! 드러눕고, 떼쓰고, 발 구르고, 징징거리고, 혼자 하겠다고 난리치고, 이거 만지고 저거 만지고, 이리 갔다 저리 갔다 하는데, 엄마의 입에서는 "도대체 어쩌란 말이야!"라는 말이 절로 나옵니다. 이렇게 돌쟁이 돌보느라 고생이 많은 엄마들에게 **돌쟁이 육아 팁**을 알려드릴게요.

생후 1년간은 아이의 본능을 만족시켜주는 것만으로도 별 탈이 없었지만, 생후 12개월 전후로는 상황이 확 달라집니다. 어제까지만 해도 누워 있던 아이가 하룻밤 지나고 나니 걷게 되었는데 당연하죠. 눈 깜짝할 새 일어난 변화에 받아들이기 힘들겠지만 그래도 감사한 일이지요. 밥도 혼자 먹겠다, 신발도 혼자 신겠다, 차도 혼자 타겠다, 엄마 손도 안 잡겠다, 이것도 저것도 혼자 해보겠다는 아이의 모습에 미소가 지어지죠.

얼마 전까지만 해도, 아이는 '엄마가 나고 내가 곧 엄마'라고 느끼며 엄마와 자신이 한 몸이라고 여겼죠. 하지만 어제와 달리 쑥 커버린 아이는 이제 '나는 나고, 엄마는 엄마'라고 생각해요. 즉 엄마와 다른 '나'라는 자아가 발달하는 시기가 된 거죠. 온전히 자기 자신을 찾아가는 과정에 접어든 거예요. 얼마나 기특합니까! 엄마는 오롯이 먹이고, 입히고, 재우며 그저 사랑해준 것밖에 없는데 아이는 어느새 무럭무럭 자라 독립성을 갖게 되었으니까요!

저는 이 시기 아이의 발달 상태를 각각의 특징을 잡아 '**본능기**'(생후 0~12개월)', '**탐험기**(생후 12~36개월, 3세 이전)'라는 새로운 이름을 붙여주었어요. 앞으로는 본능기, 탐험기라는 별칭으로 아이의 발달과정을 좀 더 꼼꼼히 살펴볼게요.

♥ **혼자 밥을 먹겠다는 아이**(무엇이든 혼자 먹겠다고 하는 상황에서)

아이가 혼자 먹겠다고 할 때 어떻게 하냐고요? 저는 "무조건 혼자 먹게 합니다!" 이런 제 말에 분명 이렇게 반문하는 엄마도 있을 거예요. "그럼 질질 흘리고 난리가 나겠죠. 치우는 것도 너무 힘들어요. 치우는 건 둘째 치고 빨래는요?" 하지만 다르게 생각해보세요. 아이가 혼자 못 먹게 막고 억지로 먹이는 게 에너지 낭비일지? 아니면 지금은 힘들어도 스스로 먹게 하고, 조금 더 빨래를 하고 치우는 게 나을지?

육아는 단거리달리기가 아니라 **오래달리기**입니다. 눈앞에 있는 작은 문제를 나만 편하자고 했다가 더 힘든 경우를 많이 보았어요. 장기적으로 봤을 때, 지금 반짝 에너지를 사용하면 나중에 체력적으로 덜 힘든 날이 온답니다. 오히려 반은 흘리고 반은 먹는다면 아주 퍼펙트한 아기입니다. 먹는 양이 부족하다고 생각되면 양을 두 배로 늘려 주면 돼요. 엄마가 숟가락질을 제대로 해서 먹는 법을 보여주고 아이한테도 숟가락을 잡는 법을 천천히 알려주세요. 이렇게 하다 보면 아이 혼자 숟가락으로 먹는 기적과 같은 날이 찾아오지요.

♥ **혼자 나가겠다는 아이**

현관 앞 신발장에도 자주 가고 신발도 막 만지고 밖으로 나가고 싶어 합니다. 매번 외출을 할 수는 없지만 가장 먼저 상황 전환하기 스킬을 적용해보세요. 잠시 주의를 다른 데로 돌려, 나가고 싶은 마음을 까먹게 하는 방법이에요. 아이가 갑자기 현관문을 열고 나가려는 위험한 상황에서 아기를 번쩍 들어올려 데리고 오는 행동은, 오히려 나가고 싶은 아이의 욕구를 강화한답니다.

그럴 때는 "사랑아, 엄마 여기 있네." 하며 과장 반응하기 스킬이나 개그 스킬을 사용해 아이의 관심을 돌려 엄마 곁으로 오게 만듭니다. 다른 장난감이나 엄마의 재미있는 재롱으로 유도하면, 아이의 나가고 싶은 마음을 일시적으로 잠재울 수 있어요. 물론 언제까지 유효할지는 장담하지 못하지요. 하지만 에너지가 넘치는 아이라면 자주 외출을 해서 마음껏 주변을 탐색해볼 수 있는 기회를 주세요. 아이한테 무릎 보호대를 착용시키고 잔디나 폭신한 놀이터 주변을 마음껏 돌아다니게 하세요. 산책을 하다 위험한 물건을 만질 때는 **훈육**이 들어가야 합니다.

엄마가 육체적으로 힘들어서 매일 나가는 게 어려울 때는 집에서라도 마음껏 탐색해볼 수 있게 하세요. 집에서도 제한적인데 외출도 할 수 없다면 아이가 에너지를 발산하기가 힘들어요. 집 안에서라도 매트 위에서 뒹굴고 뛰거나 트램펄린이나 미끄럼틀, 그네, 볼풀텐트 같은 기구를 이용해 대근육이 발달할 수 있게 해주세요. 매일 나가는 게 중요한 게 아니라 아이가 **자유롭게 세상을 탐색하는 것**이 포인트랍니다.

♥ 잘 먹던 아이가 안 먹어요

보통 돌쟁이 아이는 이유식 완료기로 접어들면서 밥의 형태도 조금씩 달라져요. 새로운 질감의 음식을 접하면서 적응하는 적응기라고 생각하면 돼요. 이유식은 말 그대로 식사라는 것을 하기 위한 준비 과정에 불과해요. **본 식사**가 이제부터 시작되는 거죠. 새로운 형태와 질감의 음식을 만나고 맛도 다양해지고 달라졌으니, 아이가 새로운 것에 적응할 시간이 필요해요. 걱정스럽고 답답하겠지만 이 시기를 잘 이해하고 인정하면 아이도 자연스럽게 새로운 것에 적응하며 즐거운 식사를 하게 됩니다. 그래도 진짜 정말 안 먹는다면 뒤에 나오는 〈먹기〉편을 참고하세요.

♥ 스킨십 무한 반복

생후 12개월까지는 본능을 만족시켜주기만 해도 아이는 사랑받고 존중받는다고 느껴요. 반면, 생후 12개월 이후로는 자신의 의사를 존중해주었을 때 사랑받는다고 느껴요. 이때 보너스로 엄마만 해줄 수 있는 무한 스킨십을 해주세요. 아이 몸이 닳도록 스킨십을 해주고, 사랑해 좋아해 네가 있어 행복해 등등의 **긍정의 말**을 무한 반복하면 좋아요. 많이 안아주고 몸으로 하는 장난을 많이 하세요. 아이와 즐겁게 육체적인 소통을 하는 거예요.

그야말로 돈 한 푼 들이지 않고 해줄 수 있는 놀이가 **무한 스킨십 신체 놀이**랍니다. 생후 12개월 이후는 엄마와 내가 분리되고 독립심이 강해지는 시기이기 때문에, 아이 스스로 사랑받는다고 느끼는 것 자체로 자기 자신을 사랑하는 '자아 존중감'을 높일 수 있어요.

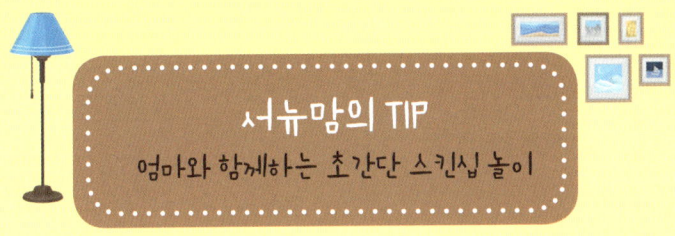

❖ 어느 손에 있을까요?

아이 앞에서 손 안에 쏘옥 들어가는 장난감을 이리 쥐었다 저리 쥐었다 하며 어디에 숨겼는지 물어보는 놀이에요. 아이가 자연스럽게 엄마의 손을 만지며 어디에 있는지 찾아보는 인지 놀이가 될 수 있어요. 조금 큰 장난감은 담요나 수건을 활용해 숨기고 찾기 놀이를 해보세요.

❖ 코는 어디 있나? 코코코 눈! 놀이

'코는 어디 있나? 여기~?' 노래를 부르며 아이와 엄마의 몸을 터치하며 자연스럽게 신체의 각 부위를 인지할 수 있어요. 아이가 아침에 일어나서 몸을 일으키지 않을 때 누워서 하면 좋아요. 보너스로 비행기 태워주기!

❖ 인디언 소리내기 놀이

'오'나 '아' 같은 입 모양을 하며 소리 내서 손바닥으로 입술을 터치해요. 엄마 입술에 대보기도 하고 엄마 손으로 아이 입술에 대보기도 해요. 서로 눈을 맞추고 다양한 소리를 내보며 뽀뽀 놀이도 해요.

★ 0~12개월이 본능을 채워주며 신뢰감을 형성하는 시기라면 12~36개월, 즉 2~3세는 자아가 형성되고 독립되어가는 자율성의 시기라 할 수 있어요. 아이의 발달 특징을 받아들이면 육아가 크게 어렵지 않아요.

★★★★★

고품격 육아를 위한 추천도서 2

『**엄마랑 뽀뽀**』 김동수 글·그림, 보림

『**안아줘**』 제즈 앨버로우 글·그림, 웅진주니어

막무가내 3세 이하 탐험기 아이를 위한 집 세팅!

수없이 "안 돼. 하지 마! 만지지 마!"를 외치면 말귀는 알아듣는데도 도무지 행동이 변하지 않는 3세 이하 유아들을 바라보며 엄마들은 한숨을 푹푹 내쉬죠. 차라리 얌전히 누워있을 때가 더 나았다는 생각을 하기도 합니다. 하지만 분명 3세 이하 유아기 아이들에게 통하는 훈육법이 있으니 걱정하지 마세요.

훈육법을 알려드리기 이전에 3세 이하의 아이들 육아에서 가장 중요한 포인트를 하나 알려드릴게요. ==3세 이하의 아이들은 생명에 위협을 느끼거나 남에게 심하게 피해를 주는 일이 아니면 통제하지 않는 것이 맞습니다.== 별 다섯 개예요. 꼭 명심해 주세요. 또 여기서 '심하게'는 상대방의 생명에도 위협을 느끼게 할 정도를 나타내는 거예요.

사실 이 포인트를 엄마들에게 말씀드리면 할 말을 잃은 표정과 세상을 등지고 싶은 표정을 짓기도 해요. 하지만 상심하지 마세요, 아주 방법이 없는 것은 아니랍니다. 징징거림에 잠투정에 호기심까지 많은 3세 이하(탐험기)를 위한 초강력 훈육법을 알려드릴게요.

안 돼! 하지 마! 만지지 마!
- 전쟁의 서막 3종 세트

♥ "안 돼" "하지 마"라고 말하는 상황을 만들지 말아요

'탐험기(생후 12~36개월, 3세 이전)' 아이들은 "안 돼" 또는 "하지 마"라는 말을 이해는 하지만, 아직 뇌가 컨트롤이 안 돼 자기 행동을 제어하지 못해요. 아이는 무조건 지금 탐색해야 하거든요. 생후 6개월 전후의 아이는 입이 손 역할을 대신 해요. 그래서 손에 집히는 물건을 무조건 입으로 가져가서 만져보고 느끼면서 세상을 알아가는 오감 활동을 하는 거예요. 그러다 생후 12개월이 지나면서 근육이 발달해서 손으로 탐색하기 시작하죠. 손뿐만 아니라 온몸으로 탐색합니다.

아무리 "안 돼", "하지 마"라고 말해봤자 그때 뿐, 다시 만지고 해보고 싶어서 '그 무언가'에 초집중하는 모습을 종종 볼 수 있어요. 어렵거나 번거롭다고 생각하지 말고, 싱크대와 서랍을 모두 비워두고 위험한 물건이 있으면 열리지 않게 조치해서 아이가 자유롭게 탐색할 수 있는 환경을 조성

해주세요. 그러면 아이한테 '**안 돼, 만지지 마, 하지 마**'라는 3종 세트 명령을 할 필요가 없어요.

싱크대에 있는 냄비를 탐내면 만지게 두세요. 만져도 되는 냄비들을 일부러 두어도 좋아요. 몇 번 가지고 놀다 보면 싫증나서 안 하는 경우가 많아요. 물론 온종일 거기에 빠져서 만지는 아이도 있는데, 그럴 경우 다른 곳에 관심이 덜하겠지요. 그러니 잠깐 못 만지게 한다고 뺏고, 닫고, 치우지 마세요. 엄마가 계속 막으면 막을수록 아이는 그 행동을 반복해서 하려 해요. 자율 의지가 급격히 늘어나는 시기라서 아이는 어떻게든 엄마의 통제를 피해보려고 할 거예요. 마치 사춘기 아이처럼 반항의 시기를 걷고 있지요. 지속적으로 아이를 통제하고 못하게 금지하면 아이는 엄마가 안 보이는 곳에 가서라도 이 행동을 계속하려 해요. 또 엄마가 하는 대부분의 말을 들으려 하지 않아요. "싫어! 안 해!"를 입에 달고 살게 될지도 모른답니다.

♥ 화장품 만지기, 청소할 때 청소기 만지고 걸레 만지기

엄마의 화장품이 신기하고 재미있는 거예요. 모든 화장품이 아이의 레이더망에 걸리면 끝장이라는 사실을 안다면, 아이가 만질 수 없는 곳으로 치워두세요. 저도 화장품을 높은 곳에 뒀어요. 번거롭긴 했지만, 이 방법이 제일이지요. 그리고 저는 다 쓴 화장품 공병이나 립스틱, 콤팩트 케이스 등으로 아이에게 작은 화장대를 만들어 줬어요. 화장을 할 땐 "이거는 엄마 거! 이거는 네 거."하면서 구분을 지었어요.

청소할 때 청소기에 관심을 보이면 만져보고 눌러보게 했죠. 아예 아이용 청소기를 사주고 "엄마도 청소할 테니까 너도 같이 청소하자!"고도 했어요. 아이한테 깨끗한 수건 걸레를 주고 같이 걸레질도 하고요.

'이렇게까지 번거롭게 해야 하는 건가?' 하는 엄마도 있을 텐데, 다른 관점에서 한번 생각해보시면 좋을 것 같아요. 과연 모든 상황에서 안 된다며 제지하고 통제하는 게 아이를 위한 걸까요? 우리는 아이와 함께 육아를 하는 거지, 내가 편하자고 아이를 키우는 게 아니에요. 나도 행복하고 아이도 행복할 수 있는 서로 윈-윈(win-win)할 수 있는 방법을 찾았으면 좋겠어요. 아이한테 무엇을 금지하고 허용하는지 한번 점검해보세요. 이게 정말 통제해야 하는 상황인지 아이 입장에서 생각해 볼 필요가 있어요. 만지면 안 된다는 걸 충분히 인지하는 연령임에도 통제하지 않고 허용한다면 문제가 되겠지만, 통제가 안 되는 아이를 통제하려 하면 이 또한 문제가 될 수 있어요.

♥ 화장실에 들어가는 일

화장실에 대한 관심은 아이마다 조금씩 달라요. 저희 집 화장실은 비교적 넓고 미끄럼 방지 타일인 데다 바닥에 물기가 없는 상태였는데, 두 아이 모두 변기보다는 수도에 관심이 많았어요. 그래서 아이들이 화장실에 들어가는 것을 굳이 말리지 않았어요. 그리고 화장실 못 들어가게 하려면 화장실 문을 닫아놓으면 돼요. 만약 아이가 변기에 손을 집어넣고 얼굴을 넣으려고 한다면, 생명과 직결되는 일이기 때문에 단호하게 훈육해야 합니다.

♥ 식당에서 그릇 등 이것저것, 위험한 것을 만질 때

가급적 3세 이하의 아이는 식당에 데리고 가지 않는 게 좋아요. 부모들도 당연히 외식도 하고 싶겠지만, 탐험기인 아이를 데리고 식당에 가면 밥이 코로 들어가는지 입으로 들어가는지 모를 수밖에 없을 거예요. 또한 식당엔 위험한 물건도 많아요.

몇 년 전 18개월 여자아이가 식당 콘센트 구멍에 젓가락을 집어넣어 감전되는 사고도 있었어요. 심한 중상을 입고 3일 만에 깨어났지만, 온전히 앉아 있거나 서서 걸을 수 없게 되었답니다. 뉴스를 보면 여전히 이런 안타까운 사고가 발생하곤 해요. 부모가 아무리 주의를 기울여도 사고는 순식간에 일어나기 때문이지요.

먼저 식당에 가면 최대한 가장 안전한 구석 자리에 자리를 잡고 젓가락이나 유리 등 위험한 물건을 만지지 못하도록 아이를 지켜봅니다. 위험하고 생명에 지장을 주는 행동에 대해서는 단호하게 안 된다고 훈육해야 합니다.

유리그릇은 깨질 수 있고 젓가락은 다칠 수 있다는 것을 차근차근 설명해주세요. 때에 따라서는 이 젓가락을 들고 뛰는 모습을 보여주며 "여기에 찔릴 수도 있어. 그러면 아야 해요."라고 이야기하면 아이들이 인지해요. 식당 예절로는 뛰지 말고, 식탁 위에 올라가면 안되고, 식탁 의자로 장난치면 위험하다는 것을 분명히 설명해줘야 해요.

식당가기 전 대처법

1단계 먼저 아이에게 식당에 갈 거라고 말합니다.

2단계 그곳에는 위험한 물건이 있고 어떤 물건들이 있는지 자세히 설명합니다.

3단계 위험한 물건에 대해서는 왜 위험한지 명확하게 이름과 그 이유를 설명해요.

4단계 식당 예절을 설명해요.

♥ 식당에서 기다릴 때 필요한 것들

식당에 가서 아이를 얌전하게 만드는 작은 장난감(색칠놀이, 미로 찾기, 퍼즐 등) 중에서 가장 효과가 좋았던 것은 스티커와 미술 도구 그리고 '아무것도 안 가져가는 것'이었어요. 이것저것 챙겨 가봐야 그때뿐이에요. 아이는 식당이라는 새로운 공간에 관심이 쏠려 있기 때문에 챙겨간 물건에 집중하기 쉽지 않아요.

저는 차라리 미리 훈육으로 단련시킨 다음, 식당 예절을 가르치고, 식당에서 하면 안 되는 것과 해야 하는 것을 제대로 구분해서 알려줬어요. 엄격한 훈육만으로도 열 번 중 아홉 번은 큰 무리 없이 공공장소나 식당에서 아이들과 함께 여유롭게 시간을 보낼 수 있게 되었어요.

♥ 옷을 혼자 입으려고 해요

옷만 혼자 입으려는 게 아니라 무조건 "내가! 내가!"를 외치는 아이입니다. "내가 할래. 내가 할래." 탐험기가 되면 외계인이 와서 아이들의 머릿속에 이 단어를 심어주는 건가 싶을 만큼 이 말을 입에 달고 살지요. 혼자 하는 게 많이 서툴지만 뭐든지 혼자 하고 싶어 해요. 그럴 때는 무조건 혼자 해볼 수 있게 해주세요. 옆에서 양말과 신발 신는 법, 바지와 윗옷 입는 법을 차근차근 알려주세요.

하지만 엄마가 알려주려는 데도 뿌리치고 "하지 마! 엄마 만지지 마!" 이렇게 말하면서 강하게 나온다면, 아이가 평소 인정받지 못했기 때문일 수도 있어요. 이럴 때는 알려주는 게 아니라 우선 아이의 의견에 좀 더 귀를 기울이며 아이에게 집중해주세요. 알려주는 건 나중에 아이가 받아들일 수 있을 때 알려주면 된답니다.

"사랑이 혼자 옷 입고 싶었어? 엄마가 도와줄까?"

"바지는 이렇게 여기를 잡고 다리를 집어넣은 다음 쭉쭉 올리면 돼. 안 잡으면 내려갈 수 있으니까 여기를 잡고 다리를 넣어. 알았지?"

많은 아이들은 배우는 것에 긍정적이고 열심히 따라 해요. 이때 너무 과한 반응을 보이기보다는 자연스럽게 격려해주면 좋아요.

♥ 현관, 다용도실, 세탁실에 나가서 노는 일

신발을 신고 돌아다니는 것은 크게 위험한 일은 아니니 허용해주세요. 아직 어려서 밖에 나가지는 못해도 신발을 신고 노는 것을 즐기는 때가 옵니다. 심지어 아이가 안방인 것 마냥 드러눕기도 하는데, 온몸이 먼지투성이가 돼도 저는 그냥 둬요. 그러면 아이는 놀다가 들어오기를 반복하며 혼자서도 잘 놀아요. 다용도실이나 세탁실에 위험한 게 있으면 치워두고, 나가면 안 되는 상황이라면 나가지 못하게 문을 잠그면 됩니다.

아이들은 엄마가 생각한 것보다 훨씬 빨리 성장해요. 문을 열지 못할 거라 생각했는데, 어느새 힘이 세져서 열고 나갈 수도 있어요. 성장 속도를 보고 아이가 열지 못하도록 사전에 단단히 조취를 취하세요.

호기심 끝판왕,
어지르기 선수, 망치기 선수

♥ 지랄발광 탐험의 시작

"
"뭐든지 만져보고 알아가고 싶어요."
"엄마, 저는 물티슈를 잡아당기면 다시 나오는 게 신기해요."
"신발 신고 물웅덩이에 첨벙첨벙했더니
신발에 온통 물이 튀고 바지에도 물이 묻어요. 정말 신기해요."
"엄마 가방을 열었더니 새롭고 신기한 물건으로 가득해요.
이걸로 뭔가를 할 수 있을 것 같아요."
"길쭉한 통의 뚜껑을 열었더니 새빨간 게 쑥쑥 나오는 거예요?
그래서 그냥 마구 문질렀는데 뭐가 잘못됐나요?" "저는 던지는 것도 좋아요.
그래서 물 컵을 던졌더니 바닥에 깨졌어요.
그런데 엄마가 화들짝 놀라면서 난리더라고요. 저는 공 던지듯 던진 것뿐인데요."
"

'탐험기' 아이들한테 세상은 마치 '정글' 같은 곳이에요. 우리가 다른 나라로 여행을 가면 모든 게 신기해서 쳐다보고 사진을 찍는 것처럼, 탐험기 아이들에게는 엄마의 가방 안이 정글같이 탐험하고 연구해야 하는 곳이랍니다. 아이의 특징을 알고 나면 아이의 행동이 이해가 돼요. 어지르고 엉망으로 만들고 집 안을 온통 들쑤시고 다니는 게 당연하지요. 아이가 하는 탐험 행동을 긍정적으로 받아들여주세요. 이런 행동은 아이가 아주 잘 자라고 있다는 증거니까요.

♥ 내 맘대로 할 거야

아이가 "싫어, 안 해, 내 맘대로 할 거야!" 이런 말을 할 때마다 엄마는 난감합니다. 공감하는 것도 한계가 있고 모든 상황을 허용할 수도 없으니까요. 이럴 때는 정확한 이유를 파악하고 어떤 스킬로 아이를 대해야 할지 판단하는 게 필요해요. 아래의 3가지 이유를 보면 아이를 대하는 힌트를 얻을 수 있을 거예요.

① 때를 쓰면 엄마가 원하는 대로 해주니까

스마트폰 달라고 했는데 엄마가 안 된다고 합니다. 그러자 아이는 떼를 쓰며 "싫어, 스마트폰 주떼요. 이거 볼 거야!" 하면서 좀 더 강하게 나옵니다. 이런 상황에서 엄마가 아이의 조르기에 쉽게 넘어가 스마트폰을 주게 되면, 아이는 다음에도 같은 방식으로 나올 거예요. 일관성 없이 행동하는 상황에서 이런 일이 자주 발생합니다. 엄마의 마음이 약해져서 '안 돼요' 하다가 '돼요'로 변하는 거지요.

"안 돼! 스마트폰 못 봐."

"시더, 시더. 주떼요!"

"안 돼. 안 된다고. 안 돼…요. 돼요…."

② 진짜로 하고 싶지 않아서

아이는 진심으로 하기 싫어서 "싫어. 안 해!"라고 말할 수도 있어요. 그런데 엄마는 왜 이게 싫은지 이해하지 못하는 거죠. 예를 들어, 어린이집에 가야 하니까 세수를 하자고 하니, 싫다며 떼를 쓰기 시작해요. 엄마는 잘 하던 아이가 갑자기 안 하니까 뭔가 문제가 있다고 생각해요. 그런데 전후 사정을 잘 관찰해보면 아이가 왜 싫어하는지 알 수 있어요. 무언가에 집중하고 있었거나, 컨디션이 좋지 않거나, 갑자기 어린이집에 가고 싶지 않는 등의 어떤 다른 원인이 있을 거예요. 그 원인에 집중하고, 아이의 마음을 공감해 준 이후에 훈육이 들어가야 해요.

③ 내 말이 맞다고 주장하고 싶어서

"너 캐러멜 먹고 싶은 거지?"

"아니, 싫어. 안 먹고 싶어. 초콜릿 줘요!"

"너 원래 초콜릿 먹고 싶었지?"

"아니, 싫어. 안 먹어!"

아이가 도무지 뭘 원하는지 알 수 없는 상황! 이럴 땐, 분명 엄마 말이 맞지만 아이는 엄마 말에 수긍하고 싶지 않은 거예요. 내가 생각한 걸 주장하고 싶고, 내 의견이 맞다고 강하게 말하는 거랍니다. 이럴 때는 먼저 "뭐가 먹고 싶은 거니? 원하는 걸 말하면 엄마가 기다려줄게."라고 말해보세요. 아이가 자신의 생각을 먼저 이야기할 수 있도록 도와주는 거죠. 엄마가 먼저 "너 TV 보고 싶어서 그러는 거지?", "너 소변 마렵지?" 이렇게 탐정처럼 다가가면 아이는 맞는 것도 아니라고 해요.

♥ 황소고집, 떼쓰기, 분노 폭발

'요것 봐라! 엄마가 뭐를 하라고 하면 안 한다며 생떼를 부리고 난리네!' 생떼를 넘어 황소고집에 분노까지 폭발하는 상황을 보며 도대체 아이가 왜 그러는지, 왜 이렇게 자기 멋대로 하려는 건지 알 수 없을 때가 있어요. 웬만큼 안 되는 건 안 된다고 했고, 무조건 아이 주장에 맞춰주기만 한 것도 아닌데 이상하죠? 아이의 황소고집에 엄마가 이리저리 휘둘릴 때가 많아요. 아이의 고집과 분노와 떼쓰기는 대부분 자신의 의지가 무시되고, 통제 당했다고 생각할 때 나오는 행동이에요.

아이는 어른과 달리 자신의 감정을 말로 표현하는 게 서툴기 때문에 행동으로 먼저 나오는 거랍니다. 소리를 버럭 지르거나, 미친 듯이 발을 구르고 드러눕는 떼쓰기와 고집의 형태는 자신의 의지를 표현하려는 감정 표현으로 무조건 나쁘다고 할 수 없어요. 아이가 왜 그러는지 정확한 원인을 찾아보세요.

순간 엄마도 당황스럽고 화가 나는 건 당연해요. 때문에 그럴 때는 아이와 잠시 떨어져서, 20초라도 생각할 시간을 가지세요. 잠시 숨을 고르고 원인을 침착하게 정리해 본 다음 그에 맞는 공감과 대안을 제시하면 좋아요.

예를 들어, 아이가 다른 사람의 자전거를 타겠다고 난리를 쳐요. 자전거 주인은 보이질 않고, 엄마는 안 된다고 1차로 말했겠지요. 하지만 아이는 무조건 하고 싶은 거예요. '분노를 보여주고 싶다'가 아니라 '내가 타고 싶다'는 감정을 논리정연하게 말하지 못해서 몸으로 표현하는 거죠.

놀이터에서 생떼를 쓰고 난리를 칠 때는, 일단 무조건 자전거와 분리시키세요. 그리고 아이를 데리고 멀리 가서 공감 대화를 시도해요. 하지만 아이는 아마 엄마의 말에도 계속 울며불며 고래고래 소리를 지를 거예요. 엄마는 **공감하기 스킬**이 아이에게 먹히지 않았다고 생각하겠지만, 실은 아주 잘하고 있는 거예요. 단지 한 번으로는 안 될 뿐이죠. 진심을 다해 아이의 마음을 알아주세요.

"우리 마음이 자전거 타고 싶구나, 그렇지? 그런데 자전거를 못 타게 하니까 얼마나 속상해~" (공감하며 1차 진정)

"엄마도 마음이에게 자전거 태워주고 싶은데, 자전거 주인이 없어서 태워줄 수가 없어~" (가능한 것 불가능한 것 구분 지어주는 대화 시도)

"싫어~ 싫어~ 엉엉"

"많이 속상하구나? 우리 마음이~ 그래도 우리 기다렸다가 주인이 오면 타고 싶다고 말하는 건 어때?" (짧은 공감 후 대안제시)

이런 방식으로 말하면서 끝에는 다른 대안을 설명해 주세요. 이런 상황은 아이마다 조금씩 다를 수 있지만 3세 이하 탐험기 아이들에게서 자주 발생하는 일이에요. 형이나 동생의 물건을 탐내면서 생떼를 부리기도 하죠. 그러면 이러지도 저러지도 못하고 아이의 고집에 끌려 다니며 힘들어하는 엄마들이 많아요. 이때 다음의 3단계를 떠올리면 상황이 훨씬 수월하게 풀릴 거예요.

0단계 아이가 분노를 보이는 건 문제 상황이 아니에요.
1단계 아이의 분노 감정을 진심으로 공감해주세요.
2단계 지금 상황에 대해 자세하게 설명해요. (무엇 때문에 위험하다 등)
3단계 현실적인 대안을 제시해요. (아이가 납득할 수 있도록)

이렇게 했는데도 풀리지 않는다면 그건, 제대로 공감을 하지 않았거나 현실적인 대안이 아닌 일방적인 대안을 제시했거나 아이의 마음을 정확하게 알아채지 못했을 가능성이 높아요. 평소에도 이런 훈육이 자주 이뤄지지 않았고, 자주 아이의 몸과 마음을 통제하고 막았을 가능성이 높아요. 그럴 땐, 한 번으로 안 되더라도 포기하지 말고 지속적으로 시도해보세요.

엄마가 다정하게, 끈기 있게 행동하면 아이도 달라질 수 있어요.

하지만 이런 상황이 반복되고, 개선이 되지 않는 것 같고, 엄마 스스로 정신적으로 피폐해지고 귀찮아서 아무것도 하고 싶지 않다면, 그건 육아 방법에 문제가 있는 게 아니라 엄마의 심리를 먼저 체크해볼 필요가 있어요. 제아무리 좋은 육아법도 엄마의 정신이 건강하지 않은 상태에서 시도하면 과부하가 걸려 폭발해 버릴지 모르기 때문이에요. 육아 우울증이나 산후 우울증, 시댁과의 갈등, 남편과의 문제 요소 등이 있다면 그 상황부터 점검하는 게 우선이에요.

미운 네 살, 막무가내 일곱 살도 변하는 마법

『따뜻하고 단단한 훈육』(이임숙 지음, 카시오페아)에서 이임숙 선생님은 "따뜻하게 아이를 품어주되, 경계를 단단하게 세우고 아이들이 스스로 깨달음을 얻는 훈육"이 바로 따뜻하고 단단한 훈육이라고 말했어요. 저는 이 내용이 훈육에 대한 아주 적절한 설명이라고 생각해요. 훈육의 진정한 의미는 엄마 말을 잘 듣게 하는 게 아니라 엄마 말을 잘 믿게 하는 거예요. 훈육은 엄마가 아이를 다그치고 혼내는 것이 아니라 세상의 질서를 배울 수 있도록 알려주는 가르침이에요.

훈육의 3단계

1단계 | 훈육하기 전 상황 점검 :
우리 아이의 성향을 파악한 다음 언제 어느 때 훈육이 필요한지 자세히 훈육 타이밍을 체크해요.

2단계 | 훈육 시작 :

어떤 훈육으로 아이와 대화를 할지 정하고 시작하세요.

3단계 | 훈육 마무리 :

엄마의 무한한 사랑 스킬로 마무리해요.

♥ 훈육의 필수 스킬

정확한 원인을 판단하기 위한 '**셜록 홈스 스킬**'과 신도 못하는 관찰, 엄마가 하는 '**전지적 관찰자 시점 스킬**', 이 두가지는 훈육의 필수 스킬이에요. 셜록 홈스가 세심하게 주변을 관찰하고 판단해서 사건의 증거를 찾아내듯 아이의 문제 상황에서 정확히 '무엇이' 원인인지 찾아내야만 해결이 가능해요. 또한 내 아이를 둘러싼 모든 것, 전체를 보는 눈을 가져야 해요. 세심하게 아이의 행동과 말을 관찰해서 전지적 관찰자 시점으로 바라보는 거죠.

밥을 안 먹는 아이, 유치원에 안 간다고 떼쓰는 아이를 단순히 안 먹고, 안 가는 것으로 보면 안 돼요. 왜 안 먹으려 하고, 왜 안 가려 하는지 그 원인을 찾아내야 해결할 수 있다는 말이죠. 여기에 '**사권신공**'스킬은 당연히 밑바탕에 깔려 있어야하고요. 기본 스킬이 세팅되지 않은 상태라면, 셜록 홈스 스킬과 전지적 관찰자 시점 스킬을 장착하더라도 올바른 훈육으로 가는 길은 점점 멀어질 수밖에 없다는 사실을 잊지 마세요.

♥ 훈육하기 전 아이를 이해해요

아이들은 자기중심적 사고를 하고, 금방 알려준 것도 잘 까먹죠. 무엇보다 자기가 하는 이야기를 상대방이 들어주는 걸 좋아해요. 그리고 노는 걸 세상 최고로 가는 일이라고 생각하죠. 아이의 이런 마음과 행동을 알고 있으면 '도대체 너는 왜 그러니?'라는 생각이 많이 줄어들어요.

♥ 똑똑하게 '안 돼!' 하기

간식을 더 달라거나 물건을 사달라고 떼쓸 때, 혹은 말도 안 되는 요구를 할 때 엄마들은 '안 돼'라고 말해요. 사실 '안 돼'가 그렇게까지 부정적인 언어는 아니에요. 있는 사실을 그대로 설명한 것뿐인데, '안 돼'라고 말했다는 이유만으로 잘못된 것, 나쁜 훈육으로 치부되곤 해요. 하지만 '안 돼'는 의사를 전달하는 표현 방법 중 하나일 뿐이죠. 물론 일상에서 빈번하게 사용하지 않는 편이 좋고, 진정한 공감과 현실적인 대안 없이 사용하면, 좋은 결과를 기대할 수 없어요.

♥ 경계를 확실히 하기

이럴 때는 되고, 이럴 때는 안 된다고 하면 아이는 헷갈려 해요. **허용과 비허용의 경계**를 확실하게 제시해주세요. 엄마 물건을 만져서는 안 되는 거면, 그 영역만큼은 비허용이어야 해요(2살 이상). 이 구역의 물건을 만져도 된다면 그 공간만큼은 허용해야 해요.

예를 들어, 9시 이후로 스마트폰 보지 않기, 잠자리에 들기와 같은 규칙이 있는데, 외출을 했다고 해서 혹은 집에 손님이 찾아왔다고 해서 아이에게 허용하지 않았던 것을 마지못해 허락하면 아이는 헷갈려하겠지요. 떼를 쓰거나 고집을 피우면 또 허용해주겠지 하는 생각을 갖게 될 수도 있어요. 이런 경우가 생기지 않도록 훈육의 경계를 확실히 하는 게 필요하다고 생각해요. 물론 여기서, 일관성 있게 규칙을 지키는 것과 융통성 없이 강제로 통제하는 것은 서로 다릅니다. 엄마의 일관된 태도에 대해서는 다음 내용에서 살펴볼게요.

♥ 일관된 태도란?

==일관된 양육 태도란, 약속을 지키고 규칙을 지키는 것==이라 생각해요. 보통 일관되게 행동하고 일관성이 있어야 한다고 하잖아요. 이 부분은 정말 중요해요. 별 백 개를 표시하고 일관되게 행동하는 게 무엇이며, 잘 지켜지지 않을 경우 어떻게 해야 실천할 수 있는지를 연구해야 해요. 만약 내가 20만 원짜리 상품권을 내건 이벤트에 당첨됐는데, 회사에서 약속을 지키지 않는다면 '아, 그렇구나.' 하며 쿨하게 이해하고 넘어갈까요? 아니면 화를 낼까요? 아이도 똑같아요. 엄마가 분명 이따가 준다고 했거나, 다음에 사준다고 해놓고 약속을 안 지키면 화가 나겠죠. ==일관되게 행동한다는 것은 아이와의 약속(규칙)을 지키는 것이라는 사실==을 반드시 기억해주세요.

♥ 똑똑하게 메시지를 전달해요

'나-전달법'과 '너-전달법'이 있어요. **나-전달법**은 내가 주체가 되어 대화를 하지만, **너-전달법**은 모든 문제의 원인을 상대에게 돌리는 말투입니다. "너 아직까지 안 치웠어?"라고 말하는 것은 상대를 비난하는 어투예요. 그것보다는 "늦게 치우면 시간이 늦어지고 엄마가 힘들어져."라고 말하세요.

♥ 5살이 아니라, 5+2 = 7살!

무엇을 시켜보면 아이들은 엄마의 생각보다 훨씬 잘 해낼 때가 많아요. 한 번 이렇게 생각해볼까요? 아이의 나이를 내가 생각하는 것보다 두 살 더 많다고 생각해보세요. 아이는 자신한테 주어진 기회를 아주 귀한 찬스로 여길 겁니다. 단편적인 예를 들면, 한 회사의 말단에 있는 막내 사원에게 어느 날 팀장님이 아주 중요한 일을 맡겼다고 생각해보세요. 그 사원은 잡일이 아닌 큰일을 맡게 되어 부담스럽기도 하겠지만, 기회가 주어져서 기쁘지 않겠어요? 아마 아이의 기분도 비슷하지 않을까요? 아이는 그렇게 엄마가 자신을 믿고 맡긴 일들을 해내며 자기 조절 능력을 기른답니다.

♥ 남의 아이처럼 대하기

만약에 이런 훈육 과정이 잘 지켜지지 않고 힘들다면, 내 아이가 아니라 남의 집 자식이라고 생각해보세요. 말도 안 되는 말 같지만 실제로 적용해보면 훈육이 조금 수월해질 거예요.

♥ 믿어주는 따뜻함

아이가 못할 것 같고, '과연?' 하는 의문이 들지만, 아이를 훈육했고 맡겼다면 믿어주는 모습을 보여주세요. 엄마가 의심의 눈초리를 보내면 말하지 않아도 아이의 가슴으로 전달돼서 아이를 위축시킬 수도 있어요.

♥ 훈육이 끝나면 꼭 안아 주세요

훈육이 아닌 야단을 치고 나면 엄마 마음도 언짢아요. 제대로 된 훈육을 하지 않았기 때문이에요. 마무리를 제대로 하려면, 왜 훈육을 했는지 설명하고 사랑하는 마음을 전달하고 아이를 꼭 안아주세요. 그렇게 함께 다시 파이팅을 외치는 거죠.

♥ 안 때렸어요

아이가 형제와 싸우거나 잘못을 해서 야단을 치면, 아이들에게서 나오는 단골 멘트가 있어요. "엄마, 다시는 안 그럴게요." "안 때릴게요." "동생 데리고 놀게요." 등의 말을 하는데 저는 그런 말은 의미가 없다며 하지 말라고 가르쳤어요. "안 할게요."가 아니라 "엄마, 때리고 싶었지만 안 때렸어요."

"동생 데리고 놀고 싶지 않았는데, 데리고 놀았어요."라고 말하라고 해요.

이렇게 몇 번 훈육했더니 변명처럼 하는 말들이 큰 의미가 없다는 걸 아이도 충분히 인지하더군요. 그래서 야단을 칠 때 무엇을 잘못해서 혼나고 있는지를 핵심으로 둡니다. 이제 첫째는 알아요. 동생과 서로 격하게 싸웠을 때, 엄마가 잠시 숨고르기를 하라고 격리시켜서 생각할 시간을 주면, '무엇을 잘못했는지' 스스로 생각해야 한다는 것을요. 첫째가 자신의 잘못을 말하면 저는 어떻게 해야 똑같은 실수를 반복하지 않을 수 있는지 해결 방안을 제시해 줍니다. 여기서 잠깐, **방안을 제시하기 전에 공감**이 먼저 들어가야 한다는 사실을 이제는 우리 엄마들도 알고 계시리라 생각해요.

♥ 야단치는데 웃어요

야단을 치려고 무서운 표정을 지었는데, 아이들이 웃고 있는 모습을 많이 봤을 거예요. 큰애도 자주 그래서 처음에는 의아해했어요. 자세히 관찰해 보니 웃겨서 웃는 게 아니라 그 상황이 너무 무서워서 웃는 거예요. 일종의 방어기제인 겁니다. 아이가 웃는다고 해서 엄마를 무시하는 게 아니라는 사실을 염두에 두세요.

♥ 수많은 훈육 정보, 찾아볼까 말까?

일각에서는 여기저기 떠돌아다니는 검증되지 않은 육아 정보에 대한 우려의 목소리가 나오고 있어요. 제가 봐도 심하다 싶을 만큼, 회사 홍보를 위해 교묘하게 엄마들을 끌어들이기 위한 정보가 많아요. 틀리진 않았지만 그렇다고 정확하다고 보기에 어려운 정보도 많아서 엄마들이 제대로 걸러낼까 걱정스러울 때가 있어요. 하지만 현실적으로 가장 빠르고 접근성이 좋아서, 많은 엄마들이 시급하게 해결해야 하는 아이의 문제를 앞두고 주로 인터넷 검색을 합니다. 주위에 마땅히 물어볼 데가 없다면 더욱 그렇지요. 내 마음이 편해질 수 있다면 참조하는 것도 나쁘지 않아요. 하지만 결코 맹신하지는 마세요. 유용한 힌트가 될 수 있지만 한편으론 독이 될 수도 있으니까요. 정보의 홍수 속에 이리저리 휘둘리지 않으셨으면 해요.

♥ '훈육의 신'이 되어보자

많은 분들이 힘들고, 안 될 것 같고, 못할 것 같다고 말하는 훈육에 대해 상담하면서 제가 하는 단골 멘트가 하나 있어요. "일주일, 이것도 어렵다면 딱 3일만이라도 이렇게 해보세요! 그럼 아이의 변화를 눈으로 직접 확인할 수 있을 거예요." 매일 매번은 힘들어도 일주일은 우리가 해볼 만하잖아요? 그리고 직접 해본 엄마들이 이야기합니다. 일주일 후 달라진 아이의 모습을 보며 별거 아니라는 생각이 들고 왜 이렇게 쉬운 걸 진작 시도하지 않았는지 모르겠다고요. 믿으세요, 엄마가 달라지면 아이는 반드시 변합니다.

우리 아이, 이럴 때는 어떻게 해야 할까요?;
7가지 별별 상황 해결법

Q1.
정리·정돈하는 습관을 들이려면, 어떻게 해야 할까요?

▶ **연령별로 아이가 할 수 있는 정리 정돈을 미리 계획한 후 실행해요**

가방 정리하기, 가방에 식판 꺼내 식탁에 올려놓기, 양말과 옷 세탁 바구니에 넣기, 장난감과 책 정리하기, 먹고 난 그릇 싱크대에 넣기 등 아이가 할 수 있는 습관을 생각해보세요.

▶ **한 번에 하나씩 해요**

아이가 3세까지는 정리 정돈을 흉내 내는 정도였지만, 4세부터는 가방을 걸고, 식판을 꺼내 식탁에 놓고, 입었던 옷을 세탁 바구니에 넣는 것까지 습관을 들일 수 있어요. 5세부터는 자기 방을 정리 정돈하고 6~7세에는 자신이 사용한 물건을 모두 정돈해요. 가방 정돈은 기본이고, 스스로 양치하고 씻고, 먹었던 그릇을 치우고, 읽은 책을 꽂아두고, 가지고 놀았던 도구까지요. 하나씩 습관을 들여 나가세요.

처음에는 서툴고 어려워하지만, 습관이 되면 저절로 알아서 해요. 하지만 습관이 들기 전까지는 항상 현재 진행형이랍니다. 한 번에 되는 게 아니에요. 대부분의 엄마들이 '왜 우리 아이는 안 될까?' 하거든요. 아이마다 능력의 레벨 치가 다른 것뿐이에요. 내 아이한테 맞는 레벨 치를 정하고 1부터 10까지 중에서 우리 아이가 3만 해도 잘하는 거라는 기준을 세우면 다른 아이와 비교하지 않게 된답니다.

▶ 물건의 자리를 정해주세요

장난감, 책, 미술 도구, 아이들 가방, 신발 등 아이가 쓰는 모든 물건에 '원래의 자리'를 만들어요. 다시 말해 집을 만들어주는 거죠. 우리가 집에 들어가듯 아이들한테 "가방은 가방걸이에 걸어보자. 가방이 집으로 갔네." 하고 말해요. 이런 식으로 처음에는 즐겁게 접근해서 정리 정돈을 할 수 있게 해주세요.

▶ 칭찬 스티커나 다른 보상을 주지 않아요

정돈은 당연히 아이가 해야 하는 거예요. 자기의 일을 자기가 하는 것은 기본 중에 기본이기 때문에, 정리를 잘했다고 해서 물질적인 보상이나 칭찬 스티커 판을 무분별하게 사용하지 않아요. 대신 격려하거나 쓰다듬고 안아주고 뽀뽀해주고 더 많이 사랑해주었답니다.

▶ 정돈이나 청소를 하면 긍정 반응을 보여요

저는 처음으로 큰애가 청소한 날을 잊지 못해요. 5살 때 고사리 같은 손으로 정리를 하고 나서 엄마를 불렀는데 깜짝 놀랐어요. 그 이후로 스스로 정리 정돈을 잘했을 때 아날로그 배경음악을 깔아줍니다. (배경음악: 미술관 옆 동물원 OST)

일명 러브하우스 주제곡으로 불리는 노래예요. 이렇게 무언가를 성취하거나 임무를 완수했을 때 이 곡을 불러주는 겁니다. 즐거운 육아를 연구하다 보니 내 아이한테 맞는 새로운 방법을 창조하게 되는 것 같아요.

▶ 정리 정돈을 대신 해주지 말아요

아이한테 말만 하고 매번 대신 해주면 당연히 정리 정돈을 안 해도 된다고 생각합니다. 엄마가 해주니까요. 거래하기 스킬을 사용해보세요. "엄마가 오늘은 옷이랑 그릇을 치울 테니까, 사랑이가 책만 치우면 안 될까?" 이렇게 선택권 주기 스킬과 거래하기 스킬을 동시에 사용해보세요.

▶ 정리가 안 된 물건은 과감히 처리해요

저희 집만의 약속은 정리를 안 한 물건은 그냥 치워버리는 거예요. 이 방법을 실행하기 전엔 아이들 물건이 자꾸 쌓여서 관리가 잘 되지 않았죠.

이런 문제는 비단 한국 가정의 문제만은 아닌 듯해요.

미국 인디애나 주에 사는 앨리스 벨라스케스는 10대의 딸 셋과 12살, 9살 아들 둘, 총 다섯 명의 아이를 키우고 있었어요. 매일 잔소리를 하고 아이들을 졸졸 따라다니며 방을 치웠대요. 더 이상 참을 수가 없었던 앨리스는 물건을 모조리 쓰레기봉투에 담아놓고, 아이들에게 이렇게 말했다고 해요. "물건이 어디 있는지 알고 싶으면 25달러를 내!"

이 내용은 미국의 TV 프로그램에 나왔던 실제 사례로, 방송 직후 찬반 논란이 뜨거웠다고 해요. 일부 전문가들은 창의적인 방법이라고 평가하기도 했죠.

저는 아이를 키우는 일은 창의적이어야 한다고 생각해요. 이 방법, 저 방법을 시도하며 아이와 같이 합을 맞춰나가야 한다고 생각해요. 엄마만 희생의 아이콘이 되어 일방적으로 쏟아 붓는 것은 장기적인 육아 방법으로는 맞지 않아요.

아이들은 무엇이 필요하고, 필요 없는지 분별하는 게 힘들어요. 눈앞에 있으면 전부 가지고 싶거든요. 저희 집도 아이들 물건이 쌓이고 관리가 잘 되지 않았어요. 그래서 한번은 저도 위에 말씀드린 미국의 사례처럼, 쓰레기봉투에 넣어 싹 버린 적이 있었어요. 물론 버리기 전에 아이들에게 충분히 이야기하고, 합의할 수 있는 기간을 가졌죠. 엄마가 정말 버릴 줄은 몰랐던 아이들은 이때서야 정리에 대한 필요성을 확실히 느낀 것 같았어요. 저 역시 물건이 줄면 정리가 편해진다는 사실을 새삼스럽지만 알게 되었답니다.

▶ **미니멀 라이프 선언!**

장난감이나 아이 물건이 너무 많아 정리가 힘들다면, 과감하게 미니멀 라이프를 선포하면 어떨까요? 집 전체가 아니라 부분적으로 시도해도 좋아요. 제 경우는 집 전체 물건도 많이 줄였지만, 가장 많이 물건 다이어트를 시도한 건 아이들 방이에요. 먼저 장난감을 거의 다 치우고 미술 도구도 딱 필요한 것만 남겼어요.

언젠가는 입겠지 했던 옷도 전부 버렸어요. 딱 필요한 옷만 남기고 옷장 한 칸에 안 들어가는 건 모두 처분했어요. 그러고 나니 정말 몸과 마음이 편해졌어요. 아이들이 자기 옷이나 양말, 속옷까지 어디 있는지 알기 때문에 척척 정리하고 꺼내 와요. 이 얼마나 행복한 공동 육아인가요!

버리기 원칙

① 언젠가 쓸지도 몰라

1년 동안 쓰지 않았다면 필요 없는 물건이에요. 과감하게 버리세요.

② 어디에 쓸 데가 있겠지

사용처가 명확하지 않은 물건은 방치되기 쉬워요. 과감하게 버리세요.

③ 애들이 좀 크면 해줘야지

애들이 크면 해주려고 낱말 카드며 어딘가에서 받은 교구가 있나요? 정말 안 해줘요. 과감하게 버리세요. 물건을 버리니까 공간이 생기고 시간적 여유가 생겨서 오히려 더 좋은 책을 고르고 재미있게 책을 읽어주고 연구하게 되더군요. 마음이 한결 편해졌고 질 좋은 육아 환경이 형성되었답니다.

▶ **노는 중에 정리 시키지 않아요**

아이는 블록을 가지고 놀다가 인형을 가지고 놀기도 하고, 다시 미술놀이를 하기도 해요. 아침에 보던 책은 정돈하지 않고 다음 놀이를 하기 바쁘죠. 중간에 정돈이 가능하면 다행이지만 그런 분위기가 아니라면 다 놀고 나서 치울 수 있게 배려해주세요. 치워야 할 양이 많다면 엄마가 조금 도와주세요. "블록은 구름이가 정돈해볼까? 엄마가 책이랑 인형은 도와줄게~"라고 말해요. '해줄 게'가 아니라 '도와줄게' 랍니다. 해주는 것과 도와주는 것의 차이는 커요. 도와줄게는 '이건 너의 일이니까 내(엄마)가 도와주는 거야'라는 개념이 내포되어 있는 거죠.

나의 일 ≠ 너의 일 / 내가 벌인 일 = 내 일 / 내 일은 내가하는 것 & 엄마는 나를 도와주는 것

처음엔 새로운 규칙을 쌓아가려고 하니, 엄마도 아이도 모두 힘들었어요. 규칙을 만든다는 것은 쉽지 않은 일이기 때문에 엄마는 우선 아이와의 관계를 살펴야 해요. 관계에서 틀어지면 절대로 엄마를 신뢰하지 않고 엄마 말을 믿으려 하지 않기 때문이지요. '사권신공 스킬'이 흐리멍덩해진 상태에선 서로 힘겨루기만 할 뿐이에요. 사권신공 스킬로 단단한 관계를 형성한 후 훈육에 들어가셔야 한답니다.

Q2.
목욕하는 것을 너무 싫어해요, 어떻게 해야 할까요?

▶ **싫어하는 원인을 찾아요**

물이 싫은지, 단순히 씻는 게 싫은 건지, 더 놀고 싶어서 그런 건지, 물에 대한 공포가 있어서 그런 건지, 아파서 그런 건지, 졸려서 그런 건지 원인에 따라 해결책이 달라집니다.

▶ **원인에 맞는 해결책을 찾아요**

아이가 한창 놀다가 "자, 씻자." 하고 엄마가 시간에 맞춰 들어가려면 정말 씻기 싫어해요. 저희 집도 매일 전쟁이거든요. 그래서 생각해봤어요. 왜 들어가기 싫은지 살펴보니 더 놀고 싶은 경우와 그냥 씻으러 가는 게 귀찮고 싫어서(어른도 그렇잖아요) 놀고 싶은 경우가 있더군요. 그래서 저는 언제까지 놀 건지 놀이 시간을 정해놓고, 그 시간이 될 때까지 기다립니다. 씻으라는 말은 안 하죠. 놀이가 끝나고 정리를 마치면 바로 씻으러 갑니다.

▶ **단순히 씻기 싫은 거면 재미있는 게임처럼 목욕을 놀이를 해요 (연기하기 스킬)**

저는 10초 카운트 스킬을 적용하고, 노래를 부르며 욕실 문이 영화처럼 스펙터클하게 닫히게 해요(열두 시가 되면 문이 닫힌다~). 그러고 나서 옷 벗기 놀이를 하죠. 우스꽝스럽게 옷 벗기, 옷 빨리 벗기, 신나게 옷 벗기 등 민망하지만 영상으로 찍어둡니다. 같이 영상을 보면 아이들은 깔깔대고 웃으며 즐거워해요. 혹시 나중에 또 목욕하는 걸 싫어하면 이 영상을 보여주며 이렇게 또 해보자고 부추겨보세요. 아이들은 금방 신나하며 목욕을 할 거예요.

▶ **샴푸, 보디워시 등도 아이 것을 만들어요**

캐릭터가 그려진 제품이라든지 아이들이 '이건 내 거야'라고 할 만한 물건을 만들어주세요.

▶ **씻지만 말고 진짜 물놀이도 해요**

여름에는 욕조에서 물놀이를 하기 쉽지만, 겨울에는 여의치 않아요. 제 경우에는 머리에 거품을 내서 다양한 캐릭터를 만들기도 하고, 욕실 장난감으로 놀기도 하고, 욕실 벽에 물감 놀이를 준비해서 유도하기도 해요.

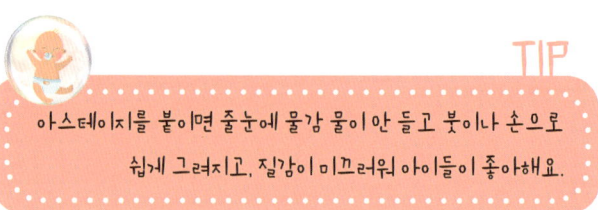

TIP
아스테이지를 붙이면 줄눈에 물감 물이 안 들고 붓이나 손으로 쉽게 그려지고, 질감이 미끄러워 아이들이 좋아해요.

TIP2

키즈 물감을 사용하면 타일에 오염이 덜해요.

▶ **규칙적인 루틴 제공 (일관성 스킬)**

어느 날은 대충 씻고, 어떤 날은 안 씻고, 씻는 순서가 뒤죽박죽인 것보다는 일정한 루틴을 정립하는 게 좋아요. '옷을 벗는다, 옷을 세탁 바구니에 넣는다, 욕실에 들어간다, 몸에 물을 뿌린다, 양치한다, 머리를 감는다, 엄마가 깨끗이 씻긴다, 헹군다, 머리를 말린다, 욕실에서 나간다, 로션을 혼자 바른다, 옷을 찾아 입는다.' 이처럼 루틴이 변함없이 이루어지면 좋아요.

▶ **스스로 씻게 해요**

아이가 전부 하기에는 힘들지만, 보디워시로 몸을 닦거나 머리를 감는 것을 혼자 해볼 수 있도록 기회를 제공해보세요. 이제 5세가 된 작은애는 혼자 샤워기로 머리에 물을 적시고 샴푸를 하고 헹굼까지도 해요. 제가 옆에서 어느 정도는 도와주지만 혼자 하는 것만큼 목욕을 즐겁게 만드는 일도 없어요.

★★★★★
고품격 육아를 위한 추천도서 3

『**목욕하기 싫어!**』 키스 하비 글, 로렌 비어드 그림, 꿈터

『**목욕은 즐거워**』 교코 마스오카 저자, 하야시 아키코 그림, 한림출판사

『**목욕은 즐거워**』 와타나베 아야 글·그림, 비룡소

『**비둘기는 목욕이 필요해요!**』 모 윌렘스 글·그림, 살림어린이

『**충치가 생긴다면**』 나까에 요시오 글, 우에노 노리코 그림, 키즈엠

『**충치도깨비 달달이와 콤콤이**』 안나 러셀만 글·그림, 현암사

『**벗지 말걸 그랬어**』 요시타케 신스케 글·그림, 스콜라(위즈덤 하우스)

『**이 닦기 싫어요!**』 안나 카살리스 글, 마르코 캄파넬라 그림, 키득키득

『**더러워지면 좀 어때**』 캐릴 하트 글, 레오니 로드 그림, 내 인생의 책

『**개구쟁이 해리! : 목욕은 정말 싫어요**』 유진 자이언 글, 마거릿 블로이 그레이엄 그림, 사파리

『**판다 목욕탕**』 투페라 투페라 글·그림, 노란우산

Q3.
매일 아침마다 옷 때문에 싸워요, 어떻게 해야 할까요?

▶ **전날 입을 옷을 정해요**

무슨 일이 있어도 전날 밤 옷과 신발을 아이와 함께 정해요. 실랑이를 안 하고 여유 있게 아이와 타협하며 고를 수 있고, 설득도 가능해서 한결 편해져요.

▶ **그냥 경험하게 하세요**

한겨울에 무조건 슬리퍼를 신고 간다고 떼쓰는 작은애한테 더 이상 설득하고 공감하는 건 무의미하다고 생각했어요. 발이 시려도 할 수 없으니 신고 나가게 했어요. 자신이 직접 경험해봐야 알아요. 설마 매일 신고 다니지는 않을 거예요.

▶ **설득이 안 된다면 대안물 들고 나가기** 거래하기 스킬)

양말이 톡톡해서 헐렁한 운동화를 신으면 좋겠는데, 기어코 샌들을 신겠다는 거예요. 몇 번 공감하고 이야기하다 "그래, 그럼 그 샌들 신어. 혹시 모르니까 엄마가 운동화 가지고 나갈게. 바꿔 신고 싶으면 말해."라고 했죠. 그냥 신어만 보는 것과 신고 나가는 것은 차이가 있으니까요. 옷도 마찬가지예요. 일교차가 심한 날, 점퍼를 안 입겠다고 떼쓰는 아이들이 많아요. 하원하는 차량 안이 많이 덥거든요. 얇은 옷을 두겹 입혀 보내는 게 좋고 집에 올 때 "요건 벗어서 가방에 넣어와."라고 말해주세요.

▶ 타인에게 설득을 부탁해요

아이들은 엄마 말을 귓등으로 들을 때가 많아요. 그럴 때는 일단 아이가 원하는 대로 입혀서 보내고, 선생님께 부탁해요. "선생님, 아이가 추운데도 양말도 안 신고 샌들을 신는데요. 운동화를 신고 왔으면 좋겠다고 지도 좀 해주세요." 선생님들이 추운 겨울에 맨발로 샌들을 신고 온 아이를 그냥 넘어갈 리 없지요.

▶ 특별히 문제되는 게 아니라면 허용해주세요

사실 엄마 스스로 용납이 안 돼서 '저런 옷은 못 입힌다, 어떻게 이런 옷을 입느냐'며 허용하지 않는 경우도 있어요. 하지만 그런 데 힘 빼지 말고 창피하고 민망해도 그냥 져주세요. 스타일이 뭐가 중요해요? 내 아이의 의사가 더 중요하죠. 알록달록 촌스러운 아이의 옷차림에 저도 심하게 민망할 때가 많지만, 그냥 인정하고 존중하기로 했어요. 두 눈 딱 감고 '나는 없다' 하고 한 번만 참으면 돼요. 보통 엄마가 자신의 체면 때문에 실랑이를 벌인답니다.

▶ 입히고 싶지 않으면 치우세요

아이한테 입히고, 신기고 싶지 않으면 치우세요. 입히고 신기고 싶은 옷과 신발만 있으면 타협하는 데 어려울 일이 없어요.

Q4.
마트나 문방구 등 어디를 가도 사달라고 졸라요, 어떻게 해야 할까요?

이 상황이야말로 엄마의 권위와 신뢰가 얼마나 잘 쌓였는지 보여준답니다. 한창 소유욕이 강해지는 시기에는 갖고 싶은 것도, 하고 싶은 것도 많아지니까요.

▶ 미리 예고하기 (예측하기 스킬)

예측하기 스킬이야말로 이때 딱 필요한 스킬이에요. 마트나 문구점에 데려가면 두 눈이 휘둥그레져요. 이것저것 사달라는 것투성이에요. 그땐, 무작정 데려가지 말고 사전에 예고 정도는 해주세요.

"엄마랑 마트에 갈 거야. 그런데 엄마가 장난감은 못 사줘. 알았지?"라며 따뜻하게 말해주세요. 아이가 수용하지 못하는 것 같으면, 집에서 나가기 전에 한 번, 들어가기 전에 한 번, 다시 코앞에서 한 번 이야기해요. 그리고 그 규칙을 지키면 됩니다.

▶ 계획한 물건만 사줘요

아이를 마트에 데려가도 사전에 계획하지 않은 물건은 안 사줘야 해요. 구입하려고 계획했던 물건만 삽니다. 단호박 같은 엄마가 되어야 해요.

아이가 사달라고 하면 마음이 흔들려서 뭐든지 사주는 엄마가 많아요. 얼마나 한다고, 아이가 갖고 싶어 하니까 등의 이유로 마음이 흔들려선 안 됩니다!

▶ 징징거려도 단호박이 되세요 (단호박 스킬)

아이가 징징거리고 떼쓴다고 절대로 굽혀서는 안 돼요.

"엄마는 이 물건 안 사준다고 했지? 안 돼!"

화가 난듯한 엄한 말투가 아니라 따뜻하고 온화하게 말해야 합니다. 늘어지는 말투가 아니라 간결하게 끊어지되 따뜻하게! 흔들리지 않는 단호박 엄마가 되어 말해주세요.

Q5.
병원에 가기 싫어하는 아이, 즐겁게 병원 가는 방법은 없을까요?

▶ 병원을 무서운 곳으로 인식시키지 않아요

엄마가 주사나 병원으로 아이를 협박하는 일이 없어야 해요. "너 말 안 들으면 왕주사 맞는다." 등의 협박은 병원을 공포의 공간으로 여기게 만들어요. '병원 = 무서운 곳'이 아니라 '병원 = 아픈 곳을 낫게 해주는 좋은 곳'이라는 인식을 심어줘야 해요.

▶ 병원에 가기 전에 예고해요

보통 아이한테 병원에 간다고만 하지, 충분히 설명해주지 않아요. 아이 입장에선 당연히 겁부터 납니다. 예방주사를 맞았던 경험도 있고, 병원이 어떤 곳인지 대충 알고 있어요. 병원에 갈 때는 왜 가는지 충분히 설명해주세요. 치과, 소아과, 이비인후과, 내과 등 정확한 명칭도 알려주세요.

▶ 의사 선생님이 하는 일을 자세히 설명해주세요, 예측하기 스킬

소아과와 치과는 진료 형태가 많이 달라요. 큰아이는 긴장하고 불안한 상태에서 치과에 갔더니 겁을 잔뜩 먹었어요. 미리 예고를 하고, 어떤 의자에 앉아 선생님이 입안에 물이 나오는 물총을 쏘고 물을 빨아들이는 걸 넣는다고 자세히 설명했어요. 다만, 아이가 궁금해할 때 설명해주세요. 너무 자세히 설명하면 역효과를 불러올 수도 있으니까요.

무턱대고 아이를 의자에 앉히지 말고 준비할 시간을 주고 천천히 진행하세요. 아이가 겁은 나지만 스스로 입을 벌리고 치료할 수 있게 해야지, 억지로 붙잡고 치료하는 건 장기적으로 도움이 안 된답니다.

▶ 안 아프다고 말하지 말아요

주사를 맞으면 아픈데 안 아프다고 말하고, 안 맞을 거라고 속여서 병원에 데려가지 마세요. 한 번 속지 두 번은 안 속아요. 한 번은 어떻게든 데려가겠지만, 두 번째는 더 힘들어진다는 말이에요. 한두 번은 힘들게 데려갈지 몰라도 그다음부터는 제 발로 걸어갈 거예요.

▶ 아이한테 선택권 주기 (선택권 주기 스킬)

진짜로 선택권을 주는 거예요. 잔뜩 겁먹은 아이를 설득할 수 없다면, 스스로 선택할 수 있는 기회를 제공하는 거죠.

"사랑아, 많이 아파서 병원에 가는 건데 조금 무서워도 참고 진료를 받아볼까? 아니면 병원에 가는 게 무서우니까 아파도 참고 집에 있을까?"

자신이 선택해서 가본 기억이 있는 아이는, 내적 동기가 생기기 때문에 두렵지만 꾹 참고 견뎌보려고 할 거예요.

★★★★★

고품격 육아를 위한 추천도서 4

『치과의사 드소토 선생님』 윌리엄 스타이그 글·그림, 비룡소
『아프리카에 간 드소토 선생님』 윌리엄 스타이그 글·그림, 비룡소
『멍멍의사 선생님』 배빗 콜 글·그림, 보림
『으악! 치과다』 스테파니 블레이크 글·그림, 한울림어린이(한울림)
『흔들흔들 내 앞니 절대 안 빼』 로렌 차일드 글·그림, 국민서관
『닥터 브라우니』 김지운 글·그림, 주니어김영사
『왜 또 닦아?』 백승권 글, 이승연 그림, 단비어린이

Q6.
이기고만 싶어 하는 아이, 어떻게 하면 좋을까요?

아이의 성향에 따라, 엄마 아빠조차도 이겨야 직성이 풀리는 승부욕이 강하고 지는 걸 싫어하는 아이가 있을 수 있어요. 이런 아이는 형제 관계의 경쟁 구조 속에서 갈등을 벌이거나, 특정 친구와 부딪히거나 해서 엄마를 힘들게 하기도 합니다. 적당한 경쟁은 발전할 수 있는 원동력이 되지만, 지나친 경쟁심은 주변 사람들을 불편하게 하고 부모조차 난감하게 할 수도 있어요.

▶ 아이한테 바른 소리를 자주 하지 않는지 살펴봐요

엄마하고 하는 가위바위보조차 반드시 이겨야 하고, 지는 것을 받아들이지 못하면 먼저 **엄마의 양육 태도**부터 살펴보세요. 혹시 아이가 하는 말을 듣기보다 가르치고 알려주는 것에 포인트를 두지 않았는지, 아이의 마음이나 상황을 이해하기보다 올바른 것만 지시하지는 않았는지요. 그럴수록 아이는 엄마의 말을 수긍하고 싶지 않고, 자신의 생각을 주장하고 이기고 싶어해요. 그리고 그것이 지나친 승부욕으로 나타나기도 합니다.

▶ 완벽주의 성향은 없는지 살펴봐요

완벽함을 추구할수록 실패를 용납하지 못하지요. 또 열등감이나 우월감을 가지고 있을 확률이 커요. 그럴 경우, 내가 남들보다 못한다고 생각하거나 반대로 나는 항상 잘났다고 생각하죠. 이런 성향의 아이라면 지는 걸 극도로 싫어할 수 있어요.

▶ 욕심이 지나치게 많은 건 아닌지 살펴봐요

욕심이 많거나 자기주장이 강한 아이들은 '이기고 싶어 하는 욕구'를 드러내기도 해요. 자기주장이 강하다면 상대방의 말을 경청하는 방법을 알려주면 되고(이때는 엄마도 경청하는 태도를 보여야 해요), 욕심이 많다면 일상에서 지나치게 쓸데없는 욕심을 부리지 않도록 지도해야 해요.

"여기 앉아. 빨리 앉아."

"이거 잡아. 이거 잡아! 이거 해!"

이런 식으로 공공장소에서 나만 취하려고 하지 않는지 돌아보고 타인을 배려할 수 있도록 지도해야 합니다.

"조금만 기다리자! 다른 사람 먼저 가라고 하자."

"이 친구부터 타라고 하자."

주변을 살피는 이런 상황을 자주 경험하게 되면 아이도 '아, 내가 무언가를 취해야 행복하고 좋은 게 아니구나' 하는 사실을 느낄 수 있어요.

▶ 지는 게임을 해요

빨리 가는 사람이 이기는 게 아니라 가장 늦게 가는 사람이 이기는 게임 혹은 지는 가위바위보를 해보세요. 지는 것도, 이기는 것도 때로는 큰 의미가 없다는 것을 알게 해주세요.

▶ 언제나 이기고 지는 상황을 만들지 말아요

경쟁심이 강하고 이겨야만 직성이 풀리는 아이라면, 가급적 승패를 가르는 게임이나 상황을 만들지 않아야 해요. 혹여 아이가 이겼어도 엄마를 비롯해 주변에서 크게 반응하지 않으면, 승부에 대한 아이의 민감도를 떨어뜨릴 수 있어요.

▶ 무덤덤하게 반응해요

게임이나 놀이를 할 때도 아이가 잘했을 때 "최고야! 멋져, 대단해!" 등의 과한 칭찬은 하지 말아요. 그냥 무덤덤하게 "그랬구나. 잘했네." 정도로 반응하세요.

★★★★★

고품격 육아를 위한 추천도서 5

『1등이 아니어도 괜찮아』
수사나 이세른 글, 레이레 살라베리아 그림, 정글짐북스
『모두가 일등인 야옹이 올림픽』
마스다 미리 글, 히라사와 잇페이 그림, 뜨인돌어린이
『내가 먼저야!』 헬렌 레스터 글, 린 먼싱어 그림, 보물창고
『예쁜 건 다 내거야!』 최정현 글, 대성 그림, 꿈터
『앨피가 일등이에요』 셜리 휴즈 글·그림, 조숙은 옮김, 보림

Q7.
아침마다 거북이가 되는 우리 아이 등원준비, 어떻게 하면 좋을까요?

등원하는 아침이면 전쟁도 이런 전쟁이 없어요. 아이를 버스에 태워 보내고 나면 많은 엄마들이 왜 그렇게 아이를 다그쳤을까 하고 급반성 모드로 진입해요. 빨리빨리 하라고 소리 지르고, 빨리 먹으라는 잔소리까지 모든 육아법을 뒤로한 제 자신이 부끄러워지는 순간입니다. 한 시간 일찍 일어나보기도 하고, 잔소리를 꾹 참아보기도 했지만 이 모든 것과 무관하게 아이는 매일 거북이가 됩니다. 이제는 제법 혼자 하기도 하지만, 여전히 느린걸요. 그래서 4가지 새로운 전략을 짰습니다.

▶ '빨리빨리'가 아니라 '으샤으샤'로 암호처럼 말해요

"빨리 먹자! 빨리빨리! 늦었어!"가 아니라 "으샤으샤! 할 수 있어! 부지런히 먹자! 으샤으샤."라고 말하는 거죠. '빨리빨리→으샤으샤', '빨리 먹자 →부지런히 먹자'로 표현해보세요.

▶ 나가야 하는 시간에 알람을 맞춰요

등원 차량을 놓치지 않는 데드라인 시간이 있어요. 저는 그 시간에 알람을 맞춰 아이도 들을 수 있게 했어요. 알람 노래가 나오면 무조건 신발을 신고 뛰어야 하죠. 노래가 나왔는데도 실랑이를 벌이면 차를 놓친다는 말이에요. 아이가 충분히 인지된 상태에서는 스스로 부지런히 움직이기 시작합니다.

▶ 20분 전에 나가기, 사후대처 스킬

저는 차량을 타기 10분 전에 집에서 나갔는데, 그러다 보니 시간이 촉박하더군요. 그래서 20분 전에 준비 완료 신발을 신었어요. 그러면 10분이라는 여유 시간이 생기는데, 이때도 해결이 안 된 건 알람이 해결해줍니다. 10분 동안 아이가 자신의 의견을 피력했으니, 그다음은 엄마한테 양보해야 합니다.

▶ 다그치고 재촉했어도 마지막 3초만은 방긋방긋, 과장 반응하기 스킬

전쟁을 치르고 간신히 아이를 차량에 태울 때는 환한 웃음으로 '바이, 바이!'를 외치세요. 아이도 우리 엄마는 나쁜 엄마라서 나한테 화냈어 하고 생각하지 않아요. 금세 잊어버리고 언제 그랬냐는 듯이 "잘 다녀올게, 엄마!" 할 테니까요. 큰아이는 여전히 또래에 비해 조금 느리지만 등교 시간에 늦지 않게 알아서 준비를 해요.

두려움과 걱정이 많은 아이
(생각 탐험가)

성격이 내성적인 게 아니라 두려움, 수줍음, 쑥스러움, 부끄러움, 걱정이 많은 아이에 대한 이야기를 해볼게요. 정도에 차이가 있지만 누구나 두려움, 수줍음, 쑥스러움, 부끄러움, 불안, 걱정 등 부정적인 감정을 느껴요. 이런 감정을 단계화한다면, 어떤 아이는 1단계만큼 느낀다면 어떤 아이는 8단계 정도를 느끼기 때문에 엄마가 아이를 대하는 반응이 달라야 해요. 무조건 부정적인 시선으로 바라볼 게 아니라 '우리 아이가 그냥 조금 다르구나.'하고 받아들이면 어떨까요? 저는 이런 유형의 아이를 **생각 탐험가**라고 지칭해요.

♥ 두려움이나 불안이 많은 아이

두려움이나 불안이 많은 아이들은 크게 세 가지 원인이 있을 수 있어요. **유전적 요인, 외부의 강한 자극, 사회적 영향**이 바로 그것이에요. 또한 불안과 걱정 등이 많은 아이들은 '만약에….' 하는 식의 말을 자주 합니다. 이런 아이들의 말을 주의 깊게 들어보면, 다음의 3가지 양상으로 나눠 볼 수 있어요.

- 우유부단(만약에 잘못된 선택을 하면 나는 어떡하지?)
- 완벽주의(만약에 내가 실수를 하면 어떡하지?)
- 과잉 준비(만약에 이런 일이 생기면 어쩌지, 걱정하며 완벽히 준비하는 것)

엄마라고해도 이런 아이의 타고난 성격을 변화시키는 것은 어렵다고 봐요. 그럴 땐 바꾸는 것에 초점을 두는 것이 아니라, 도드라지고 뚜렷하게 보이는 감정의 형태가 그리고 있는 높은 수치를 낮추고, 잠재되어 있는 다른 성격 특성을 끌어내는 것에 중점을 두면 좋아요.

♥ 감정을 표현하는 방법을 익혀요

생각 탐험가 아이들은 자신의 감정을 표출하는 걸 어려워해요. 그래서 긴장되고 불안하고 두려운 감정을 속으로 끙끙 앓는 경우가 많아요. 평소에 느끼는 다양한 감정을 말로 표현하는 연습을 하면 좋아요. 그러기 위해서는 엄마가 아이의 감정에 이름을 붙여주는 작업을 합니다. 아이가 기뻐서 좋아하는 모습을 보면, "오늘 마음이의 기분이 굉장히 좋네. 오늘의 기분은 신나는 기분이야?" 하는 것처럼 다양한 상황에서 아이가 느끼는 기분을 말로 표현하고 이름을 붙여주세요.

또 아이가 부끄럽다는 감정을 느끼는데, 그걸 말로 표현하지 못할 때가 많아요. 생각 탐험가 아이들은 부끄러운 감정을 어떻게 말로 설명해야 하는지, 자신의 감정을 표현하는 것을 매우 어려워합니다.

저는 책을 읽어줄 때 주인공이나 다른 여러 캐릭터의 감정이나 느낌을 적재적소에 물어봤어요. 그리고 그 느낌을 표현하게 했답니다. 표정으로 흉내를 내보기도 하고요. 영어책을 읽은 날은 영어로 감정을 표현하면 아이들이 그 감정을 표정과 행동으로 나타냅니다. 평소 표현하려면 어려운 감정을 이렇게 표현하는 시간을 가짐으로써 표현하는 방법을 배워갑니다. 제가 읽어본 책 중 기분과 관련된 책으로 추천할 만한 책은 『기분을 말해봐』, 『행복한 물고기』라는 책이에요. 읽는 것만으로 끝내지 말고 리얼하게 표현해보면 더 좋아요.

★ 아이들이 자주 느끼는 감정 이름들

감격스럽다, 귀엽다, 자랑스럽다, 행복하다, 후련하다, 예쁘다, 기쁘다, 신난다, 재미있다, 설렌다, 상쾌하다, 사랑한다, 신기하다, 뿌듯하다, 걱정스럽다, 궁금하다, 우습다, 울적하다, 떨린다, 수줍다, 쑥스럽다, 속상하다, 부끄럽다, 두렵다, 긴장한다, 미안하다, 편안하다, 허무하다, 후련하다, 창피하다, 즐겁다, 짜증난다, 좋다, 심심하다, 불편하다, 불안하다, 반갑다, 신기하다, 놀라다, 다행스럽다, 밉다, 화가 난다, 슬프다, 우울하다, 외롭다, 당황스럽다, 답답하다, 괴롭다, 서럽다, 황홀하다

♥ **자존감을 높여요**

자존감은 생각 탐험가 아이들에게 굉장히 중요해요. 자칫 '나는 뭐든 잘 못해서 친구들이 나를 싫어해' 하는 식으로 생각할 수 있답니다. 스스로 지레짐작해서 판단하는 거죠. 친구의 생각에만 맞추려 하고 자신의 느낌은 참고 드러내지 않기도 해요. 또 어떤 일을 할 때 혼자서 끙끙대며 끝까지 해내려다 지쳐버리는 경우도 많아요. 그러지 않기 위해서는 자존감이 높아야 해요. 그래야 그나마 자신의 생각을 친구들한테 말할 수 있고, 어려운 말은 힘들다고 표현할 수 있어요.

♥ **신체 마사지를 해주세요**

잠자기 전 라벤더 같은 허브 오일을 베개에 뿌려주세요. 목욕을 하고 나면 로션을 바르면서 신체 여기저기를 누르듯 마사지를 해줘요. 저는 마사지를 하면서 스킨십도 하고 사랑을 표현하는 기회로 활용해요. 두 아이가 또래에 비해 키가 작기 때문에 성장 자극점을 눌러주기도 하는데, 일석삼조의 효과를 누립니다. 긴장을 많이 하고 불안함이 큰 아이한테 마사지를 해주면 신경을 이완시켜주고 몸과 마음이 편안해져요.

♥ **애착 혹은 걱정 인형을 만들어주세요**

어린 아가들만 애착인형을 가지고 다니지 않아요. 초등학교에 입학한 큰아이도 애착인형이 있어요. 밖에 나갈 때도 가지고 다닐 만큼 집착하지는 않지만, 자기편이 되어주고, 마음에 안정을 주는 친구 같은 존재랍니다.

♥ 애착인형을 이용한 연극을 자주 해요 (연기하기 스킬)

생각 탐험가 아이들은 낯선 사람이나 환경에 대한 막연한 두려움이 있어 사람들에게 다가가거나, 앞에 나서는 걸 힘들어할 때가 많아요. 이럴 경우 아이의 감정을 엄마가 아닌, 제3자를 통해 대화하는 놀이가 큰 도움이 돼요. 저는 안 쓰는 장난감을 치울 때에도 인형만큼은 그대로 뒀어요. 집 안에 있는 인형으로 수시로 대화를 할 수 있거든요. 그날 있었던 일이나 아이의 기분 등을 인형을 통해 물어보고, 연극을 하듯 재미있게 이야기를 나눠요.

"마음아, 내일 유치원에서 뮤지컬 보러 간다며?" (인형의 고개를 움직이며 인형 목소리로)

"응. 그래서 기분이 좋아. 그런데 어떤 친구가 내일 같이 앉지 않을 거라고 얘기했어."

이렇게 대화를 나누다 보면 아이가 속마음을 이야기해요. '의인화 효과'로 아이들은 엄마가 말을 한다고 생각하지 않아요. 인형이 살아 있다고 생각하는 거죠. 단, 이때 인형이 된 듯 다른 목소리로 연기하면서 대화하는 것이 포인트랍니다.

♥ 섣불리 '괜찮아'라고 말하지 않아요

아이가 "엄마, 저기 무서워서 안 들어가고 싶어." 하고 말하면 "뭐가 무섭다고 그래? 괜찮아. 엄마가 있잖아."라고 많이들 말해요. 저도 그런 말을 부지불식간에 하곤 했어요. 내 아이니까 바짝 신경 써서 레이더를 켜두면 충분히 조심할 수 있어요.

아이가 무섭다고 하는데, 엄마가 섣불리 그 감정을 부정하고 엄마 마음대로 판단하지 마세요. 이때는 공감하기 스킬을 사용해야 해요. 먼저 아이가 느끼는 감정을 그대로 받아준 다음 대안을 제시해요. 생각 탐험가 아이들은 자신의 감정을 알아주는 말 한마디만 들어도 긴장이 많이 풀려요. "많이 무섭구나? 무서워서 들어가고 싶지 않아?" 하는 말들이 아이를 안심시키고, 스스로 '나는 괜찮아' 하는 생각을 하게 만들어요. 지속적으로 공감하기 스킬을 사용하면 아이의 불안감이 많이 개선되는 것을 느낄 수 있답니다.

♥ 완벽하지 않아도 돼요. 실수를 경험하게 해요

생각 탐험가 아이를 키우는 엄마들은 일부러 집을 좀 지저분하게 할 필요가 있어요. 집 안이 더러워도 개의치 않고 툭툭 털고, 아이가 넘어져도 아무렇지 않게 대하는 태도가 중요해요. 스케치북을 차례로 써야 한다하거나, 이 음식은 꼭 이 그릇을 써야 하고, 이 옷에는 이 신발을 신어야 하고, 장난감이 거실에 있으면 안 된다는 것 등은 사실 아무런 문제가 되지 않아요. 하지만 엄마는 으레 이런 일들에 잔소리를 하곤 하죠. '때로는 어른들이 아이에게, 정해진 순서와 규칙을 꼭 지켜야 한다는 고집 아닌 고집을 부리고 있는 건 아닐까요?'

그래서 저는 일부러 '실수를 해보자'고 생각했어요. 음식물을 흘려도 그냥 닦으면 되지 하는 마음이 들도록 말이에요. 실제로 저는 음식을 먹을 때 잘 흘리는데, 그런 엄마의 모습이 생각 탐험가인 큰아이한테 좋은 역할 모델이 된 것 같아요. 아이로 하여금 '엄마도 저렇게 흘리고 묻히네? 그래도 괜찮은 거구나.'하는 생각을 할 수 있게 만든 거죠.

간혹 큰아이가 옷을 거꾸로 입어도 무심한 듯 "서뉴야, 옷 거꾸로 입었네." 하고 스윽 말합니다. 지적하듯 말하는 게 아니라 별일 아니라는 듯 무심하게요. 생각 탐험가 아이가 우유나 물을 쏟았을 때도 "어, 물을 쏟았네." 혹은 아무 반응 없이 "닦으면 돼. 엄마가 닦을게. 괜찮아." 하고 말하는 거예요. 이런 상황이 큰일이 아니라 그냥 처리하면 되는 일로 생각하도록 편안한 분위기를 만들어주세요.

♥ 규칙을 지켜요

생각 탐험가 아이들은 대체로 변화를 두려워해요. 집 안에서만큼은 자신이 정해놓은 규칙에 맞게 행동할 수 있도록 도와주세요. 가끔 생각 탐험가 아이들한테 새로운 환경을 제공하고 싶어 이러저런 변화를 시도하는 엄마들이 있어요. 자꾸 접하게 하면 그런 성향이 달라질까 싶은 기대 때문이에요. 하지만 10살 이전에는 **정서적인 안정감 욕구**가 훨씬 중요해요.

새로운 환경에 노출되고 다양한 경험을 하면 좋겠지만, 생각 탐험가 아이들한테는 현재 익숙한 환경에서 점진적인 변화를 경험하게 하는 게 좋답니다. 새로운 학원이나 문화센터 수업에 갈 때는 친한 친구와 함께 가게 한다거나, 새로운 친구를 만나는 거라면 장소만큼은 생각 탐험가 아이들이 익숙한 곳으로 정한다든가 하는 식으로 배려해주세요.

♥ 감정이 빠져나갈 시간을 허락해요

이런 유형의 아이들은, 어떤 감정을 느끼고 난 뒤에 그 감정을 소화시키는 시간이 다른 아이들보다 길어요. 그렇기 때문에 아이가 불안해할 땐, 그 불안한 마음을 충분히 공감해준 다음 아이가 그 감정에서 빠져나올 때까지 시간을 갖고 기다려주세요.

"마음아, 지금 많이 떨리는구나. 엄마도 주사 맞기 전에 막 떨리고 그랬는데, 너도 그럴 거야." 이렇게 말하고 아이의 긴장된 마음이 빠져나갈 때까지 기다리세요. '아이의 감정이 사라질 때까지 엄마가 옆에서 끊임없이 공감하고 시도해야 하는지' 궁금한 분도 계실 거예요. 이때 엄마는 굳이 아이 곁에서 계속 무언가 시도하려고 하지 않아도 괜찮아요. 그저 가만히 안아주기만 해도 아이는 편안해 한답니다.

♥ 정확한 감정을 찾아내자, 전지적 관찰자 시점 스킬

생각 탐험가 아이라면 어느 날 갑자기 느닷없이 "엄마, 우리 집에 도둑이 들면 어떡해?" 하는 질문을 할 수 있어요. 그밖에도 아이는, 이거 먹고 병에 걸려 죽으면 어떻게 하느냐? 지진이 나면 어떻게 하느냐? 태풍에 우리 집이 쓸려 가면 어떻게 되는 거냐? 아빠가 교통사고가 나서 죽으면 어떻게 하느냐? 등등의 질문을 하기도 해요. 이럴 때 엄마는 사실을 설명하고 아이를 안심시키고 공감을 해줘야 하는데, 꼬리에 꼬리를 무는 질문 방식으로 이야기해주면 좋아요.

"왜 우리 집에 도둑이 든다고 생각해?"
"저번에 TV에서 도둑이 잡혀가는 걸 봤어!"
"그 도둑이 들어올 것 같아?"
"응. 그 도둑이 우리 집하고 똑같은 아파트에 들어갔대."
"아, 우리 집하고 같은 아파트인 줄 알았구나."
"응. 도둑이 집에 들어가서 장난감을 모두 가져가버렸대."

아이와 대화를 나누다 보면 아이는 진짜 속마음에 있는 불안을 이야기한답니다. 도둑이야기를 한다고 해서 진짜 도둑이 든다고 생각하는 건 아니에요. 어떤 황당한 질문이라도 이렇게 질문을 통해 아이의 속마음을 찾아내는 거죠.

♥ 미리 예측 가능하게 말해줘서 걱정을 덜어요

엄마가 수없이 걱정하지 말라고 말해줘도, 생각 탐험가 아이들은 항상 걱정이 태산이에요. 이 아이들한테는 미리 계획하고 준비해서 시뮬레이션해 볼 수 있도록 하면 좋아요. 영화를 보기 전 예고편으로 정보를 취득하고, 책을 구입할 때 목차와 서문을 읽어보듯, 생각탐험가 아이들은 어떤 일을 하기에 앞서 시뮬레이션 할 수 있는 시간이 필요해요.

예를 들어, 저희 큰애같은 경우는 낯선 사람을 만나는 일에 걱정이 많아요. 부부 모임이 있는 전날 내일은 어디에 가서 누구를 만날 거라고 말하면 살짝 걱정부터 하죠. '뭐하고 놀지, 나를 놀이에 안 끼워주면 어쩌지'하는 생각을 하는 거지요. 그럼 저는 아이가 걱정을 덜 수 있게, 공감해주며 내일의 상황을 자세히 이야기해주죠. 이제 첫째 아이는 이런 과정을 끊임없이 경험하면서 걱정이 많이 줄어들고 대담해졌어요.

♥ 위험에 처하게 두세요(보호하고 싶은 욕구를 억제하기)

생각 탐험가 아이들은 말하지 않아도 조심스럽게 행동하고 위험에 대한 불안이 커요. 이런 아이한테 위험할 수 있는 행동을 자주 언급하고 왜 하지 말아야 하는지 그 이유를 자세히 설명하면 오히려 역효과가 날 수 있어요. 그래서 저는 심하게 위험한 게 아니라면 큰아이한테 이렇게 말합니다.

"해봐! 떨어지면 되지."

"올라가봐 그냥 떨어지겠지."

"만져봐. 옷에 묻히고 넘어져봐! 막 뒹굴다가 신발에 흙이 좀 들어가도 괜찮아!"

저도 처음에는 생각 탐험가 아이들한테 미리 위험에 대해 알려주고 설명해주는 것이 맞다고 생각했어요. 그런데 놀이와 호기심을 탐구할 때만큼은 그냥 두었어요. '계란을 만져서 깨지면 어쩌지?' 하는 생각이 들지 않도록 말이에요. 그래서 어쩌면 모순되지만 큰아이한테 "엄마 물건 만져서 혼났지? 근데 막 만져 봐도 돼. 혼나면 그만이지 뭐 어때!" 이렇게 얘기하면 아이가 웃어요. 말이 안 되는 것 같아도 생각 탐험가 아이한테는 유효한 방법이랍니다. 단, 산만하고 외향적인 아이한테 이렇게 지도하면 큰일 납니다.

여기서 권해드릴 그림책이 하나 있어요. 『뭐 어때』(사토 신 지음, 길벗어린이)의 주인공 적당 씨의 천하 태평한 모습은 생각 탐험가 아이들한테 신선한 자극이 될 뿐 아니라, 한바탕 배꼽을 잡고 웃을 수도 있어요. 저희 큰애도 이 책을 읽으면서 '뭐 어때!'를 실생활에 적용하고 있답니다.

♥ 다양한 방법으로 스트레스를 풀어요

엄마는 아이가 일상에서 받은 스트레스를 밖으로 표출해서 풀 수 있도록 도와줘야 해요. 생각 탐험가 아이들은 점토를 자주 접하게 해주세요. 점토는 힘을 가하는 대로 움직이고 부드럽고 말랑한 감촉이기 때문에, 불안이 많은 아이들의 긴장감을 풀어주고 신경을 이완시키는 효과가 있어요. 스트레스를 해소할 수 있는 적절한 도구가 됩니다. 또 좋아하는 음악을 자주 들려주고 불러주세요. 마음을 가라앉힐 수 있는 서정적이고 안정감 있는 음악이 좋아요. 저는 아이와 함께 춤을 추며 놀기도 하는데, 스트레스를 해소하는 데 댄스타임만한 게 없어요!

손톱을 물어뜯는 아이

보통 불안해하는 아이들이 손톱을 자주 물어뜯거나 손톱 옆의 살을 잡아 뜯어요. 정황상 딱히 불안해하는 게 아니라면, 예전에 불안했을 때 했던 행동이 고착되어 습관으로 굳어진 거랍니다.

♥ 손톱을 물어뜯는 원인을 찾아요

보통 불안하거나 긴장되거나 두려울 때, 갑작스런 환경 변화나 공포감을 느낄 때 손톱을 물어뜯어요. 이사를 자주 다니거나 교육기관을 여러 번 옮기는 등 불안감이 많이 깔려 있는 아이한테도 자주 나타나는 모습입니다. 왜 그러는지 원인을 알아내고 문제를 해결해주면 일시적으로 보인 손톱 물어뜯기 습관은 쉽게 없어질 수도 있어요.

♥ 손톱 위에 그림(햇님)을 그려줘요

큰아이가 3살 때부터 손톱을 물어뜯기 시작했어요. 그래서 제가 손톱 위에 네임 펜으로 예쁜 햇님이(사람 얼굴)를 그리고 의인화해서 연극을 했어요.

"안녕 서뉴야, 나는 햇님이라고 해. 너의 웃는 얼굴을 보고 싶어서 왔지! 네가 나를 물어버리면 내가 '아야'할 거야. 내일 우리 또 만나자! 안녕."

아이한테 내일 햇님이를 만나야 하니까 손톱을 물지 말자고 말했죠. 확실히 효과가 있었죠. 아이는 햇님이가 지워질세라 꾹 참더군요. 물론 이 버릇을 완전히 고치기까지는 시간이 조금 더 필요했어요.

♥ 손톱을 물어뜯는 대신 대안을 제시해요

우선 손톱을 물어뜯고 싶은 마음을 공감해줘요. 그 다음 손톱을 물어뜯고 싶을 때마다 양말이나 옷을 잡아당기거나 손톱끼리 부딪혀서 참아보자며 대안을 제시했어요. 처음에는 아이도 노력하더군요. 하지만 자신도 모르게 깜빡하고 습관처럼 손톱이 입으로 가요. 아이도 물론 힘들어합니다.

♥ 손톱을 물어뜯고 싶은 상황을 만들지 말아요

손톱으로 신경이 갈 새 없이 정신없이 놀게 하는 겁니다. 하루 종일 놀다 보면 한 번도 손톱을 물어뜯지 않기도 해요. 하지만 이 방법도 단기적이에요.

　이 모든 방법이 일시적으로는 효과가 있었지만 완전히 개선되지는 않았어요. 손톱을 물어뜯는 시기가 있다, 없다를 반복했어요. 물론 말로 설득도 해봤지요. 하지만 아이는 기질 자체가 불안이 많아서, 불안할 때마다 손톱을 물어뜯었어요.

　3살 후반부터 시작된 손톱 물어뜯기 버릇은 점점 심해졌다 좋아지기를 반복하다 7살 때는 손톱깎이로 손톱을 깎아보는 게 제 소원일 정도였어요. 일종의 고착화된 습관이라 다른 대안이 필요했습니다.

　그러다 7세 여름 이후에 버릇이 완전히 사라졌어요. 어떤 방법이 효과가 있었을까요? 이런저런 방법을 끊임없이 실행한 것도 유효했겠지만, 최고의 방법은 '내 아이한테 믿고 맡긴다.'예요. 사실 이 방법은 전문가도 동조하기 힘든 방법이에요. 제가 손톱을 물어뜯는 아이를 경험하지 않았다면 절대로 알지 못했을 방법이지요.

　아이가 크면서 저와 대화가 가능한 나이가 되었고, 6세 후반부터 7세 여름까지 자신도 힘들어했어요. "엄마, 나도 손톱을 안 뜯고 싶어. 그런데 자꾸 손이 가. 그래서 속상해. 엄마가 하라는 대로 옷을 잡아보기도 했는데, 잘 참다가 오늘 또 뜯어서 슬퍼." 아이가 이런 말을 할 때마다 저는 그 마음을 공감하고 믿어주는 방법을 선택했어요. "서뉴도 안 뜯고 싶은데 잘 안 돼서 힘들지? 더 열심히 노력해봐. 언젠가는 안 뜯는 날이 올 거야. 그치? 버릇이 되어 그래. 서뉴는 할 수 있다! 아자! 아자!"

　아이를 응원하는 과정에서 굳이 다른 방법을 쓰지 않았어요. 공감하고, 응원하고, 물어뜯고 싶은 상황을 안 만들고, 이따금 대안을 제시했어요. 스스로 노력하고 하루 종일 물어뜯지 않은 날이 늘어가면서 이제는 손톱깎이로 손톱을 깎는 감동의 시간을 가진답니다.

★★★★★

고품격 육아를 위한 추천도서 6

『기분을 말해 봐!』 앤서니 브라운 글·그림, 웅진주니어

『기분을 말해 봐』 토드 파 글·그림, 보물창고

『행복한 물고기』 미스 반 하우트 글·그림, 보림

『까불지 마』 김무홍 글, 조원희 그림, 논장

『두근두근』 이석구 글·그림, 고래이야기

『용기모자』 리사 데이크스트라 글, 마크 얀센 그림, 책과 콩나무

『부끄럼쟁이 아니야 생각쟁이야』 김민화 글, 손지희 그림, 웅진주니어

『뭐 어때』 사토 신 글, 돌리 그림, 길벗어린이

『어떡하지』 앤서니 브라운 글·그림, 웅진주니어

『내 방에 괴물이 있어요』 키티 크라우더 글·그림, 미디어 창비

『그날 어두움이 찾아왔어요』 레모니 스니켓 글, 존 클라센 그림, 문학동네어린이

『엄마! 괴물이야』 릴리아나 시네토 글, 폴리 베르나테네 그림, 다림

『불 끄지 마』 마에카와 도모히로 글, 고바야시 게이 그림, 길벗어린이

『빨간 풍선』 황수민 글·그림, 상출판사

『너무 무서울 때 읽는 책』 에밀리 젠킨스 글, 염혜원 그림, 창비

『너 무섭니?』 라피크 샤미 글, 카트린 셰러 그림, 논장

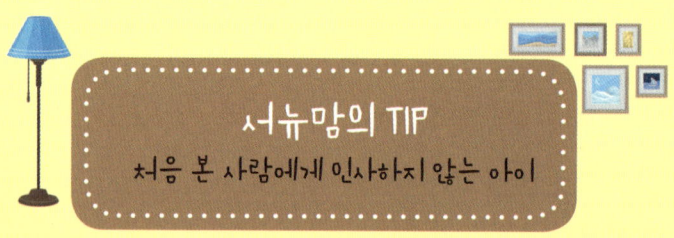

서뉴맘의 TIP
처음 본 사람에게 인사하지 않는 아이

생각 탐험가 아이를 키우는 엄마들은 모르는 사람한테 인사를 하지 않는 아이 때문에 난감했던 적이 있을 거예요. 때로는 잘 아는 사람 앞에서도 그럴 거예요. 엄마 뒤에 숨고 부끄러워하는 것도 한두 번이지, 아이의 마음을 이해하고 싶지 않을 때도 있어요.

하지만, 생각 탐험가 아이들은 익숙해져야 인사를 합니다. 예의없고 인사를 하고 싶지 않은 게 아니라 (본인 기준에) 좀 더 편해져야 인사하고 싶은 거죠. 그런데 아이가 인사를 잘 안 하면 대부분 예절을 안 가르친 엄마로 치부하기가 쉽죠. 그래서는 저는 '어른들이 우리 아이를 이해해줄 거라 기대하기보다, 아이가 이 상황을 이해하게 하자'라고 생각했어요.

"서뉴야, 인사하기 싫으면 안 해도 괜찮아. 하고 싶을 때 하면 돼. 하지만 엄마는 어른들을 만나면 서뉴에게 인사하라는 말을 계속 할 거야. 그렇게 안 하면 엄마가 예의 없는 사람이 되거든."

엄마로서 아이가 인사를 하도록 지도해야 하는 것도 맞고, 쑥스럽고 부끄러워서 안 하고 싶어 하는 아이의 마음 또한 인정하기 때문에 이렇게 이야기했어요. 즉 '엄마는 말은 하겠다. 너는 하고 싶을 때 하거라'라는 말이지요. 이 이후로 저도 아이도 다른 사람을 만나 인사를 할 때의 부담스러운 마음이 많이 줄었어요.

잠시도 가만히 있지 못하는 아이 (자극 탐험가)

어디를 가도 산만한 아이가 꼭 있어요. 저는 한때 아이들을 가르친 경험이 있어 산만한 아이를 연구한 적이 있어요. 제가 이런 유형의 아이를 이해할 수 있었던 이유는 저도 어렸을 때 산만한 편이었기 때문이에요. 저는 이런 유형의 아이를 '**자극 탐험가**'라고 불러요.

♥ 왜 자극 탐험가가 되었는가?

생각 탐험가 아이와 자극 탐험가 아이는 그 출발부터 달라요. 생각 탐험가 아이들이 환경적인 요인이나 유전, 사회적 영향을 많이 받았다면, 자극 탐험가 아이들은 뇌의 기능에서 비롯된다고 할 수 있어요.

♥ 자극 탐험가 아이의 유형

자극 탐험가 아이는 **'과잉 행동·부주의함·충동적'** 이렇게 크게 3가지 유형으로 나눌 수 있어요. 자극 탐험가 아이들은 과잉 행동과 충동적인 모습을 자주 보이곤 해요. 또한 부주의한 행동을 보이는 것도 이 아이들의 특징이랍니다. 자극 탐험가 아이들은 흔히 영유아기의 아이들과 유사한 행동 패턴을 보입니다. 따라서 4세 이전 아이들의 산만함이나 부주의함, 충동적인 행동은 지극히 정상적이라 할 수 있어요.

♥ 자극 탐험가 아이의 특징

자극 탐험가 아이의 가장 큰 특징은, 가만히 앉아 있지 못한다는 거예요. 그밖에도 계속 꼼지락거려요, 수업 시간에 막 돌아다녀요, 친구들을 집적거리고 괴롭혀요, 상대방의 말을 끝까지 듣지 않고 중간에 끊어요, 엄마나 선생님의 지시를 잘 따르지 않아요, 말이 너무 많아요, 자기 말만 하고 상대방의 말을 경청하지 않아요, 호기심이 많아요, 뭐든지 서두르고 대충해요, 질서를 잘 지키지 않아요, 남의 일에 무조건 나서서 참견해요.

♥ 몰라서 못하는 거예요

사실 산만한 행동에 대한 조절은 누가 대신 해줄 수 없는 일이에요. 스스로 해야 하는 일이죠, 하지만 아이는 알면서도 안 하는 게 아니라 정말 몰라서 못하는 거예요. 자신도 조절하고 싶지만, 그게 안 되는 거죠. 잘 기억하고 싶어도 머릿속에서 기억이 나지 않아요. 엄마가 "방금 엄마가 알려줬잖아!" 하는 말을 백 번 말해도 아이가 모른다고 하면 정말 모르는 거예요. 아이가 엄마 말을 일부러 안 들으려고 한 게 아니란 말이지요.

이럴 때는 자꾸 잔소리를 하는 것보다 "기억이 안 났구나." 하고 차분하게 말한 다음 다시 설명해주는 게 효율적입니다. "왜 그걸 기억하지 못하니? 방금 말했는데 벌써 까먹으면 어떻게 해?" 라는 잔소리는 산만한 아이한테는 전혀 도움이 되지 않아요.

♥ 엄마와의 관계가 매우 중요해요

자극 탐험가 아이들을 다루기 위해서는 무엇보다 관계가 중요해요. **'사권신공' 스킬**이 필수 중에 필수예요. 두 사람의 관계가 틀어지면 어떤 육아 방법도 통하지 않고 상황만 더 악화되기 때문이에요.

♥ 탐색하고 생각할 시간을 주세요

산만하고, 부산스럽게 움직이고, 호기심 가득한 모습으로 이것저것 만지는 아이한테 무조건 만지지 말고, 하지 말라고 말하기보다는 아이가 **충분히 탐색할 만한 시간**을 주는 게 좋아요.

예를 들어, 약속이 있어 아이와 함께 식당에 간다면 아이가 여기저기 돌아다니며 만질 게 뻔해요. 그때 엄마는 '아이와 같이 가니까 빨리 갔다 와야지' 하고 생각하지 말고, 오히려 약속 시간보다 30분 정도 일찍 가서 아이한테 탐색할 시간을 주세요.

식당에서 엄마는 아이한테 "그래, 이건 냅킨이야. 음식 먹을 때 입을 닦는 데 쓰는 거야." 하는 식으로 이야기를 해줘요. 위험하지 않고 남한테 피해를 주지 않는 선에서 식당을 탐색해보게 합니다. 호기심이 많은 아이는 아주 사소한 것도 다른 시각에서 바라보기 때문에 그다지 특별하지 않은 것도 신기하고 재미있게 여길 수 있어요.

♥ 넘치는 에너지를 발산할 수 있게 해주세요

보통 자극 탐험가 아이는 유치원이나 학교에서도 가만히 앉아 있으라는 말을 많이 들어요. 엄마와 함께 있을 때 아이가 에너지를 발산할 수 있도록 매일 일정한 시간을 정해 놀게 하면 좋아요. 모래 놀이도 좋지만, 신나게 뛰어놀거나 몸을 많이 움직일 수 있는 놀이를 자주 시켜주세요. 무엇보다 **에너지 총량의 법칙**을 기억해야 합니다. 이 아이들은 가지고 있는 에너지를 써야지, 에너지가 자꾸 몸속에 저장되면 감정적으로 폭발해버린답니다.

♥ 아이의 행동에 재빨리 반응하기

자극탐험가 아이는 어떤 상황에서도 기다리는 게 힘들어요. '잠깐만!'

내지는 '기다려줄래?' 등의 상황이 오래 지속되면 많이 지루해하고 견디기 힘들어합니다. 아이가 무언가를 요구하거나 말했을 때 재빨리 반응하고 들어줘야 합니다.

♥ 직접적으로 말하세요

"너 아까 정리하기로 하지 않았니?"보다는 "아까 블록 치운다고 했지? 블록 치울 시간이야."처럼 직접적으로 의사를 전달하세요. 또한 "저기 식탁 근처에 가면 있을 거야. 그거 엄마가 쓸 거니까 가져다줄래?"가 아니라 "식탁 옆에 있는 엄마 공책 좀 가져다줘."처럼 간결하고 명확하게 지시하거나 설명해야 아이가 정확하게 인지할 수 있답니다.

♥ 미션을 해결하는 기회를 주세요

아이한테 직접적으로 말해야 한다는 걸 이해했다면, 이제 아이와 간단한 '미션임파서블 시간'을 가져 봐요. 미션임파서블 시간이란, 아이가 간단한 지시어를 듣고 문제를 푸는 활동이에요. 아이는 이 활동을 통해 문제를 해결하는 능력과, 동시에 자기 자신을 조절하는 힘을 키울 수 있어요.

"엄마 책상 위에 있는 테이프 좀 가져다줄래?"

"욕실에서 컵 좀 가져다줘!"

"책상 위에 있는 공책 좀 정리하고 책가방을 싸."

아이가 한 번에 해결할 수 있는 간단한 지시 위주로 진행하세요. 그리고 아이가 그런 지시를 제대로 수행하면 아이의 행동을 **인정하고 칭찬하기, 안아주기** 등을 통해 아이를 격려해주세요.

♥ 규칙은 딱 하나만 정해요

아이한테 가장 중요하고 시급하게 해결해야 하는 것이 있다면 그것에만 집중하세요. 아이가 부산하게 움직이는 것을 개선하고 싶다면, 딱 5분만 가만히 있기 혹은 밥 먹을 때만 가만히 있기 등의 규칙을 딱 하나만 정해서 지킬 수 있게 도와주세요.

가만히 앉아 있기, 준비물 챙기기, 물건 제자리에 두기 등등 한꺼번에 많은 것을 요구하면 버거울 수 있어요. 생활습관을 잡아주기 전에 아이의 산만함을 조금이라도 개선할 수 있는 훈련이에요.

♥ 단계별로 나눠서 실천해요

아이는 아직 어리기 때문에 지켜야 하는 규칙이나 일상에서 처리해야 하는 것을 모두 인지하고 해결할 수 없어요. 때문에 단계별로 하나씩 해결할 수 있도록 도와주세요.

가방도 정리하고 손도 씻어야 한다면, 두 가지를 한꺼번에 말하지 말고 하나씩 지시하세요. 여러 가지 미션 중에서 하나씩 수행하고 지워나가는 거예요. 자극 탐험가 아이들은 한꺼번에 많은 데이터를 받아들이는 게 버겁기 때문이에요.

♥ 시각적으로 보여주기

처리해야 하는 일을 하나씩 말하다 보면 해야 할 일이 너무 많아 난감해할 수 있답니다. 그럴 때는 카드를 활용해요. 종이에 가방 정리하는 그림, 손 씻는 그림, 옷 정돈하는 그림, 숙제하는 그림, 책 읽는 그림을 순서대로 그려 해야 할 일을 인지시키세요. 아이로 하여금 청각이 아니라 시각적으로 집중시키는 거예요.

♥ 문제 행동을 했을 때 반응하지 않아요

아이는 물건을 던지거나 사람을 때리거나 소리를 지르는 등 부정적인 행동을 자주 합니다. 그럴 때 엄마들은 자신도 모르게 소리를 내면서 놀란 표정을 지어요. 하지만 가급적이면 엄마의 이런 모습을 아이한테 보여주지 마세요. 그런 반응이 아이의 행동을 강화할 수 있기 때문이에요. 아이의 문제 행동을 개선하려면 아이의 과잉 행동에 반응하지 않는 것(반응하지 않기 스킬)에서부터 시작하세요.

하지만 아이가 누군가를 때리거나 꼬집고 깨무는 행동을 할 때는 재빨리 몸이나 팔, 손을 낚아채어 감정을 억제할 수 있게 도와주세요. 그리고 아이를 꽉 안고 공감을 할 수 있는 상황이라면 공감을 해주고, 감정이 고조되었다면 흥분이 가라앉을 때까지 그대로 안고 계세요. 그리고 이렇게 말해보세요.

"지금 화가 많이 났지? 지금 엄마가 너를 안고 있지 않으면 다른 사람이 다칠 수도 있으니까 네 기분이 풀릴 때까지만 이렇게 있을 거야. 발버둥을 쳐도 엄마는 놓지 않아. 너를 사랑하니까."

♥ 10초 카운트 스킬

저는 개인적으로 벽을 보고 있거나 생각하는 의자에 앉아 있는 **타임아웃 방법**을 선호하지 않아요. 많은 전문가들이 이 방법을 추천하는데, 때에 따라 필요하기는 해요. 하지만 자극 탐험가 아이들에게 더 시급한 건 벌보다는 엄마의 관심이에요. 그래서 약속한 것을 지키지 않았을 때는 시간 재기를 해요. 이에 대해서도 몇몇 전문가는 **숫자 세기**가 좋은 방법이 아니라고 주장하기도 하지만, 제가 직접해보고 경험한 바로는 아이들에게 정해진 시간을 주고 할 수 있는 기회를 제공할 수 있어서 좋았어요.

심지어 두 아이는 "엄마, 한 번만 기회를 더 주세요."라고 이야기할 때도 있지요. 예를 들어 자극 탐험가 아이한테 "가방 정리할 시간이야. 가방 정리하렴." 하고 짧고 간결하게 지시했는데, 행동하지 않을 땐 바로 10초 카운트로 들어가면 돼요. "10초 줄게 해보자! 1초, 2초, 3초…." 다만 화가 난 말투가 아니라 게임하듯, 그냥 시간이 가고 있다는 걸 알려주듯 하세요.

급박하게 카운트가 들어가면 반감을 불러일으킬 수 있으니 가급적 시간을 갖고 천천히 해보세요.

♥ 부정적인 행동이 아닌 긍정적인 행동에 반응하기

자극 탐험가 아이들의 또 다른 특징은, 깊게 생각하지 않고 무조건 행동부터 한다는 거예요. 성격이 급하기 때문이지요. 순서를 기다리지 못하고, 상대방의 말이 끝나기도 전에 끼어들곤 해요. 이런 행동을 했을 땐, 어떤 결과가 돌아오는지 직접 체험하게 해주세요. 반면, 아이가 잘 기다리는 등 긍정적인 행동을 하면 그때그때 바로 격려하고 칭찬을 해주세요.

"지난번에는 순서를 기다리지 못했는데, 오늘은 사랑이가 잘 기다려 줘서 고마워." 이렇게 엄마가 아이의 긍정적인 행동에 반응하면, 아이도 덩달아 점점 좋아지려는 의지를 보일 거예요.

♥ 충분히 가르쳐주기

아이한테 지시를 할 땐 간결하고 짧게 해야 하는 것이 맞지만, 엄마와 아이가 오늘 유치원에서 있었던 일 등 긴밀한 대화를 나누는 시간도 반드시 필요해요. 하루 종일 부산하게 움직이고, 질서를 안 지키고, 다른 사람이 말할 때 끼어들고, 물건을 함부로 던지는 등 어느 하나 쉽게 넘어갈 수는 없지만, 사랑하는 눈빛으로 아이를 마주 보고 딱 한 가지에 대해서만 대화를 나누세요.

"맑음이를 때리니까 맑음이가 울었지? 친구를 때리면 친구가 싫어해. 친구랑 놀고 싶어서 그랬어? 그럼 친구한테 가서 '나랑 같이 놀자' 하고 말해야지." 이렇게 아이의 마음은 공감하되, 조금 나직한 목소리로 상황을 설명해주세요. 친구한테 왜 그런 행동을 하면 안 되는지, 어떻게 행동해야 하는지 이야기해주세요. 그렇다고 너무 자주 하지는 말고, 아이 기분이 좋거나 긴밀한 이야기를 하기에 좋은 분위기가 만들어졌다 싶은 그 시간에 하면 좋아요. 이때도 반드시 한 번에 하나씩만 얘기해야 한다는 사실을 기억하세요.

♥ 실행 능력을 키워주세요

자극 탐험가 아이들은 어떤 것을 계획하고, 실행하고, 통제해야 하는지 알지 못해요. 이런 아이들은 실행 능력을 키워주기 위해 작은 것부터 함께 해나가면 좋아요. 예를 들어, 양손과 양발을 규칙적으로 움직여야 하는 수영과 요가 같은 운동이 산만한 아이들한테 좋아요. 특히 수영은 발과 팔을 제대로 움직여야만 앞으로 나아갈 수 있고, 규칙적으로 움직여야 하기 때문에 아주 적합한 운동이에요. 요가도 강사가 지시하는 자세를 취하기 위해 온몸을 써야 하므로 효과적입니다.

♥ 하늘이 무너져도 약속은 지켜요

성급하고, 참을성이 없는 자극 탐험가 아이들은 지루한 과정을 잘 견뎌내지 못해요. 새로운 것을 배우고 익히려면, 지루한 과정을 거쳐야만 원하는 결과가 나오는데 이 과정을 이겨내지 못한답니다. 이런 아이들에겐, 일관성 있게 대해야 해요. 그리고 규칙을 지키는 것 또한 매우 중요합니다. 모든 일이 순서대로 반복 진행되어야만 아이가 이 사실을 인지하기 때문이에요.

대부분의 엄마가 마음대로 스케줄을 변경하기도 하는데, 아이한테 한 번 말한 것은 하늘이 무너져도 지키는 모습을 보여줘야 해요. 오늘 가방 정리한 다음 손 씻고, 블록 놀이를 하고, 밥 먹고, 씻고, 신체놀이를 한다고 정했으면 그림 등 시각적으로 이 순서를 인지시킨 다음, 그 과정마다 간단한 지시와 설명을 하고 반드시 지켜야 합니다.

♥ 질서를 알려줘요

이 아이들은 충동적으로 행동할 때가 많아서 순서나 질서를 지키는 것이 어려워요. 하지만 엄마가 24시간 내내 아이와 붙어 있을 수도 없기 때문에 아이와 함께 공공장소에 있을 때만큼은 조금 과하다 싶을 만큼 엄격하게 공공질서를 가르쳐야 합니다. 왜 줄을 서야 하는지 그 이유에 대해서도 차근차근 설명해주세요. 엄마 입장에서는 일일이 설명하는 게 번거롭고 힘들 수 있지만, 질서를 지켜야 할 때마다 매번 반복해서 설명해주세요. 연습만이 살 길입니다.

♥ 규칙을 지켜야 하는 보드게임 등의 놀이를 해요

규칙을 지켜야 하는 보드게임은 자극 탐험가 아이들한테 아주 적합한 놀이예요. 규칙이 복잡한 놀이보다는 간단한 보드게임 위주로 하면 효과가 좋아요. 그러다 난이도가 있는 놀이로 수준을 높여보세요.

처음에는 아이한테 어려울 수 있어요. 하지만 규칙을 차근차근 설명해주고 구멍에 빠지거나 원숭이를 떨어트리고 도토리를 빼앗겼을 때, '뭐, 어때? 괜찮아!' 하는 표정으로 게임을 즐기세요. 자극 탐험가 아이들은 게임에서 이기는 게 목적이 아니라 규칙을 지키는 훈련이 중요하니까요.

① 덤블링 몽키(5세 이상)

색깔 막대기를 야자나무에 통과시킨 후 작은 원숭이들이 대롱대롱 매달려 최대한 원숭이가 덜 떨어지게 야자나무에서 막대기를 빼내는 게임이에요.

② 퍼니 버니 Funny Bunny(5세 이상)

작은 언덕 위를 콩콩 뛰어넘으며 꼭대기까지 먼저 가는 사람이 이기는 게임이에요. 카드를 뒤집어 원하는 수만큼 이동하고 상대의 말을 건너뛰기도 합니다. 중간에 구멍으로 빠지는 함정이 있는데 빠질 때마다 아이들이 즐거워해요.

③ **도토리 모으기 The SNEAKY, SNACKY Squirrel(4세 이상) :**

룰렛을 돌려 통나무에 색깔 도토리를 모두 모으는 사람이 이기는 게임으로, 간단하면서도 다람쥐집게의 재미를 통해 어린아이도 즐겁게 할 수 있어요.

♥ **집중해서 할 수 있는 놀이**

틀린 그림 찾기, 숨은그림찾기, 퍼즐 맞추기 등의 활동은 산만하고 주의력이 없는 아이들에게 큰 도움이 된답니다. 잠깐 집중해서 빨리 찾아내는 활동은 순간 몰입도를 높이고 침착하게 행동할 수 있게 도와줘요. 각종 동화책을 활용해 '이응'만 찾는다든지, '리을'만 찾는 게임도 좋아요. 이때 글씨가 너무 작으면 안 돼요. 잡지 등을 활용해 사람이 몇 명인지 세어보는 놀이도 추천해요.

> **TIP**
> 놀이하는 도중 말을 시키지 않아요
> 자극 탐험가 아이들이 집중해서 놀이할 때는 가급적 말을 시키지 마세요. 놀이가 끝나면 그때 하고 싶었던 말을 하는 게 좋아요.

♥ 천천히 놀이

자극 탐험가 아이들은 충동적으로 행동하는 경우가 많아요. 그래서 뭐든지 천천히 하는 것을 경험하게 하면 좋아요. 등원 차량을 타러 갈 때 누가 누가 더 천천히 가나 등의 간단한 놀이도 좋아요. 물이나 음료수를 마실 때 빨대로 천천히 마시기, 음식 천천히 씹어 넘기기, 공을 손으로 천천히 굴리기, 비눗방울을 천천히 불어 크게 불기, 풍선을 불어 다시 천천히 바람 빼기 등의 활동도 유익해요.

★★★★★
고품격 육아를 위한 추천도서 7

『**혼나지 않게 해주세요**』 구스노키 시게노리 글, 이시이 기요타카 그림, 베틀북
『**괴물들이 사는 나라**』 모리스 샌닥 글·그림, 시공주니어
『**데이빗**』 시리즈 데이빗 섀논 글·그림, 지경사

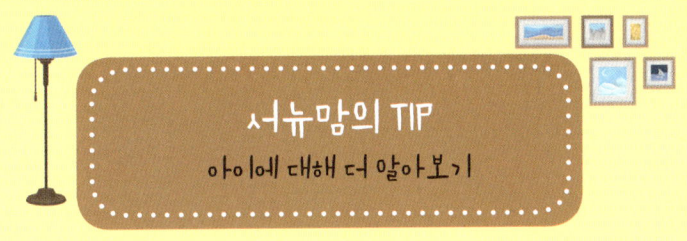

서뉴맘의 TIP
아이에 대해 더 알아보기

❖ **ADHD(주의력결핍 과잉행동장애)**

ADHD는 아동기에 주로 나타나는 장애로, 지속적으로 주의력이 부족하여 산만하고 과다활동, 충동성을 보이는 상태를 말해요. 일반적인 산만함이 아니라 ADHD라고 생각되면 정밀 검사를 통해 정확한 진단을 받고 적절한 치료를 받아야 해요. 집에서 엄마가 하는 육아만으로는 한계가 있어요. 약물치료와 함께 행동치료, 행동교정, 심리치료, 부모교육, 가족상담 등 다양한 치료 방법이 있어요.

❖ **산만한 아이는 시간이 지나면 나아진다?**

그렇지 않아요. 행동의 유형이 어린 시절과 달라질 뿐이지 똑같이 부주의하고 산만한 행동을 합니다. 즉 양육법을 바꿔서 아이가 달라지게 하는 게 중요해요. 생각 탐험가 아이와 자극 탐험가 아이들은 출발이 다르기 때문이에요. 뇌 발달의 영향이 큰 자극 탐험가 아이들은 변화시키는 것에 초점을 두고 양육해야 합니다.

욱하는 아이의 화 다루기

시도 때도 없이 떼를 쓰고 자기 성질을 못 이겨 분노하는 내 아이의 화! '어디서부터 어떻게 다뤄야 할지 모르겠어요' 하는 엄마들이 많아요. 화는 누구나 느끼는 감정 중 하나예요. 화라는 감정을 느끼고 표현하는 게 잘못된 게 아니라, 그 화로 인해 상대방에게 피해를 주는 행동을 표출하는 것이 잘못된 거랍니다. 즉 행동이 잘못인 거죠. 화는 억누르거나 억제시키는 게 아니에요.

그래서 화를 조절하기 힘든 아이한테는 화를 건강하게 표현하는 방법을 알려줘야 해요. 화내지 말고 참으라고 할 수도 없고, 화를 안으로 삼키라고 할 수도 없잖아요. 아이는 스스로 조절하기 위해 노력하고 배워갈 겁니다. 엄마의 멋진 육아 스킬로 도와준다면요.

아이가 화를 낼 때의 상황을 떠올려보세요. 아이가 물건을 집어던지거나 드러누워 몸을 꼬고 발을 구르며 생난리를 칩니다. 그러다 동생이나

형을 때리기도 하고 때로는 엄마한테 폭력을 가하기도 해요.

그럴 땐, 일상에서 아이와 함께 분노에 대한 이야기를 나눠보세요. 어떻게 하면 화가 안 나고, 화가 났을 때 어떻게 하면 그 화를 풀 수 있는지 대화를 나눠보면 아이의 진짜 마음을 알 수 있어요. 그러면 아이는 감정에 억눌리지 않고 행동에만 초점을 맞추게 됩니다.

많은 엄마들이 화난 감정까지 억눌러야 한다고 아이를 다그치거든요. 그럴수록 아이는 계속 화가 쌓이고 어떻게 화를 풀어야 할지 몰라 욕구불만이 커져요. 때로는 엄마의 관심을 받기 위해 엄마가 싫어하는 행동을 점점 더 하기도 합니다. 그렇다면 욱하는 우리 아이의 화는 어떻게 다루어야 할까요? 욱하는 아이도 순하게 만드는 12가지 육아법을 알려드릴게요.

♥ 화가 날 수 있다는 걸 알려주세요

아이들은 1차적으로 슬프거나 속상한 감정을 느껴요. 여기서 발전하면 2차 감정인 화가 발생합니다. 화에서 더 나아가면 분노 폭발이 되는데, 분노한 상황에서는 아이한테 어떤 말을 해도 들으려 하지 않아요. 그럴 때는 아이의 분노가 가라앉을 때까지 한 템포 기다리세요. 그리고 아이와 대화를 시도합니다. 이때 아이를 꼭 안아주며 말합니다.

"사랑아, 마음이가 네 물건을 막 가져가서 화가 났어?" **(공감하기 스킬)**

"엄마도 다른 사람이 엄마 물건을 막 가져가면 화가 날 거야."**(진짜 공감하기)**

"화는 엄마도 나고, 아빠도 나고, 사람은 모두 화가 날 수 있어! 하지만 화가 났다고 동생을 때리고, 발로 차는 건 잘못된 행동이야!"**(화난 감정은 이해하지만, 행동은 제한)**

"다음부터 누구를 때리고 싶을 만큼 화가 날 때는 다른 곳에 가서 화를 풀고 왔으면 좋겠어."**(대안 제시)**

화가 났을 때는 아이도 이성을 잃어요. 화를 조절하기란 정말 힘들고요. 그럴 때는 화를 풀 수 있는 다양한 방법을 같이 연구하고, 아이에게 맞는 방법을 찾아주세요.

♥ 대화를 하며 화 단계 표시하기

아이와 함께 언제 어떤 상황에서 화가 나는지 이야기를 나눠요. 화가 난 순간에는 자신도 제어가 안 되지만, 평온한 상태에서 그때의 감정을 떠올리며 이야기를 나눌 때는 아이도 자신의 감정을 돌아볼 수 있어요. 왜 화가 나고, 물건을 던지고, 사람을 때리는지 그리고 어떤 상황에서 화가 나는지 이야기를 나눠보세요. 아래의 대화처럼 아이가 설명한 화난 상황이 몇 단계의 화인지 표현하게 해보세요.

"엄마, 나는 마음이가 소중하게 간직한 보석 상자를 막 만지면 정말 화가 나. 그래서 때려주고 싶어."

"우리 사랑이는 그럴 때 화가 나는구나. 네가 얼마나 화가 났는지 1부터 10단계가 있는데, 잘 생각해보렴. 1단계는 화가 안 난 상태야. 그럼 10단계는 엄청 화가 난 상태겠지?"

"10단계! 나는 정말 화가 많이 났어."

♥ 화를 냈을 때의 기분을 말해봐요

화를 내면 동생과 놀 때 도움이 되는지, 친구와 더 친하게 지낼 수 있는지, 엄마 아빠가 더 잘해주는지, 화가 났을 때의 기분은 어떤지, 그렇게 화를 내면 기분이 좋은지, 어떻게 하면 화를 안 내고 다른 방법으로 표현할 수 있는지 등을 물어봅니다. 이런 대화를 통해, 아이도 자신이 화를 표현하는 방법이 잘못되었다는 것을 인지한답니다. 그리고 나서 화가 났을 때 이렇게 하는 건 어떨까 하면서 대안을 제시하거나 어떻게 하면 좋은지 함께 방법을 찾아보세요.

♥ 화내기 직전에 어떤 생각이 드는지 물어봐요

아이가 동생과 자주 다투고 친구들과도 자주 부딪히면서 화를 낸다면, 화를 내지 않는 상태에서 '언제 화가 나고, 화가 나기 직전에는 어떤 마음이 드는지' 구체적으로 물어보세요. 그런 감정을 표현하다 보면 아이 스스로 그렇게 화낼 일이 아니었다는 사실을 느낄 수도 있어요.

♥ 그대로 두기 & 마음대로 풀게 하기

화가 난 아이는 소리 지르며 난리를 부려요. 그때 "네가 동생한테 잘못한 거잖아" 하는 식으로 상황을 설명하는 등의 행동은 하지 마세요. 감정이 고조되었을 때는 아무 말도 들리지 않으니까요. 아무 말 없이 가만히 지켜보다가 (반응하지 않기 스킬) 가라앉으면 화난 마음을 공감해주세요.

화가 잘 가라앉지 않고, 데굴데굴 구르고 발로 차고 온몸으로 화를 표현한다면 이렇게 해보세요. 아무도 없는 방이나 안전한 곳에 데려가, 쿠션 등을 가지고 맘껏 화를 표출하게 해주세요. 에너지가 분출되는 과정을 통해 어느새 화가 가라앉는 신기한 현상을 목격할 거예요.

♥ 물건이나 사람한테 화풀이를 하지 않아요

쿠션을 세게 때리는 것도 좋은 방법이기도 하지만, 때로는 폭력으로 이어져 다시 분노를 일으키는 행위가 되기도 해요. 물건이든 사람이든 때리는 행위가 아닌 다른 방법으로 화를 다룰 수 있게 도와주세요.

♥ 실컷 울게 두세요

아이가 눈물을 흘리며 울면 혼자 방에서 실컷 울게 해주세요. 눈물은 98%가 수분이고 염분, 지방, 단백질, 무기질 등이 포함되어 있어요. 눈물을 흘리는 것은 스트레스를 받거나 다양한 감정으로 인해 몸을 지키려는 방어기제가 작동하는 증상이에요. 한마디로 스트레스를 받으면 내 몸 밖으로 눈물을 통해 스트레스를 빼내는 겁니다. 아이가 마음껏 울 수 있도록 배려해주는 것도 화를 가라앉히는 멋진 방법중에 하나예요. 아이가 울고 있다고 답답해하지 마세요.

♥ 심호흡하기

사실 심호흡은 아이에게 바로 적용할 수 있는 방법은 아니에요. 그 전에 선행되어야 할 일이 있죠. 먼저, 아이에게 화가 날 수 있다는 걸 알려주고, 함께 대화를 해야 해요. 처음엔 조금 어려울 수 있어요. 하지만 엄마가 아이의 감정(화)을 충분히 공감하고 받아주면 차츰 가능해져요. 아이의 분노가 치밀었을 때 치고 들어가 보세요. 이렇게 말하기만 하면 돼요.

"사랑이, 화가 많이 났네. 방에 가서 숨을 크게 들이마시고 내뱉어봐. 후~ 그렇지."

♥ **숫자를 세거나 눈을 감고 가만히 있기**

우리가 요가를 할 때 같은 자세로 가만히 있는 것처럼 아이가 원하는 편안한 자세로 숫자를 세게 하세요. 화라는 감정이 자연스럽게 빠져나가게 안아주고 아이와 함께 숫자를 세요.

♥ **운동을 하게 하세요**

트램펄린, 줄넘기, 제자리뛰기, 훌라후프 등 몸을 움직이는 운동을 해서 마음에 쌓인 욕구를 분출하게 하세요. 아이와 미리 상의했다면 충분히 공감할 거예요. 화를 냈다고 엄마가 윽박지르는 게 아니라 이해해주니까요.

♥ **화를 그림으로 표현해요**(분노괴물 만들기)

아이가 화를 낼 때가 아니라 시간이 조금 지나고 나서 화를 그림으로 표현하게 해보세요. 물감이나 찰흙 같은 도구를 이용하면 좋아요. 화를 자주 내는 아이는 분명 반복되는 패턴이 있을 거예요. 자신의 감정을 받아주고 풀어주는 과정을 통해 사소한 일에도 화를 내는 것이 줄어들게 된답니다.

또는 아이를 화나게 만든 분노 괴물을 그려보게 하세요. 아이가 분노 괴물한테 하고 싶은 말을 하게 한 다음, 다시는 내 마음에 나타나지 말라고 말하면서 찢어서 쓰레기통에 버립니다.

♥ **화를 가라앉히는 애정 물건 만들기**

아이와 상의해서 화가 났을 때 만지면 기분이 좋아지는 포근하고 부드러운 물건을 만들어요. 아이가 화를 낼 때 이 물건을 건네보세요. 의외로 효과가 있답니다.

★★★★★

고품격 육아를 위한 추천도서 8

『자꾸자꾸 화나나』 김별 글, 신현정 그림, 큰북작은북
『소피가 화나면 정말 정말 화나면』 몰리 뱅 글·그림, 책 읽는 곰
『화가 나』 강경수 글·그림, 소담주니어
『화내지 말고 예쁘게 말해요』 안미정 글, 서희장 그림, 상상스쿨
『너무너무 화가 나』 조지프 테오발드 글·그림, 킨더랜드(킨더주니어)
『올통볼통 화가 나』 허은미 글, 한상언 그림, 아이세움

서뉴맘의 TIP
엄마의 육아 감각

아이가 아무 이유도 없이 짜증, 화, 분노, 심통, 떼쓰기를 할 때가 있어요. 별것도 아닌 것에 심통을 부리고 여우 눈을 하고 엄마한테 소리 지르고 형이나 동생을 때리고 친구를 공격해서 분노를 표출하죠. 그럴 때는 아이의 욕구가 해소되지 못하고 억제되어 있거나 스트레스를 받은 것일 수도 있어요.

지금의 상황에만 초점을 두지 마세요. 아이의 짜증에 엄마의 신경도 예민해지고 짜증이 나겠지만, 다시 한 번 마음을 가다듬고 상황을 직시하세요. '저건 지금 당장 해결될 문제가 아니다. 한발 뒤로 물러서자!'

'아이에게 반응하지 않기', 즉 넘어가기 스킬로 시간이 흐른 다음 화가 가라앉았을 때 아이를 공감해주거나 눈을 맞추고 사랑을 주세요.

그러고 나서 아이의 불만을 들어주세요. 엄마가 자신의 말을 들어주기만 해도 한결 나아져요. 아이의 마음이 상쾌해진답니다. 아이라서 그런 거예요. 우리 아이만 그런 게 아니라 세상의 모든 아이가 그렇다는 사실을 기억하세요.

아이가 감동하는 칭찬법

한마디로 칭찬에도 기술이 필요해요. 지금까지는 "어머 잘한다! 너 최고야! 멋져!" 등의 평범한 칭찬을 했다면 이제부터는 적소적재에 적용할 수 있는 칭찬 기술을 알려드릴게요.

칭찬을 하기 전에 한 가지만 생각해봐요. 우리는 아이들한테 왜 칭찬을 할까요? 칭찬을 하는 이유가 뭘까요? 아이가 칭찬을 받으면 밥도 더 잘 먹고, 책도 더 많이 읽고, 안 하던 것도 더 잘했으면 하는 마음에서 칭찬을 합니다. 다시 말해 엄마가 아이한테 원하는 게 있어서 칭찬을 한다는 데 일종의 함정이 있어요.

칭찬을 하면 고래도 춤춘다는 말은 맞지만, 무분별한 칭찬은 독이 될 수 있어요. 칭찬도 제대로 해야만 약이 될 수 있어요.

지금까지 우리는 '오, 잘하네', '잘했어', '똑똑하다', '잘 만들었다', '우와,

정말 멋지다' 등 결과 중심의 칭찬을 했어요. 그렇다면 좋은 칭찬은 어떤 걸까요? 과정 중심일까요? 결과 말고 과정이 중요하다는 말은 다른 곳에서도 귀에 딱지가 앉도록 들었는데, 과정을 칭찬하면 되는 걸까요? 아니에요. 정말 좋은 칭찬은 '아무것도 하지 않는 것'이에요.

이 주장을 뒷받침하는 영상이 하나 있어요. EBS 〈칭찬의 역효과〉라는 프로그램에서 했던 한 가지 실험이 있습니다. 여기서 A, B 두 그룹으로 나누어 A그룹은 매일 칭찬 스티커를 붙이고 독려하며 야채주스를 마시게 했고, B그룹은 아무런 칭찬 없이 야채 주스를 마시게 했습니다. 두 그룹 모두 야채 주스를 좋아하지 않는 아이들이었어요. 결과는 어떻게 되었을까요? 당연히 칭찬 스티커를 받은 아이들이 더 잘 마셨겠죠?

하지만 결과는 우리의 예상과 달랐어요. 야채 주스를 마지막으로 마시는 날, 선생님이 A그룹에게 오늘은 칭찬 스티커를 안 줄 거라고 말했어요. 그리고 B그룹은 보통 때처럼 마시기 시작했어요. A그룹은 외적 동기였던 칭찬 스티커가 없어지니 이 일을 해야 할 필요성을 느끼지 못해 야채 주스를 잘 마시지 않았고, B그룹은 평소와 같이 잘 마셨어요. 이 실험을 보고 어떤 생각이 드셨나요?

엄마들은 보통 '이거 하면 젤리 줄게'라는 식의 외적 동기를 자주 이용해요. 그렇다고 해서 외적 동기를 부여하는 일이 잘못되었다는 건 아니에요. 다만 무분별한 외적 동기를 조금 자제할 필요가 있다는 말이지요. 외적 동기만 있을 뿐 내적 동기가 없는 아이는 그 일을 지속해야 할 필요성을 느끼지 못해요. 반면 아이 자신이 필요성을 느끼면 스스로 행동하게 돼요.

그러니 굳이 칭찬을 하려고 애쓰지 않았으면 좋겠어요. 다시 말해 아이에게 항상 칭찬을 해야 하는 건 아니라는 말이에요. 꼭 칭찬의 말이 아니라 아이를 사랑스런 눈빛으로 바라보는 것만으로도 최고의 칭찬이 될 수 있답니다.

결과보다는 과정을 칭찬하기

♥ **빼기를 실천해요**

과정 중심의 구체적인 칭찬이 어렵다면 먼저 빼기를 실천해요. 잘했네, 대단해, 최고야 등은 결과 중심의 칭찬이에요. 이것만 빼고 해보세요.

- 블록으로 만들기를 했을 때, "우와, 체리가 정말 잘 만들었다." 대신 "블록으로 비행기를 만들었네."(= 있는 사실 그대로를 말해요. 이런 반응만으로도 아이는 충분히 칭찬받았다고 느껴요)
- 밥을 다 먹은 아이에게 "우와, 잘 먹는다. 우리 마음이가 최고야." 대신 "마음이가 밥을 싹싹 긁어서 열심히 먹었네."(= 단순한 격려가 오히려 내적 동기를 유발해요)

♥ 나만의 칭찬 언어를 선별해요

머리로는 아는데 실전에서는 칭찬하는 게 어렵다면, 칭찬할 수 있는 말을 미리 선별해서 메모해두세요. 아이의 일상을 머릿속으로 그려보고 칭찬할 수 있는 상황을 떠올리며 미리 메모해두는 겁니다. 별거 아닌 컨닝 페이퍼 한 장이 육아의 질을 높인답니다.

- 청소를 잘한 아이에게는 "마음이가 혼자 청소한 방이 깨끗해졌네."
- 엄마 심부름을 해준 아이에게는 "사랑이가 엄마 일을 도와줘서 엄마가 아주 편해졌어. 고마워."
- 그림을 그려온 아이에게는 "마음이가 그린 공주구나. 공주가 아주 사랑스러워 보여."
- 글자를 막 배우기 시작한 아이가 글자를 읽었을 때는 "어제는 몰랐던 글자를 오늘 읽었네."
- 지적으로 성장한 아이한테 "우와, 똑똑하다" 대신 "사랑이가 숫자를 10까지 세었네."

♥ 있는 사실 그대로를 말해요, 격려 칭찬

우리는 뭔가 대단한 칭찬을 해야 할 것 같은 강박에 사로잡혀 있어요. 멋지네, 노력했네 등의 칭찬이 아니라 아이가 그림을 그리면 "와, 자동차를 그렸네."라고 해도 돼요. 사실을 표현하세요. "혼자 옷을 다 입었구나.", "혼자 불도 껐어? 키가 많이 컸네." 처럼 있는 사실을 그대로 말하는 겁니다. 격려만으로도 아이의 기분은 으쓱해지고 뿌듯해진답니다.

♥ 잘했어 말고 고마워

잘했다, 최고다, 멋지다 하는 말도 좋지만 '고마워'라는 말과 더 친해지세요. "마음아, 엄마 마음을 생각해줘서 고마워." "사랑아, 정리하기 어려웠을텐데, 청소해줘서 고마워." 진심이 담긴 감사의 인사는 공감하기 다음으로 사람의 마음을 움직이는 엄청난 힘이 있어요.

♥ 칭찬 스티커는 이제 그만

칭찬 스티커의 효과가 없는 건 아니에요. 하지만 남발하면 오히려 역효과를 가져올 수 있어요. 칭찬 스티커는 외적 동기로, 내가 목표를 달성하면 눈에 보이는 보상을 얻어낼 수 있는 동기를 불러일으키죠. 즉 '스티커'라는 보상을 얻기 위해 그 행동을 하는 거예요. 진심으로 그 행동을 하고 싶어서 하는 게 아니에요. 하지만 내적 동기는 칭찬 스티커가 없어도 스스로 동기를 부여합니다.

시금치를 싫어하는 아이가 지금 당장 칭찬 스티커 때문에 시금치를 먹는 것보다는, 처음에 좀 어려워도 스스로 시금치를 먹을 수 있도록 동기를 부여해야 합니다. 내적 동기는 엄마의 사랑스런 눈빛 응원으로도 가능해요. 꼭 안아주기, 뽀뽀해주기, '사랑해'라고 말하며 다정다감하게 토닥여주기 같은 행동만으로도 아이는 스스로 도전하고자 합니다.

스마트폰과 동영상 제대로 노출하기

형이 보는 교육용 DVD를 보며 한글과 수를 알아가는 걸 보고

교육용 DVD 시청을 시작한 둘째가

유아비디오증후군으로 치료를 받기 시작했어요.

- 엄마 A

세 살 아이가 스마트폰에 중독되어 아침에 눈을 떠서 감을 때까지

손에서 놓지 못하는 사례가 TV에 소개됐는데,

우리 아이가 지금 딱 그래요.

- 엄마 B

요즘 주변 어디에서든 아이 혼자 스마트폰을 보고 있는 모습을 쉽게 만날 수 있어요. 엄마가 스마트폰을 가져갔다고 떼쓰는 아이도 종종 눈에

띠고요. 스마트폰만큼 절제력을 지도하기 어려운 것도 없어요. 엄마가 어찌할지 몰라 우왕좌왕하는 사이 아이는 이미 스마트폰에 길들여져 있지요. 우리 집은 아닐 거야, 우리 집은 해당 사항이 없을 거라 생각할지 모르지만, 우리가 생각하는 것보다 아이들은 아주 빠르게 다양한 미디어에 중독되고 있어요.

미디어의 유용함도 무시할 수는 없지만, 아이들한테 긍정적인 영향보다는 부정적인 영향이 큰 게 사실이에요. 그럼에도 아이 보기 편하다는 이유로 아무 생각 없이 TV, DVD, 스마트폰에 우리 아이들을 노출시킵니다.

절대 보여주지 말라는 게 아니에요. 이왕 보여줄 거면 제대로 된 기준을 가지고 똑똑하게 사용하자는 말이에요.

♥ 우리 집만의 규칙과 기준을 정해요

TV, DVD, 스마트폰을 얼마만큼 시청하게 할지 규칙과 기준을 정할 때, 아이가 어리다면 남편과 상의하세요. 하지만 아이와 대화가 가능하다면 아이와 직접 상의해서 결정해요. 일방적인 규칙이 아니라 서로 조율해서 규칙을 정하는 게 포인트랍니다.

♥ 스마트폰에 있는 캐릭터 관련 앱을 모두 삭제해요

저는 길어야 20분씩 보여주었던 '뽀로로'와 아이의 영상과 관련된 앱을 큰애가 생후 12개월쯤 되었을 때 모두 삭제했어요. 그런데도 아이가 스마트폰만 보면 자신이 보는 영상물 도구로 알고 있더군요.

덕분에 지금 생각해도 가장 잘한 선택이었어요. 돌 전후로 잠깐 보여준 것 빼고는 스마트폰으로 아이한테 영상물을 보여준 게 다섯 손가락 안에 꼽아요. 지금 우리 아이들은 식당에서 스마트폰이 없어도 크게 지루해하지 않고 잘 기다려줍니다.

♥ 아이를 찍은 영상으로 대체하세요

어쩔 수 없이 스마트폰으로 영상물을 보여줘야 한다면 아이를 찍은 영상을 보여주는 것을 추천합니다. 자신의 모습을 재미있어하기도 하는데다, 자존감을 높이는 데도 유효합니다.

♥ 정해진 영상과 시간만큼 보여주세요

영상을 틀기 전에 어떤 영상을 몇 분간 볼 것인지 정하고, 그 약속을 꼭 지켜요. 이는 별 다섯 개일 만큼 아주 중요해요. 나이가 어릴수록 간결하고 짧게 말해요. "뽀로로 하나만 볼까?" 아이도 동의하고 나서 미디어를 시청해요. 말귀를 충분히 알아 듣는 나이라면 영상물의 정확한 이름과 시청 시간을 말해주고 약속을 받아두세요. 미디어 시청 시간을 상의해서 정하는 것도 좋아요.

♥ 엄마의 편의 때문에 미디어에 노출시키지 않아요

엄마가 집안일을 하거나 식당 같은 곳에서 아이를 조용히 하게 할 요량으로 스마트폰(DVD 플레이어 등)은 노출시키지 않아야 해요. 물론 안보여주면 제어가 안 된다는 엄마들도 있어요. 하지만 그건 사전에 규칙 없이 무분별하게 노출했거나 아이가 칭얼거릴 때마다 스마트폰을 제공한 결과입니다.

아이와 함께 식당에 가게 되면, 미리 상의하고 다짐을 받는 것이 좋습니다. "오늘 식당에 가서 엄마 친구들하고 밥을 먹을 거야. 그런데 오늘은 사랑이가 심심하다고 칭얼거려도 스마트폰을 안 줄 거야." 이 말에 아이는 어리둥절해하겠죠.

"대신 스티커랑 그림 그리기 놀이를 가져가자." 대안을 제시하고 식당에서도 응원의 말을 해주세요. "오늘 엄마랑 한 약속 잊지 않았지? 딸기가 스마트폰 없이 얼마나 밥을 잘 먹고 잘 노는지 엄마가 지켜볼게." 다정다감한 말투로 이렇게 말하고 응원해주세요. 그러면 아이들은 생각보다 아주 잘 기다려요.

아이의 성격과 상관없이 모든 아이는 기다리는 것을 지루하고 따분하고 힘들어 해요. 엄마의 사적인 즐거움도 중요하지만, 아이가 힘들어하면 가급적 빨리 자리를 정리하는 게 좋겠지요.

♥ 연령에 맞는 미디어를 시청해요

화면 전환이 빠르거나 폭력적이고 자극적인 영상물은 절대 피하세요. 〈짱구〉나 〈포켓몬〉을 처음부터 끝까지 본 적 있나요? 〈포켓몬〉은 화면 전환도 빠르고, 다양한 빛이나 자극이 많아서 아이들한테 정말 안 좋은 영향을 끼치겠구나 하는 생각이 들었어요.

1997년 12월 일본에서는 〈포켓몬〉이 나온 초창기에 그 빛으로 인해 5세부터 14세 아이들이 집단적으로 발작을 일으켰어요. 구토, 두통, 호흡장애와 함께 눈동자가 풀리면서 실신하는 아이까지 있었고, 증세가 심한 700여 명이 입원했어요. 〈포켓몬〉의 번쩍거리는 자극적인 빛이 아이들에게 충격을 준 거예요(〈TV쇼크〉 참조). 어른과 달리 아이들의 뇌는 성장하고 만들어지는 과정으로 영상물이 얼마나 중요한지 시사하는 사건이었어요.

저는 영어책 부록으로 제공되는 율동 DVD 영상을 추천해요. 아이들이 노래와 율동을 배우면서 신체 놀이도 하고 스트레스도 풀 수 있어 유용합니다.

♥ 잠들기 바로 전에는 시청하지 않아요

눈으로 들어오는 빛을 통해 뇌에 자극이 되기도 하고, 잠들기 전에 시청하면 예민한 아이는 숙면을 취하지 못하는 경향이 있어요.

♥ 가끔씩 같이 시청해요

엄마가 매번 같이 시청할 수는 없겠지만, 가끔은 아이와 같이 보세요. 아이와 함께 줄거리나 등장인물에 대한 이야기도 나누고 영상물에 대한 감상을 공유하는 시간을 가지면 좋아요.

♥ 절대 혼자 보게 해서는 안 된다?

반드시 엄마와 같이 봐야 하는 건 아니에요. 저도 처음에는 전문가들이 하나같이 이렇게 주장해서 무조건 같이 봐야 한다고 생각했어요. 두 아이를 키우고 저만의 육아법을 연구하면서 꼭 그렇게 하지 않아도 된다는 결론에 도달했어요. 큰아이는 제가 없어도 정해진 프로그램만 보고 스스로 TV를 꺼요.

가급적 같이 보면 좋겠지만, 반드시 그럴 필요는 없어요. 똑똑하게 미디어에 노출시키면, 엄마가 집안일을 하는 동안 혼자 보는 것도 나쁘지 않다고 생각해요. 물론 검증된 프로그램에 한해 혼자 보게 해야 합니다.

♥ 거실을 서재처럼 꾸며야 TV를 안 본다?

TV나 스마트폰이 아이 눈에 띄지 않아야 하는 건 맞아요. 미디어 중독을 예방하기 위해 거실에서 TV를 치우라는 조언을 많이 해요. 저는 교과서적인 이야기보다 조금 더 현실적인 이야기를 하고 싶어요.

거실에서 TV를 무조건 치운다고 스마트폰의 이용 시간을 줄일 수 있는 건 아니에요. 당연히 보이지 않으면 찾지 않을 확률은 높기 때문에 미디어를 멀리하기에는 좋은 방법이지만, 어떤 이론이나 방법에 대해 단편적인 부분만 보고 판단하지 않았으면 좋겠어요. 서재처럼 만드는 건 시작에 불과하지, 앞으로도 계속 서재처럼 유지하는 게 더 중요해요. TV가 없는 대신 아이한테 스마트폰이 있다면 이야기가 달라지거든요.

저는 큰아이가 15개월 무렵 〈호비〉를 20분 정도 시청하고 껐더니 뒤로 뒤집어지면서 격하게 반응하는 모습을 보고 정신이 번쩍 들더군요. 미디어를 완전히 배제할 수 없다면, 현명하고 똑똑하게 접해줘야 한다고 생각했어요.

그 이후 식당이나 공공장소, 가족 모임에서 아이의 지루함을 덜어줄 요량으로 스마트폰을 쥐어주지 않았어요. 그랬더니 두 아이는 여행을 가는 4시간의 이동 시간에 영상물이 없어도 징징거리지 않아요. 이제 엄마의 선택만 남았어요.

엄마의 선택

① A 사이클

식당에서 난리를 친다, 잠재우기 위해 보여준다, 조용히 잘 본다, 스마트폰을 끈다, 다시 보여달라고 징징거린다, 엄마가 뭘 좀 하려면 난리를 친다, 스마트폰을 보여준다, 그러다 심심할 때마다 보여달라고 징징거린다, 안 된다고 단호하게 말한다, 떼쓴다, 그러다 다시 보여주는 사이클이 반복된다.

② B 사이클

스마트폰을 약속한 시간에만 보여준다, 미리 이야기하고 끈다, 약간 칭얼거린다, 안 보여준다, 징징거리지 않는다.

"우리 마음이,
동생이 네 물건
막 가져가서 화가 났구나?
(공감하기 스킬)"

"응,
내거
막 가져갔어!"

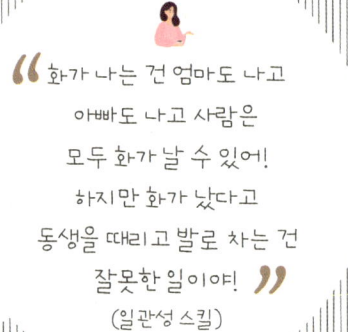

"화가 나는 건 엄마도 나고
아빠도 나고 사람은
모두 화가 날 수 있어!
하지만 화가 났다고
동생을 때리고 발로 차는 건
잘못한 일이야!
(일관성 스킬)"

"응,
알겠어요."

chapter 3

엄마 없이도 당당한 우리 아이

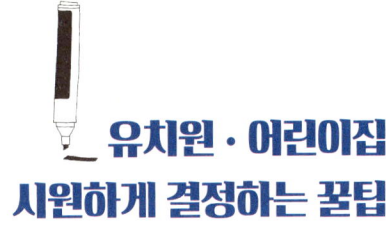

유치원·어린이집 시원하게 결정하는 꿀팁

어린이집 보내는 시기

육아는 고민을 안 할 때가 있을까 싶을 만큼 무수히 많은 고민과 선택의 연속입니다. 산후조리원 vs 산후도우미, 분유 vs 모유, 문센(문화센터) 시간 vs 낮잠 시간…. 끝이 아닙니다. 어린이 집에 보낼지 말지, 보낸다면 언제 보낼지도 고민해야하죠. 또한 엄마들끼리도 의견이 갈립니다. 그렇게 시소의 양 끝처럼 나뉜 이 의견, 저 의견을 참고하며 엉덩방아를 찧다가 정신을 차리고 결정을 내리게 되죠.

'그래 결심했어! 일도 해야 하고, 내 인생을 찾아야겠어! 아직 어리지만 충분히 잘 적응할 거야. 두 돌은 지났으니까 괜찮을 거야! 전문가들은 36개월이라고 말했지만 그게 그렇게 중요한가? 그래도 조금만 참으면 되는데…. 아니야, 지금은 엄마랑 노는 게 더 좋을 거야. 1년만 참았다가 보내자!'

한때 저도 36개월 이전에 어린이집에 보내는 것에 반대했어요. 지금도 제 기준에서는 일찍 보내는 것을 환영하는 입장은 아니랍니다. 하지만, 제 의견이 정답인 것도 아니죠. 결론부터 말하자면 '각자 상황마다 다르다'입니다. 이렇게 무책임한 말을 할 수 있느냐고 하겠지만, 엄연한 사실입니다. 육아 문제로 갈팡질팡하다 보면 보편적이고 일반적인 정답을 찾아 헤맬 때가 있어요. 그래야 마음이 편하거든요.

어린이집을 보내는 시기도 언제 보내느냐보다는 '왜 보내느냐'가 훨씬 중요해요. 지금까지는 아이의 뇌 발달이나 정서적 영향에 초점을 맞추었다면, 이제는 아이의 행복, 엄마의 사회적 능력, 각기 다른 가정의 상황 등을 다각적으로 검토한 다음 결정해야 합니다. 만약 당신이 엄마와 함께 있는 시간에 중점을 두고, 아이의 정서에 어린이집이 부정적인 영향력을 준다고 생각한다면 조금 더 늦게 어린이집에 보내면 돼요. 또 반대로, 나는 경제적인 여유도 없고, 일도 포기하고 싶지 않다면 조금 일찍 보낼 수도 있겠죠.

♥ 워킹맘과 전업맘

3세 이전에는 엄마가 데리고 있는 것이 좋다는 의견을 들으면, 워킹맘은 죄책감 아닌 죄책감을 느낍니다. 어린이집에 보내는 문제를 놓고 갈등하는 엄마가 많아요. 저는 어린이집이 '최선'이 아니라는 것에 한 표 던지고 싶어요.

엄마들과 이야기를 하다 보면 전업맘인데도 "둘째도 가져야 해서 아이를 어린이집에 보내려고요."라는 이야기를 들어요. 어린이집을 최선책으로 놓고 무조건 보내야 한다고 생각하는 거예요. 하지만 나와 우리 아이, 가정을 위한 최선이 무엇인지 꼼꼼하게 다시 점검해볼 필요가 있어요. ==특히 엄마는 아이를 '언제 보내느냐'보다 '왜 보내야 하는지'에 대한 자기 자신만의 답을 찾아야 해요.==

🍯 워킹맘이라면?

　최대한 육아 휴직을 활용합니다. 모든 회사가 육아 휴직을 마음대로 쓸 수 있는 건 아니지요. 현실적으로 쓸 수 있는(눈치를 보면서까지) 최대치를 끌어 모아 휴직을 쓰세요. 남편도 육아 휴직을 쓸 수 있는지 알아봐요. 남편은 절대 안 될 거라고 지레짐작하지 마세요. 금도끼 은도끼를 건네주는 산신령 대안을 만날지도 모르니까요.

　그 다음엔, 시댁이나 친정 부모님께 맡길 수 있는지 슬쩍 확인해봅니다. 다짜고짜 대놓고 부탁하기보다 몇 달 전부터 운을 떼보세요. 물론 아이를 봐주실 수 있는 여력이 있는 부모님에 한해서요. 믿을 만한 베이비시터를 구할 수 있는지도 알아봅니다. 이때는 경제적인 비용도 계산해봐야 합니다. 부부가 충분히 상의하고 결정한 뒤 실행에 옮기세요. 또 주변에 좋다고 소문난 어린이집도 알아봅니다.

전업맘이라면?

전업맘이라면 아이를 기관에 보내고 싶은 명확한 이유를 찾아야 해요. 이유를 고심하고 고심해서, 나와 아이 그리고 우리 가족 모두를 위한 최선의 선택을 해야해요. 고민이 많을 전업맘에게 제가 주위에서 만나거나 직접 겪은, 전업맘의 7가지 고민을 소개해 드릴게요.

전업맘의 고민

① 무상 보육인데 내가 데리고 있을 이유가 없는 것 같아서요

제가 육아를 하며 받았던 최악의 질문이 있어요. "어린이집이 공짜인데 왜 안 보내?" 이런 황당무계한 질문에 어떻게 대답했는지도 기억나지 않지만, 무상 보육이라는 이유만으로 내 아이를 다른 사람 손에 맡긴다는 게 저는 납득이 가지 않았어요. 적어도 우리 가족 모두를 위한 타당한 이유를 찾아야 하지 않을까요?

② 여유롭게 살림할 시간이 없어서요

이런 이유라면 내가 여유롭게 살림하는 게 우선인지, 아이와 함께하는 게 우선인지 생각해보세요. 두 마리 토끼를 잡고 싶었던 저는 둘째를 낳고 백일 동안 가사 도우미 찬스를 썼어요. 그 비용이 만만치 않았지만 저의 체력이 더 소중했고, 앞으로의 체력 비축을 위해 지금은 쉬는 것이 정답이라는 결론에 이르렀지요. 경제적 비용을 지불해야 했지만, 우리 가족을 위한 최선의 선택이었다고 생각해요.

매일 가사 도우미를 쓸 수 없다면 주 2회만 도움을 받아도 좀 버틸 만해요. 아이를 어린이집에 보내는 것만이 최선책은 아니랍니다.

③ 애들 식사를 챙길 여유가 전혀 없어서요

아이들 밥을 챙길 여유가 정말로 없나요? 아니면 더 잘해주고 싶은 욕심은 아닌가요? 저는 반가공 식품을 사먹는 것도 추천해요. 잘 차려주는 것도 좋지만 간단하지만 균형 잡힌 식단으로도 충분해요. 거기에 엄마 체력을 아끼는 건 기본이죠.

④ 체력적으로 너무 힘들어서요

건강이 너무 나빠서 누워 있거나 아이를 안거나 업지도 못하는 상태인가요? 그런 게 아니라면 아이를 돌보면서 치료를 받을 수 있는 방법을 알아보세요. 대부분 허리나 손목 등이 안 좋거나 딱히 병명을 알 수 없는 체력 저하가 주된 증상이에요. 저도 체력이 좋았지만, 두 아이를 출산하고 나니 몸 상태가 엉망이 되더군요.

혹시 우울증으로 자해를 할 만큼 심각한 상태라면 전문의의 도움을 받아야 해요. 그 정도가 아니라면 병원에서 치료를 받으면서 아이를 돌볼 수 있는 방법을 먼저 생각해봐야죠. 아이를 기관에 맡김으로써 모든 게 해결될 거라는 생각은 최선의 선택이 아니랍니다.

⑤ 둘째를 임신하면 아이를 돌보기 힘들 것 같아서요

저도 그랬어요. 한 달가량을 친정엄마가 큰아이를 데리고 출근하셨답니다. 제가 처음부터 부탁했던 건 아니고, 입덧이 너무 심해 3일째 누워 있었더니 친정엄마가 어떻게든 데리고 다녀보겠다고 하셨어요. 다행히 입덧이 점점 나아져서 큰아이를 돌보며 마지막 자유의 시간을 만끽했죠. 둘째를 기다리며 큰애와 함께했던 시간이 정말 행복했던 것 같아요. 같이 병원도 다녔던 소중한 추억입니다.

⑥ 둘째를 낳고 감당이 안 돼서 두 아이를 보내고 싶어요

아이의 개월 수가 중요한 것 같아요. 연년생 아이 엄마들은 진짜 힘들어해요. 첫째도 아가인데 둘째까지 돌보려면 체력적으로도 힘이 부치거든요. 정부에서 제공하는 돌봄 서비스에 대해서도 알아보세요. 주 3회만 돌봄 서비스를 받아도 숨통이 틔우니까요. 이 정도만 도움을 받아도 무조건 어린이집에 보내야겠다는 생각은 안 들기도 해요.

⑦ 아이가 자기밖에 모르고 사회성이 부족한 것 같아요

당연히 3세 이전 아이들은 자기밖에 몰라요. 자기 위주로 사고하기 때문이에요. 우리가 생각하는 사회성은 가정에서 먼저 이뤄지는 거지, 어린이집에 보낸다고 사회성이 키워지는 건 아니에요. 이런 이유라면 기관에 보내는 시기를 조금 늦추라고 말하고 싶어요. 저는 두 아이를 4살부터 기관에 보냈어요. 지금까지의 사회적인 경력을 모두 내려놓고 온전히 '엄마'

가 되었죠. 저는 제가 하는 일에 욕심이 많을 만큼 꽤 이기적인 엄마예요. 그럼에도 어린이집이 최선이 아니라고 생각했고, 이런 결심을 하게 된 계기가 있어요.

아이들의 인생에서 온전히 24시간을 엄마와 함께할 시간을 따져봤더니 앞으로 그럴 기회가 없더군요. 그래서 3년만 해보자고 생각했어요. 지금 아니면 언제 강아지 같은 아이들과 긴밀한 시간을 보내겠나 싶었어요. 제 인생에서 후회하지 않는 선택 중 하나랍니다. 하지만 이건 제 기준에 맞는 선택일 뿐이에요. 각자 자신의 상황에서 최선의 선택을 하면 된답니다.

♥ 유치원/어린이집 알아보기

유치원은 국립, 공립, 사립으로 나뉘고 어린이집은 국공립, 법인, 민간, 가정, 부모협동으로 나눌 수 있어요. 유치원과 어린이집이 소속이 다르고 조금 다양하게 분류되지만, 실상을 들여다보면 별반 다르지 않아요. 큰 틀은 미취학 아동을 보호하고 교육하는 맥락에서 이루어진다고 할 수 있어요. 보통 엄마들이 어린이집은 보육, 유치원은 교육이라는 단순 이분법적인 분류를 하고 판단하거든요.

어린이집에서도 교육을 하고 유치원에서도 보육을 합니다. 2012년부터 국가주도하에 표준교육과정을 개발해 어린이집과 유치원에서 운영하고 있으며, 2013년부터는 누리과정으로 동일한 교육 과정으로 교육하고 있어요. 다만 어린이집이 1세부터 7세까지 보낼 수 있다면, 유치원은 유아교육법에 따라 설립, 운영되는 곳이라 5세부터 7세까지 등록이 가능합니다.

♥ 기관 찾기

이제 좀 육아에 적응했다 싶으니 입소대기니 하는 새로운 단어와 난관에 봉착해요. 정신 바짝 차리고 어린이집과 유치원을 돌며 상담해야 합니다. 하루가 멀다 하고 어린이집 사건 사고가 일어나니 엄마들이 불안해하는 건 당연해요. 믿고 맡길 수 있는 어린이집, 유치원이라면 당장 아무 고민 없이 등록할 텐데요.

저는 기관을 돌아다니면서 많은 것을 깨달았어요. 내가 아무리 매의 눈으로 레이더를 세워도 결국 주관적인 느낌으로 선택하는 거지, 하루 종일 함께 생활하지 않는 한 객관적인 지표로 선택할 수 없다는 사실을 말이에요. 조리사가 직접 조리하는 과정도 볼 수 없어요. 수업 시간을 공개적으로 보여주지도 않아요. 선생님의 경력도 공개하지도 않고요. 프로그램도 어느 회사인지 일일이 물어봐야만 알 수 있어요. 이때 대답하기를 꺼려하는 원장님도 있어요. 우리가 알 수 있는 건 원장님과의 상담에서 질의응답으로 들은 정보와 눈으로 보이는 모습 그리고 엄마들의 소문과 인터넷에 떠도는 이야기뿐이에요.

가장 먼저 아이의 성향과 가정의 상황을 고려한 뒤 적당한 기관을 찾는 게 좋아요. 우리 아이가 많은 아이들과 어울리는 걸 좋아하는지, 뛰어노는 기관을 선호할지, 다양한 프로그램을 좋아할지, 언어에 관심이 많아 언어가 특성화된 곳이 좋은지 등의 사항을 고려해서 적합한 기관을 찾은 다음 상담해야 합니다.

저는 처음에는 가정식 어린이집을 선호하지 않았어요. 그래서 큰아이가 4세 때 정원이 120명인 어린이집에 보냈어요.

아무래도 가정식 어린이집은 공간이 제한적이라 아이들이 마음껏 뛰어놀 수 있는 마당이나 놀이터가 여의치 않고 바깥 활동이 적다는 단점이 있어요. 또 영유아들과 같이 보육을 하다 보니 상대적으로 4세 아이들을 큰 아이처럼 대우하는 게 싫었어요. 그런데 둘째는 4세 때 가정식 어린이집에 보냈는데, 7명만 있는 반에서 내 집처럼 편안한 분위기에서 1년을 보냈어요. 집에서는 막둥이, 귀염둥이 취급을 받는 아이가 그곳에서는 언니로서 큰 아이 대우를 받으니 나름 좋은 효과도 있었어요. 일부러 가정식을 선택한 건 아니었는데, 바람직한 결과를 가져왔지요.

아무리 엄마가 잘 파악한다 해도 놓치는 부분이 있을 수 있고, 최선의 선택이라 해도 후회할 수 있다는 점을 염두에 두세요.

♥ 어린이집을 선택할 때 고려할 사항

- 원에서 생활하는 시간
- 내 아이의 성향

- 내가 중시하는 것을 적어보기
- 방문 상담할 기관 추리기

거리가 가까운 곳을 선호하는지, 멀어도 기관만 좋다면 상관없는지, 프로그램이 우선인지, 발표회를 하지 않는 원을 선호하는지, 생태 교육을 중시하는지, 먹을거리는 믿을 만한지, 안전한지 등 내가 선호하는 것을 적어봅니다. 그리고 유치원이 좋은지, 어린이집이 좋은지, 가정식인지, 사립인지, 전체 인원은 얼마나 되는지 등 큰 그림을 그리며 아이가 기관에 있어야 하는 시간, 성향, 내가 중시하는 것을 비교해 보며 상담 갈 기관을 추려보세요.

♥ 엄마의 레이더로 최선의 기관 선택 방법

① 입소문 알아보기

입소문은 잘못된 정보일 수도 있다는 단점이 있지만, 가장 현실적이면서 실제적인 정보라는 것도 사실이에요. 전해들은 이야기 말고 직접 그 기관에 보낸 엄마들을 찾아가서 왜 그곳에 보냈는지, 얼마나 만족하는지, 단점은 무엇인지 등의 정보를 파악하는 게 중요해요. 제 경우는 전혀 친분이 없는 사람에게 그 기관에 대해 물어보았어요. 그래야 객관적인 정보를 얻을 수 있거든요. 때로는 특기 수업을 하는 선생님을 수소문해서 그곳 분위기에 대해 솔직하게 말해달라고 부탁할 수도 있어요.

② 상담에서 확인할 수 있는 정보

상담을 가서 직접 확인할 수 있는 것을 자세히 살펴보세요. 교육 계획안을 살펴본다든지, 원장실에 붙어 있는 자료를 통해 어떤 식으로 운영, 교육하고 있는지 파악합니다.

③ 운행 차량 살펴보기

아이들이 차량을 타고 내릴 때 어떻게 관리하는지, 신호대기 시 선생님이 어떤 표정으로 아이를 보살피는지 등을 확인해보세요. 저는 아이가 타고 내릴 때 안전을 제대로 지키지 않는 기관은 아예 제외했어요. 차 안에서 선생님이 아이들의 모습을 이따금씩 확인하는 기관은 좋은 점수를 주고 리스트에 올렸죠. 차량 지도 선생님에 따라 다르겠지만 그래도 후한 점수를 줬어요.

④ 객관적 지표로 알아보기

지금까지 알아본 내용이 주관적인 정보였다면, 객관적인 지표를 파악할 수 있도록 사이트에 들어가 기관을 분석하고 판단해요. 유치원 알리미 사이트에 가면 유치원과 어린이집을 비교해볼 수 있고, 기본적인 운영 현황을 확인할 수 있어요. 건물이 자가인지 아닌지, 총 인가 인원수, 현재 정원 수, 교사의 경력, 경력에 따른 비율, 전체 원아와 교사의 비율, CCTV 설치 개수, 조리사나 영양사, 취사부 인원, 차량 등록 수, 교실 수, 전체 건물 면적, 어린이집이라면 평가인증 점수가 영역별로 정확하게 나와 있어요.

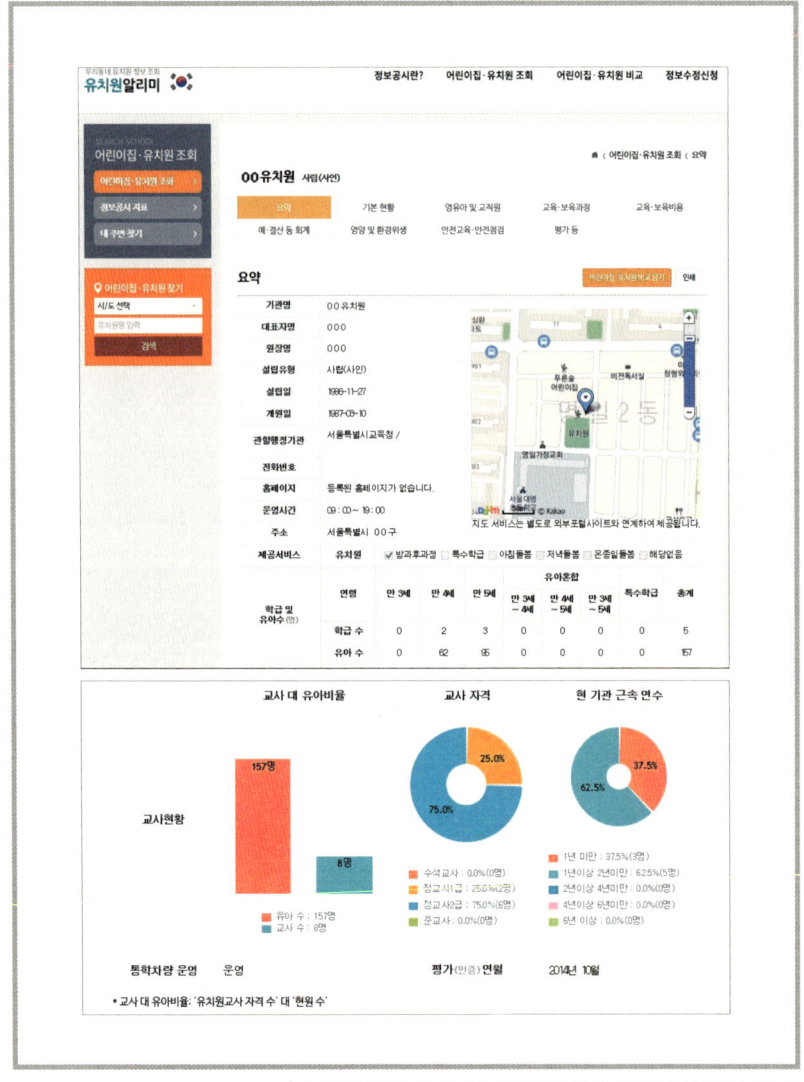

출처: "어린이집·유치원 조회."(2018년 8월 22일) 유치원 알리미, https://e-childschoolinfo.moe.go.kr

♥ 방문 상담 시 알아두면 좋은 것

우리 아이를 보내고 싶은 기관을 정했다면, 이제 방문 상담을 해야 해요. 객관적인 지표로 확인한 내용은 누구나 알 수 있는 정보랍니다. 엄마의 촉, 눈과 귀, 온 감각을 이용해 주관적이지만 귀한 정보를 알아낼 수 있어요. 바로 방문 상담이죠. 방문 상담 시 물어보고 확인하면 좋을 20가지 질문을 아래에 소개합니다.

① 놀이터는 안전한가? 아이들이 놀기에 충분한 공간인가?

가끔 무늬만 놀이터인 곳도 있는데, 이런 기관은 피하는 게 좋아요. 아이들이 수시로 이용하는 놀이 시설이 허술하다면 아이들을 위한 교육을 한다고 볼 수 없어요.

② 놀이터 이외에 뛰어놀 수 있는 공간은 충분한가?

놀이터를 확인했다면 상담 시 바깥 활동이 얼마나 이루어지는지 확인해요. 주 몇 회 나가는지, 비가 올 때는 어떻게 활동하는지, 대체할 만한 유희실이 있는지 알아봅니다.

③ 등원과 하원 시 차량을 타고 내릴 때 위험한 요소는 없는가?

비가 올 때를 대비해 천막이 있는 공간을 제공하는 기관이 있어요. 주변 도로와 너무 밀접한 건 아닌지 혹시 아이가 밖으로 쉽게 나갈 수 있는 구조는 아닌지 살펴보세요.

④ 아이들이 드나드는 현관문은 안전한가?

아이들이 드나드는 현관문에 안전장치가 없다면 문제가 많은 기관일 확률이 높아요.

⑤ 위험해 보이는 시설이나 장소는 없는가?

이 부분에서 높은 점수를 줄 수 없다면, 차량이라든지 전반적인 안전교육이나 어린이 보호에 소홀할 수 있어요. 예를 들어, 아이들이 오르내리는 계단에 도기 화분이 비치되어 있는 건 아닌지, 계단에 위험한 물건은 없는지 등을 살펴보세요.

⑥ 교실 외에 산만하고 비위생적인 곳은 없는가?

아이들이 생활하는 공간이라 정리 정돈이 완벽할 수 없는 것은 맞아요. 하지만 아이들 신발이 여기저기 나뒹굴거나 옷이 정돈되지 않았다면 기본적인 생활습관 지도가 제대로 안 된다는 말이에요. 교사들이 어떤 마음으로 교육하는지 어느 정도 짐작할 수 있는 부분이에요.

⑦ 원장실이나 상담실이 아닌 다른 곳을 보여주길 꺼려하는가?

상담을 왔다면 자연스럽게 다른 시설도 보여줘야 하는데 원장님이 입구에서부터 방어적인 자세를 보여요. 또 학부모가 둘러보기 전에 원장님이 인기척을 하며 학부모가 왔다는 사실을 선생님한테 알려준다면 좋은 점수를 줄 수 없어요.

⑧ 교실 크기는 적당한가?

반을 많이 개설하기 위해 처음부터 교실을 작게 짓는 기관도 있어요. 교실의 크기가 인원수에 비해 적당한지 점검해보세요.

⑨ 교실에 영역별 교구가 제대로 비치되어 있는가?

영역별 교구가 부실해 보이거나 전혀 없는 곳도 있어요. 아이들이 자유 선택 놀이를 할 때 가지고 놀 수 있는 장난감이 충분한지 확인해야 합니다(역할, 수·조작, 과학, 쌓기, 조형, 음률, 언어).

⑩ 교실 환경은 깔끔한가?

선생님이 지저분하게 주변을 꾸며놓지 않았는지 살펴보세요. 요즘은 벽을 꾸미는 대신 깔끔하고 심플하게 인테리어를 하는 추세지만, 아직도 옛날 방식 그대로 교실을 꾸미는 곳도 있어요. 아이들을 지도하고 수업 준비를 하기에도 바쁜 선생님들이 이런 업무까지 가중되면 체력과 시간적으로 많이 힘들겠죠.

⑪ 화장실은 교실 안에 있는가? 층마다 있는가?

화장실이 교실 안에 있어도, 층마다 있어도 각기 장단점이 있어요.

4~6세 아이들은 배변 처리가 힘들기 때문에 화장실이 교실 밖에 있으면 난감한 상황이 많아요. 화장실이 교실 안에 있으면 선생님이 언제든지 가서 도와줄 수 있고, 교실에 있는 아이들도 지도가 가능해요.

반대로 화장실이 교실 안에 있으면 냄새에 민감한 아이들은 싫어할 수 있어요. 조용히 배변을 처리하고 싶은 성향의 아이는 수시로 아이들이 드나들어 신경 쓰이기도 해요. 어느 것이 좋다기보다 기관의 규모나 상황에 따라 판단할 문제입니다.

⑫ 냉난방 시설이 제대로 설치되어 있는지 확인해요

언젠가 유치원에 상담을 갔는데, 복도는 어두컴컴하고 두꺼운 점퍼를 입었는데도 너무 추웠어요. 난방을 충분히 하지 않는다는 증거지요. 운영비를 아끼는 건 맞지만, 아이들이 추위를 느낄 만큼 난방을 하지 않는다면 문제가 있다고 생각해요.

⑬ 발표회나 전시회는 얼마나 자주 하는가?

대외적으로 학부모들에게 보이기 위한 발표회를 많이 하지 않는지 살펴보세요. 가끔 "발표회는 얼마나 하나요?"라고 질문하면 원장님들이 학부모의 성향을 파악하기 시작해요. 이 엄마가 행사를 좋아해서 묻는 건지, 싫어해서 묻는 건지 말이에요. 원장님은 엄마의 성향에 따라 적당히 얼버무리듯 상담합니다. 그럴 때는 올해 진행했던 행사를 전부 말해달라고 이야기하면 됩니다.

⑭ 체험 학습은 얼마나 하는가?

요즘은 한 달에 한 번 정도는 체험 학습이나 야외 학습을 하는 편이에요. 차량을 이용해 아이들을 데리고 나가기 때문에 번거로운 게 사실이지만, 아이들 입장에서는 색다른 경험을 할 수 있기 때문에 체험 학습을 좋아합니다. 얼마나 자주 야외로 나가는 체험 학습을 하는지 알아보세요. 그런데 안전상의 이유로 야외 학습을 싫어하는 엄마들도 간혹 있더군요.

⑮ 차량 운행

차량을 몇 대나 운행하는지 살펴보세요. 간혹 10분이면 가는 거리를 대형 버스로 이동하기 때문에 40분이나 차량에 타고 있는 아이도 있어요. 집에서 기관까지 거리가 가까운 것만 생각하면 안 돼요.

⑯ 교육 프로그램

방과 후와 특성화 교육은 어떻게 운영하며 어떤 과목이 있는지, 주 몇 회나 수업을 하고 1회당 수업 시간은 얼마나 되는지 자세히 살펴보세요. 유치원과 어린이집은 운영 방식은 조금씩 달라요. 특성화 교육은 이 기관에서 어떤 것을 중시하는지 알 수 있는 근거가 됩니다(미술, 과학, 발레, 영어, 요가, 체육 등).

⑰ 원장님의 자질과 교육관

상담을 할 때 원장님의 태도와 교육관을 잘 살피세요. 저는 상담을 하러 가면 이 두 가지 질문은 꼭 해요.

"원장님은 아이들을 대할 때 무엇이 가장 중요하다고 생각하세요?"

"선생님의 자질 중에서 가장 중요하게 생각하는 게 무엇인가요?"

확실한 교육관을 갖고 있다면 술술 대답을 하고, 그 대답에 따라 원장님을 판단해요. 아이를 유치하기 위해 부모 입맛에 맞는 상담을 하는 건 아닌지 살펴보세요. 어떤 학부모와 상담해도 한결같은 마음으로 자신의 교육 철학과 운영 방식 등을 진솔하게 말해주면 아무래도 더 신뢰감이 가지요. 저는 자리를 자주 비우는 원장님보다는 상주하며 원을 관리하는 원장님을 선호하는 편입니다.

⑱ 종일반 운영은 몇 시까지 하는가?

종일반 선생님이 따로 있는지, 아니면 선생님들이 돌아가며 봐주는지, 각 반의 선생님이 맡아서 하는지 알아보세요. 운영 방식에 따라 장단점을 파악하고 판단하면 됩니다.

⑲ 기타 비용은 얼마나 되는가?

입학금, 원복, 현장 학습비 등 기본적인 비용과 따로 부담하는 비용은 없는지 정확하게 확인해야 합니다.

⑳ 따로 챙겨 보내는 준비물이 있는가?

식판, 개인 수건, 칫솔 등 따로 챙겨 보내야 하는 물건을 확인해요. 법적으로 걸 수 없는 물품을 걷는 기관도 있어요. 개인이 준비해야 하는 물건이 너무 많지 않은지 알아보세요.

♥ 상담이 가능한 시기

보통 10월부터 11월 초까지 각 기관에서 재원 신청서를 받아요. 11월 초에 국공립 유치원 접수를 시작합니다. 그리고 11월 말쯤 국공립 발표가 있어요. 평가인증을 하는 어린이집이라면 9월에서 10월이 바빠요. 재인증을 받는 원을 포함해서요. 3월은 새 학기라 각 기관이 바쁘고 4월에는 대체로 1학기 방문 상담을 합니다.

이런 일정을 고려해서 방문 상담을 예약하면 좋아요. 내년에 보내야 하는데 부랴부랴 서둘러 상담하기보다는 미리 상담하길 추천해요. 그래야 여유 있게 결정할 수 있으니까요.

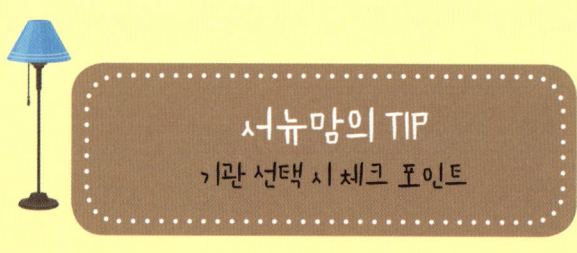
서뉴맘의 TIP
기관 선택 시 체크 포인트

❖ 겉만 그럴듯한 기관도 있어요. 다양한 프로그램을 내세워 엄마들을 현혹하는 광고성 멘트를 하는 기관이 대표적이에요.

❖ 교육을 하며 돈을 버는지, 돈을 벌기 위해 기관을 운영하는지 살펴요.

❖ 과도하게 많은 비용을 걷는 기관도 있어요. 특별활동비 말고도 원복비가 상식 이상으로 비싸다든지, 야외 체험 활동비를 많이 걷는다든지 등을 체크해요.

❖ 엄마의 요구 사항에 따라 그때그때 말을 교묘하게 바꿔 상담하는 건 아닌지 살펴요. 제가 이런 경험이 있어요. 저는 발표회를 하는 기관을 선호하지 않는데, 원장님이 자랑처럼 말씀하더라고요. 재롱 발표회 사진을 보여주며 처음에는 이런 행사를 실시했지만 학부모들이 선호하지 않아 발표회를 축소했다는 거예요. 엄마들의 요구를 수용하는 건 긍정적이지만, 뚜렷한 소신이 없는 원장님의 교육 마인드가 아쉬웠어요.

❖ 다양한 행사를 진행할 때 체계가 잡혀 있는 기관이 좋아요. 입학식이나 오리엔테이션 등을 진행할 때 질서 정연하게 인솔하는 모습을 보면 선생님들에 대한 신뢰가 가요.

❖ 제 경우는 집에서의 거리보다 기관의 운영 방식과 아이가 머무는 시간이 더 중요했어요. 거리가 멀어서 차를 태워 보내는 걸 싫어하는 엄마도 있지만, 저는 차를 오래 타더라도 원에 있는 시간이 훨씬 길기 때문에 더 안전하고 즐겁

게 생활할 수 있는 곳을 선호합니다.

❖ 전화 상담을 하는 원장님의 태도도 중요해요. 보통 원아 모집을 위해 한창 상담 중인 11월 이후에는 원장님들도 예민한 상태예요. 전화를 했을 때 대응하는 방법이나 태도를 보고 판단했어요. 보통 이 기관에 보내고 싶다는 의사를 밝힌 학부모 위주로 상담을 진행한다는 느낌을 받았기 때문입니다.

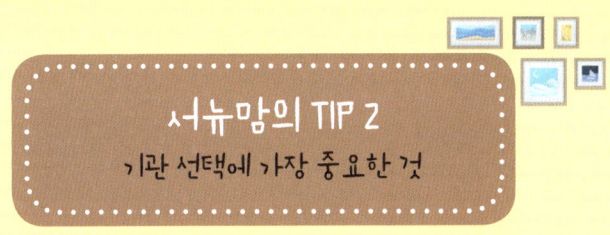

기관을 선택할 때는 꼼꼼하게 따지고 살펴봐야 해요. 아이의 인생에서 처음으로 경험하는 공동생활이기 때문입니다. 이 과정에서부터 의심이 싹 트면, 그 의심이 불안과 두려움을 낳게 되고, 그 불안과 두려움이 과도한 불신을 불러올 수도 있어요.

엄마이기 때문에 후회 없는 선택을 하고 싶은 건 맞아요. 하지만 완벽한 선택은 없다는 사실을 기억했으면 좋겠어요. 100% 만족할 수 있는 기관을 선택한다는 건 쉬운 일이 아니에요. 저 역시 100% 만족한 건 아니지만, 꼼꼼하게 알아본 만큼 후회가 덜한 것도 사실이에요.

또 무턱대고 아무 근거도 없이 무한 신뢰를 보냈던 기관에 실망하고 속상해하는 경우도 많이 보았어요. 제아무리 잘 선택했어도 엄마들 사이에 회자되는 명언이 있어요. "아무리 어린이집이 좋아도 담임을 잘 만나야 된다." 정말 열 번 고개를 끄덕이게 하는 명언입니다.

울던 아이도 금세 적응하는 엄마의 스킬

세상의 모든 부모들이 아이를 처음 기관에 보내면서 많은 걱정에 휩싸여요. 아이가 잘 다닐까? 좋은 담임선생님을 만날까? 지금 보내는 게 잘한 선택일까? 우리 아이하고 잘 맞는 곳일까? 아이가 낯선 곳에 가서 제대로 적응할지 신경 쓰이는 건 당연해요. 그런데 아이를 적응시키기 전에 중요하게 생각해야 할 부분이 있어요.

연령에 따라 다르지만, 아이가 울지 않고 기관에 가는 게 가장 중요하지는 않다는 거예요. 울면서 갈 수도 있고, 처음에는 어색한 게 당연해요. 엄마들은 아이가 울지 않고 차를 타면 잘 적응할 거라 생각하는데, 이는 착각일 수도 있어요. 많은 아이가 세상에 나온 지 고작 50개월 미만일 텐데. 우는 것도 적응하는 과정이고, 엄마와 떨어지고 싶지 않은 것도 아이의 마음이고, 낯선 환경에 스트레스를 받는 것도 아이가 겪어야 하는 과정입니다.

♥ 어린이집에 다닐 거라고 미리 이야기해주세요

엄마가 상담을 다니게 되면 아이한테도 자연스럽게 기관에 대한 이야기를 하게 돼요. 어린이집에 가면 선생님도 있고, 친구들이랑 재미있게 놀 거라고 말이에요. 이때 엄마는 걱정되고 불안한 상태가 아니라 최대한 밝고 기대에 찬 마음으로 자연스럽게 말해야 합니다. 아이가 엄마의 말을 듣고 '그런 곳이 있단 말이야. 와, 기대된다!' 하는 심정으로 설레게 만드는 과정이에요.

특히 낯선 상황이나 처음 보는 사람을 두려워하는 아이한테는 정말 중요해요. 그렇다고 너무 자주 말하면 안 되고, 12월 즈음 기관이 결정되면 살짝 언지만 주세요. 본격적으로 기관에 가기 한 달 전인 2월쯤 다시 이야기를 하면 좋아요. 상담을 다닐 때 아이와 같이 가는 것도 추천해요. 하지만 때로는 역효과를 불러올 수도 있으니, 아이의 성향을 잘 파악해서 결정하세요.

♥ 어린이집 패턴에 맞춰 집에서도 생활해요

기관이 결정되면 늦게 일어나고 늦게 자는 습관을 개선하고 규칙적인 생활을 해요. 갑자기 환경이 바뀌면 아이가 스트레스를 받을 수도 있어요.

♥ 밥을 식판에 담아 먹이세요

어린이집에서는 집에서처럼 엄마가 밥을 먹여주지 않아요. 저는 어린이집에 가기 전에 식판에 음식을 담아 주기 시작했어요. 식판에 먹는 연습도 시키고, 식습관도 잡아줄 겸 시도했는데 대성공이었답니다. 아이가 갑자기 달라진 환경에 적응하는 것도 쉽지 않을 텐데, 식판에 먹는 것만이라도 익숙한 상태라면 덜 당황하지 않을까요?

♥ 혼자 할 수 있는 것은 스스로 할 수 있게 해요

옷 입기, 양말 신기, 신발 신기, 정돈하기 등 선생님이 도와주기도 하지만 엄마처럼 해줄 수는 없어요. 아이 스스로 혼자 할 수 있도록 훈련시키면 좋아요.

♥ 타고 다닐 어린이집 차량이 지나갈 때 구경시켜주세요

대부분의 어린이집 버스는 노란색이에요. 〈타요〉를 좋아하는 아이들은 '라니'라고도 하더라고요. 저는 큰애한테는 옐로 버스라고 말해주었어요. 단순히 버스라기보다는 친근한 별명을 지어주는 게 좋아요. 앞으로 옐로 버스를 타고 어린이집에 가면 엄청 재미있을 거라고 신나게 말해요. 지나가는 버스만 봐도 타고 싶게 만드는 거예요. 유치원에 가는 것도 중요하지만, 일단 버스를 타야 하니까요.

♥ 기관에서 하는 오티에 같이 참석하세요

요즘은 기관에서 아이들이 적응할 수 있도록 다양한 프로그램을 마련한답니다. 대부분 아이들이 입학하기 전에 필요에 따라 오티를 진행해요. 아이와 함께 가서 가방도 받아오고 어린이집 구경도 하면서 새로운 장소에 대한 기대감을 갖게 해주세요. 이런 과정을 통해 아이가 기관에 빨리 적응할 수 있답니다.

♥ 어린이집 놀이터에 놀러 가요

오티 말고도 원생들이 하원하고 나서 어린이집 놀이터에 다녀오세요. 오티 때는 아이들이 많아 제대로 구경하기 어렵고 어리둥절해할 거예요. 따로 방문해서 아이가 마음껏 주변을 탐색하며 친근감을 가질 수 있는 기회를 제공하세요.

♥ 친구들과 즐겁게 장난감을 가지고 논다고 말해요

엄마와 떨어진다는 사실에 불안을 느끼는 아이한테 놀러 가는 느낌을 심어주세요.

"가서 재미있게 놀다 와. 블록도 있고 소꿉놀이도 있어. (아이들이 좋아하는 장난감) 그거 가지고 친구들이랑 재미있게 노는 거야."

이렇게 친구들하고 놀 거라고 말해주세요. 한창 또래 관계에 눈뜨기 시작하는 시기라 기관을 받아들일 때도 한결 마음이 편할 거예요.

♥ 아이가 울거나 가기 싫다고 보채도 불안해하지 마세요

엄마가 불안해하는 모습을 보이면 아이도 덩달아 불안해요. 엄마도 많이 불안하고 걱정되겠지만, 환하게 웃으면서 밝은 목소리로 "이따가 우리 만나자!" 하고 말해주세요.

♥ 역할 놀이로 어린이집 놀이를 해요

다른 아이가 쓰던 것도 괜찮아요. 어린이집 가방을 구해서 메고 어린이집 놀이를 해봐요. 엄마나 아이가 선생님이 되어 간접체험을 해보는 겁니다.

♥ 엄마가 친구들의 이름을 말해줘요

아이가 처음 어린이집에 갔을 때부터 엄마가 친구 이름을 알고 친근하게 대화를 나누면 좋아요. "오늘은 미미랑 놀았어? 미미가 같이 놀자고 해서 좋았구나."라고 말해주면 아이가 어린이집이 친근하게 느껴질 거예요.

♥ 엄마사랑 절대 목걸이를 만들어요

유치원에 가는 건 좋아하지만, 엄마랑 떨어질 때 힘들어하는 아이를 위해 엄마사랑 절대 목걸이를 만들어보세요. 가족사진이나 엄마 사진, 엄마를 상징하는 물건으로 만든 목걸이를 걸어주세요. 아이가 그 물건으로 위안을 받거나 안정감을 느낄 수 있어요.

♥ 친구들한테 줄 선물을 보내요

어린아이들은 자신이 우월하다는 기분을 느끼고 싶어 해요. 아이와 함께 스티커나 카드 등을 만들어 친구들 이름을 써서 선물을 만든 다음 아이가 유치원에 가서 친구들한테 나눠주게 해요.

♥ 가방에 좋아하는 캐릭터 인형을 달아주세요

아이가 좋아하는 캐릭터 인형을 가방에 달아줘요. 아이가 가방에 애착이 생겨서 가방을 메고 싶은 마음이 들게 해주세요.

♥ 활동 사진을 활용해요

선생님이 올려놓은 활동 사진을 보며 같은 반 친구 이름을 묻기도 하고 유치원에서 무슨 활동을 했는지 등의 대화를 나눠요.

♥ 친구를 집으로 초대하거나 놀이터에서 놀게 해요

오티나 입학식 때 처음 본 아이의 엄마와 안면을 틉니다. 조금 쑥스럽긴 하지만, 우리 아이와 잘 맞을 것 같은 느낌이 드는 친구 엄마의 연락처를 받아두세요. 그 아이와 친하게 만들어주면 원에 가는 걸 즐거워하기도 해요.

울면서 가는 아이, 이렇게 다루자!

아이가 첫 주에는 잘 적응하는가 싶더니 둘째 주부터 등원을 거부하거나 울기도 해요. 상당수의 아이들이 그런 모습을 보인답니다. 그럴 때는 아이가 왜 우는지에 집중해야 해요. 엄마와 떨어지고 싶지 않은 건지, 왜 유치원에 가기 싫은 건지 아이의 속마음을 제대로 파악해야 해요. 당연히 아이는 낯선 환경에 긴장되고 스트레스를 받고 힘들 거예요. 이럴 때는 가장 먼저 아이의 마음을 공감해주세요.

♥ 가정식 어린이집에 가는 24개월 미만의 아이들

어린아이들은 기관에 적응하는 것도 중요하지만, 먼저 분리불안을 완전히 해소한 다음 기관에 적응하는 방법을 찾는 것이 현명할 수 있어요. 어린이집에 적응하는 데 분리불안이 가장 큰 난관일 확률이 높기 때문이에요.

《서뉴맘의 실제 상담 사례》
맑음이는 왜 유치원을 거부했을까?

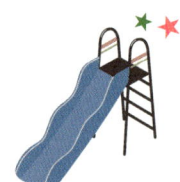

5살 남아 맑음이는 유치원에 가는 건 좋아하지만, 엄마와 떨어지는 걸 극도로 힘들어하며 불안해했어요. 최근에는 하원 차량에서 내리면서부터 짜증을 내고 엄마와 대화 자체가 안 될 만큼 정서적으로 불안해해서 상담을 요청해왔어요.

엄마가 워킹맘이라 일찌감치 할머니나 베이비시터 혹은 기관에 맡겨 주 양육자가 딱히 정해져 있지 않은 아이들은 분리불안뿐 아니라 다양한 어려움을 호소해요. 이럴 때는 엄마와의 관계뿐 아니라 다른 원인도 살펴봐야 해요. 단순히 분리불안의 문제가 아닐 수 있기 때문이에요. 주 양육자가 자주 바뀌고 여러 명일 경우에는 아이들이 불안해하고 안정감을 찾지 못할 수도 있어요.

맑음이도 엄마와 떨어지기 싫어하고 짜증도 자주 부렸는데, 알고 보니 분리불안이 아니라 엄마와 친밀하지 않은 관계가 문제였어요. 저는 워킹맘이라서 아이가 이렇게 됐다는 죄책감과 책임론에 얽매이지 말고 등원 전과 하원 후 엄마와의 관계가 밀접해지면 아이가 나아질 거라고 조언했어요.

단지 둘만의 시간을 보내라는 막연한 솔루션이 아니라 보다 긴밀하고 치밀한 미션을 제시했어요. 맑음이는 유치원에 가는 것은 좋아하지만, 엄마와 떨어지는 걸 극도로 불안해하고 힘들어했어요.

주 양육자는 할머니(70%) + 어린이집 선생님(20%) + 엄마(10%)였어요. 3살부터 어린이집에 다녔고, 엄마가 늦게 퇴근하는 날은 할머니 집에 가 있기도 했어요.

❖ 맑음이를 위한 8가지 솔루션

1. 먼저 '사권신공' 스킬을 전수했어요
맑음이는 엄마에 대한 신뢰도 낮은 상황이었어요. 공감을 한다고는 하지만, 그건 엄마 입장에서의 공감이지, 아이가 충분히 존중받는다고 느낄 만한 공감이 아니었어요. 또 엄마의 권위는 있지만, 아이가 엄마를 존중하고 싶다는 권위는 없는 상황이었죠.

2. 아침에 일어났을 때 아이가 느낄 수 있을 만큼 사랑을 표현하라고 조언했어요
눈을 맞추고 뽀뽀하고 사랑이 듬뿍 담긴 표정으로 아이를 바라보는 거죠.

3. 바쁜 아침에 밥도 천천히 먹고, 씻고 싶어 하지 않는다는 거예요
이 문제는 단순히 씻고 싶지 않은 게 아니라, 엄마와 떨어지고 싶지 않고 유치원에 가고 싶지 않은 문제가 해결되면 자연스럽게 해결될 거라고 조언했어요.

4. 아이가 뽀루퉁해 있거나 짜증을 많이 낸다고 했어요
이럴 때는 아이가 존중받고 있다는 생각이 들도록 적극 공감해주라고 했어요. "맑음이가 지금은 말하고 싶지 않구나. 그럼 이따가 말하고 싶을 때 해줘."라고 말하고 나서 어깨를 토닥이며 사랑하는 마음을 표현하는 겁니다. 엄마는 새로운 유치원에서 잘 적응하고 있는지, 어떻게 하루를 보냈는지 궁금하지요. 하지만 그 궁금증을 조금 참고, 아이의 마음을 받아주며 공감하는 겁니다. 격려하기 스킬과 공감하기 스킬을 적용해보세요.

5. 혼자 해보고 성취감을 느낄 수 있도록 기회를 주라고 했어요

맑음이는 성향 자체가 자기 주장이 강한 아이였어요. 이런 아이에게는 일부러 혼자 할 수 있는 일을 만들어 주는 게 해결책이 될 수 있어요. 예를 들어, 밥 숟가락 놓기, 다 먹은 그릇 치우기 등을 미션으로 주는 거예요. 이런 활동을 통해 아이는 자존감을 느끼고 존중받고 있다는 기분을 느껴요.

6. 당분간 엄마가 목욕을 시키고, 즐거운 목욕 시간을 만들도록 했어요

물감 놀이도 좋지만 자연스럽게 노래를 부르거나 미용 놀이를 해서 목욕 시간을 즐겁게 만들도록 했어요.

7. TV보는 시간을 줄여요

TV를 보는 대신 목욕한 다음 로션을 발라주며 신체 마사지를 하고, 책을 읽어준 다음 잠자리에 들게 했어요.

8. 일상에서 엄마와 관계가 좋아지도록 시간을 보내도록 권했어요

주말에 엄마와 함께 공원이나 놀이터에 가는 것도 좋지만, 엄마와의 관계가 좋아야만 시너지 효과가 있어요. 힘들게 따로 시간을 내지 않아도 일상에서 아이와 잘 지낸다면 그것으로 충분하지요.

★ 같은 워킹맘이라도 아이의 기질과 상황에 따라 솔루션이 조금씩 달라진답니다. 육아는 딱 한 가지로 정의되는 문제가 아니에요. 아이가 천 명이면 천 가지 육아법이 있으니까요.

치마 바람? NO!
이제는 준비하는 베스트 맘 시대

처음 기관에 보내면 초보 엄마들은 조금 예민해지는 게 사실이에요. 때로는 과도한 걱정으로 원장님이나 선생님을 불편하게 만들기도 해요. 엄마가 어디서부터 어디까지 개입해야 할지, 행여 선생님이 우리 아이를 미워하지는 않을지 별의별 걱정이 다 들어요. 하지만 무엇보다 내 아이가 친구들과 선생님한테 존중받고 사랑받기를 원할 거예요. 이것만 알면 내 아이가 씩씩하게 잘해낼 거예요.

♥ **편한 옷을 입혀 보내요**

기관에서는 선생님이 많은 아이를 지도해야 하기 때문에 편한 옷을 입혀 보내야 합니다. 신고 벗기 편한 신발과 나폴나폴한 치마가 아닌 간단한 치랭스 등 혼자 입고 벗을 수 있는 옷이 좋아요. 머리끈이나 머리핀이 너무 작으면 어린 동생들이 입에 넣거나 위험할 수 있으니 가급적 안전을 고려해서 선택하세요.

♥ 수첩을 활용해요

바쁜 선생님께 휴대폰 문자로 이런저런 부탁과 걱정되는 사항을 전하기보다 수첩으로 소통하세요. 아이가 어리다면 수첩에 배변 활동, 수면 시간, 기분, 식사와 관련한 주의 사항을 적어주세요. 아이가 하원할 때 있었던 즐거웠던 에피소드, 아이가 어디가 아픈지 증상을 자세히 적어주세요. 아이의 행동 등 궁금한 사항이 있으면 그때도 적어서 보내주세요. 선생님도 학부모가 적어 보낸 수첩에 당연히 관심을 갖고 궁금한 사항을 답변해줄 겁니다.

- 아이가 집에서도 다양한 역할 놀이를 해요. 선생님 놀이를 하며 선생님 흉내를 내는데 정말 귀여웠어요. 어린이집에서도 그런가요?
- 아이가 선생님이 안아줬다고 좋아하네요. 아이들을 많이 사랑해주셔서 감사합니다.
- 집에서 밥을 안 먹고 아침을 거르고 갑니다. 아마 점심은 많이 먹을 것 같아요.
- 집에서 언니랑 싸울 때는 거칠게 행동하는데, 친구들한테는 그러지 않나요?

♥ 개인 간식이나 음식은 보내지 않아요

아이들이 먹던 캐러멜, 초콜릿 등의 간식을 보내는 엄마들도 있어요. 기관에서의 안전상 외부에서 반입한 음식은 섭취할 수 없다는 규칙이 있지만, 공공연하게 한두 개씩 가져온 간식을 나눠 먹이기도 해요. 그 음식으로 인해 다른 아이가 탈이 나거나 알레르기 반응을 일으키면 문제가 되기 때문에 집에서 먹던 간식은 보내지 마세요.

그리고 친구가 자꾸 간식을 가져오면 아이가 엄마한테 자기도 간식을 보내달라고 요구할 수 있어요. 누구는 가져오고, 누구는 안 가져오게 되면 별거 아닌 일로 아이가 마음에 상처를 받을 수도 있어요. 하지만 음식물 반입은 안 된다는 규칙은 지켜야 합니다.

♥ 선생님에 대해 긍정적으로 말해요

아이를 기관에 맡겨놓고 이런저런 불만을 끊임없이 토로하는 엄마가 의외로 많아요. 선생님에 대해 불만이 있을 때는 건의해서 발전적으로 개선해나가면 되는데, 매일같이 흉만 보는 경우도 많아요. 그러면 아이도 선생님에 대해 부정적인 이미지가 생기기 쉬워요. 아이한테 "오늘 사랑반 선생님이 네가 정말 예쁘다고 말씀하셨어요. 선생님이 친구 한 명 한 명 모두 예뻐하는 것 같아서 참 고마워."처럼 긍정적인 생각이 전달되도록 반응하세요.

♥ 아이의 이야기를 모두 믿지 마세요

선생님의 말도, 아이의 말도 모두 사실이 아닐 수 있어요. 아이는 자신의 입장에서 표현하기 때문에 부풀려지거나 축소해서 엄마한테 전달할 확률이 높아요. 아이의 말만 듣고 화를 내면 절대 안 돼요. 그럴 때는 먼저 화를 가라앉히고 아이의 말이 사실인지 정확하게 알아보고 나서 어떻게 대응할 것인지 방법을 찾아야 합니다. 다짜고짜 화를 낸다고 해결될 문제가 아닐뿐더러 선생님의 설명을 들어보고 나서 현명하게 판단해야 합니다.

♥ 의심보다는 먼저 지지해요

지난해 작은애 엄마들 모임에 나갔는데, 담임선생님에 대한 험담을 전혀 하지 않는 거예요. 엄마들이 기관에 대한 사소한 불만이 한두 가지는 있을 법한데, 아무도 불만을 말하지 않는 분위기였어요. 모든 엄마들이 기관을 신뢰하고 선생님에 대해서도 칭찬하는 거예요. 사소한 불만은 있겠지만, 내가 선택하고 결정한 기관을 믿어야 한다고 생각하는 것 같았어요.

제 생각도 마찬가지예요. 내 아이를 믿고 맡겨야 하는 선생님이라면 설사 이해가 안 되는 행동을 해도 선생님을 신뢰하고 지지하는 게 우선이라고 생각해요. 물론 잘못된 행동은 분명하게 구분해야겠지만요.

♥ 소풍 도시락보다는 안전에 신경써요

소풍 도시락은 아이가 먹을 수 있을 만큼만 간단히 싸는 게 좋아요. 아무래도 남기면 아깝기도 하고 선생님이 일일이 처분하기도 곤란해요. 아이가 한입에 먹을 수 있는 크기로 준비하고 무엇보다 안전 교육을 실시해요. 선생님 눈을 자주 쳐다보고 선생님의 지시를 따르도록 우선 지도해야 합니다.

♥ 차량 시간에 너무 예민해하지 마세요

차량 시간이 자주 변경되고 매일 지켜지지 않는다면 문제를 제기해야 맞지만, 학기 초에는 넓은 마음으로 이해해주세요. 특히 큰 기관일수록 1~2분씩 늦어지다 보면 맨 끝에 타고 내리는 아이는 10분 정도 늦어질 수 있어요. 기관에서도 아이들을 사고 없이 안전하게 귀가하는 게 중요하지, 시간을 맞춰야 한다는 강박에 사로잡혀 서두르면 안전에 문제가 생길 수 있어요. 이 문제만큼은 여유를 보여주는 엄마가 좋아요.

우리 애가 친구에게 맞고 들어왔어요!

친구들과 놀다 보면 서로 험한 말도 하고 때리기도 하는 등 공격적인 상황이 벌어질 수도 있어요. 그럴 때 부모 입장에서는 그냥 맞으라고 할 수도 없고, 때리라고 할 수도 없어요. 과연 어떻게 대처해야 할까요? 친구가 아이를 자꾸 때릴 때는 어떻게 방어해야 할까요?

절대 너도 같이 때리라고 가르쳐서는 안 돼요. 우리 아이를 공격적인 아이로 키우고 싶지는 않을 테니까요. 이런 태도는 나도 똑같이 폭력으로 대응하겠다는 의지로 절대 현명한 선택이 아니랍니다.

이때는 단순히 말로만 설명해서는 안 되고 엄마랑 같이 실제처럼 연기를 해봐야 해요. 그래야 아이들이 어떻게 대처해야 하는지 충분히 인지하고 실전에서도 적용할 수 있어요.

① 소리를 질러 주변에 위험 상황을 알리게 해요.

② 때리는 친구를 피해 멀리 도망가게 가르쳐요.

③ 상대 친구에게 단호하고 강력하게 "때리지 마."라고 큰 소리로 말하라고 가르쳐요.

④ 선생님이나 주변 어른한테 도움을 요청하라고 가르쳐요.

♥ 3~4세 어린아이 둘이 싸울 때

아이한테 앞서 설명한 방어 방법을 가르쳐야 해요. 엄마가 볼 때 싸웠다면 빨리 가서 두 아이를 떼어놓습니다. 서로 감정이 고조되어 있는 상황이라서 어린아이들은 자신의 감정을 컨트롤하는 게 힘들어요. 두 아이를 떼어놓고 나서 감정을 가라앉힌 다음 훈육하는 게 맞습니다.

♥ 가해자 안 만들기

피해자가 있으면 당연히 가해자가 있기 마련입니다. 반대로 가해자가 없으면 피해자도 없는 법이죠. 큰아이가 7세 때 있었던 일이에요. 새 학기에 남자아이 한 명이 난리를 치며 친구들을 못살게 굴고, 선생님도 때리고, 물건을 집어던졌던 거예요. 매일 그런 건 아니지만 아이의 입을 통해 들은 바로는 상당히 위험한 행동을 많이 하고 다친 아이도 있었어요. 제가 그 아이의 양육 환경을 들여다보지 않아 정확하게 알 수는 없지만, 적어도 이런 문제는 개선이 필요해요. 그로 인해 많은 아이들이 피해를 입으니까요.

내 아이가 공격성을 보이거나 혹은 화를 쉽게 분출한다면 아이의 의견을 무시하고 존중해주지 않았는지 살펴볼 필요가 있어요. 내 아이로 인해 피해자가 생기지 않도록 엄마가 잘 살펴보고 훈육해야 합니다. 사람은 누구나 무의식에 악한 마음이 있기도 해요. 순백의 천사는 없다는 말입니다. 또 아이들은 매우 의존적이에요. 어떤 환경을 만들어 가느냐에 따라 때리고 싶은 마음을 참아내고 견뎌낼 수도 있다는 말이에요. 피해자가 아니라 가해자를 안 만드는 데 관심을 가져야 하는 이유입니다.

♥ 자주 다투는 이유

자주 싸우는 아이 때문에 너무 힘들다는 엄마들이 의외로 많더군요. 먼저 아이가 왜 그런 행동을 하는지 그 이유를 살펴봐야 합니다. 엄마가 선생님이나 친구들 흉을 보거나 전화 통화로 시댁이나 등 다른 사람의 흉을 본 적은 없었는지요? 아이가 옆에서 듣고 있는데, 부정적인 표현이나 푸념을 하지는 않았는지요? 그럴 경우 아이가 부정적인 영향을 받을 확률이 높아요. 그렇다면 평소 아이의 성향에 대해 곰곰히 생각해봐야 합니다.

- 아이가 상대의 이야기를 들어주기보다 자기 말만 하는 유형은 아닌지요? 그래서 경청하는 방법을 모르는 건 아닌가요?
- 자기주장이 강해서 자신이 하고 싶은 대로만 행동하는 아이는 아닌가요?

- 욕심이 많거나 고집이 있는 건 아닌지요?
- 규칙을 제대로 가르치지 않은 건 아닌지요?

위의 질문에 하나라도 걸리는 게 있다면 개선할 수 있는 방법을 고민해봐야 해요. 아이가 부정적인 환경에 놓여있었다면 친구들과 자주 부딪히고 싸우기도 한답니다. 이럴 때는 내 아이만 피해자라고 생각하지 마세요. 때리거나 못된 말을 하는 아이 쪽에 잘못이 있긴 하지만, 아무 이유 없이 그렇게 행동하지는 않아요. 알고보면 대체로 크든 작든 이유가 있습니다. 내 아이가 친구들하고 자주 부딪힌다면, 당연히 피해자라고 확신하기 전에 내 아이가 친구들을 어떻게 대하는지도 먼저 살펴볼 필요가 있답니다. 아이가 하는 말에 조금 더 귀기울여 주세요.

★★★★★

고품격 육아를 위한 추천도서 9

『**싸워도 돼요?**』 고대영 글, 김영진 그림, 길벗어린이

병관이는 우진이의 나쁜 행동에 폭력을 쓰고 싸우고 싶지만 그럴 수 없었는데, 마침 우진이의 주먹 공격을 멋지게 받아냅니다. 그리고 어떻게 되었을까요? 자주 다투고 싸우는 친구와 함께 본다면 더없이 좋은 그림책이랍니다.

뱃속에 동생이 있어요!

동생이 생기면 엄마 입장에서는 첫째도 아직 애기인데, 마음이 짠해진답니다. 〈우리 아이가 달라졌어요〉 같은 프로그램에서 동생을 발로 밟고 꼬집고 때리는 아이를 보며 우리 애도 그러지 않을까 걱정부터 됩니다. 많은 육아서나 전문가의 조언을 들어보지만, 어떻게 해야 할지 난감합니다. 그러다 둘째 아이를 낳았는데, 큰아이의 질투 때문에 힘든 상황을 겪다 급기야 상담을 받기도 합니다.

동생맞이는 '예측하기 스킬'이 적극 필요해요. 사전에 알고 있기 때문에 예방이 가능한 스킬이지요. 뱃속에 있을 때가 편하다는 엄마들의 명언처럼 아이를 낳기 전부터 준비하는 게 좋아요. 동생이 태어나도 별다른 반응이 없는 아이도 있지만, 대부분은 동생을 질투합니다. 심지어 9살이나 나이 차이가 나도 그렇다고 합니다. 이때는 질투의 양상이 다르게 나타나는 것이지요.

생각해보면 엄마를 빼앗겼는데, 어떻게 가만히 있을까요? 동생에 대한 질투는 아이의 성장 발달 과정에서 겪는 자연스러운 감정이에요. 첫째의 마음을 이해하는 게 중요해요. 다르게 해석하면, 질투라는 자신의 감정을 솔직히 표현하는 게 오히려 건강할지도 몰라요. 질투를 느끼는 '감정'이 나쁜 게 아니라 질투라는 감정을 표현하는 '행동'에 주목해야 합니다. 동생을 낳기 전과 낳고 난 이후로 나눠 육아 팁을 알려드릴게요.

동생을 만나기 전에!

우선 첫째에게 동생의 존재를 알려요. "마음아, 축하해. 마음이한테 동생이 생겼네." 아이는 어리둥절한 표정을 짓겠죠. 아이한테 초음파 사진을 보여주며 같이 축복하는 시간을 가져요. "요기 작은 콩알 같은 게 보이지? 마음이 동생이야. 우리 마음이도 엄마 뱃속에 이렇게 찾아왔지."라고 말하면서 첫째의 초음파 사진을 보여줍니다. 동생과 첫째의 초음파 사진을 같이 보여주면서 아이들의 존재를 감사해하고 다정다감하게 이야기를 나눠보세요.

♥ 산부인과 같이 가기

엄마들이 첫째를 주변에 맡겨놓고 산부인과에 갈 때가 많아요. 설사 같이 가더라도 첫째를 대기실에 두고 들어가기도 해요. 그럴 수밖에 없다는 것도 이해합니다. 하지만 미리 교육을 해서 아이와 함께 초음파실에 가면 좋아요. 모니터에 나타나는 초음파 촬영을 아이도 함께 볼 수 있도록 사전에 병원 측에 양해를 구하고 의사 선생님의 설명도 같이 들어봐요.

저는 산부인과 가기 전에도 어디에 가는지 간략하게 설명하고, 가면서도 혹은 다녀와서도 아이와 함께 동생에 대한 이야기를 나눴어요. 큰애는 저와 함께 지내면서 동생의 존재에 대해 천천히 알아가기 시작했어요. 아이가 엄마 뱃속에 있는 동생의 존재를 안다 해도 막상 맞닥뜨리면 당황해하기 때문에 눈에 보이지 않아도 사진을 통해 동생을 알려주고 엄마의 배를 보면서 동생이 커가는 모습을 인지할 수 있게 했어요.

♥ 만삭 사진과 초음파 사진 같이 보기

요즘은 무료로 만삭 사진을 찍어주는 곳이 많아요. 저도 첫째 때 혜택을 톡톡히 보았는데, 둘째도 세 군데에 가서 사진을 찍을 만큼 무료 혜택을 누렸어요. 이렇게 찍은 만삭 사진이 큰애한테 많은 도움이 되었어요. 첫째 만삭 사진도 벽에 붙여두고, 둘째 사진도 보여주며 아이와 대화를 나눴어요. 또 동생이 태어나고 나서도 이야기를 했어요.

♥ 뱃속의 동생과 태담 나누기

첫째는 아빠가 태담을 많이 해줬어요. 그런데 둘째는 큰애가 해주게 되더라고요. 제가 말을 하면 아이도 같이 이야기하고 노래도 불러주고, 특별한 일이 생기면 태명을 부르며 동생을 걱정하기도 했지요.

♥ 동생과 관련된 그림책을 같이 봐요

동생의 존재를 쉽게 이해하고 받아들일 수 있는 그림책이 정말 많아요. 『하나님이 동생을 주셨단다』(리사 타운 버그렌 글, 로라 J. 브라이언트 그림, 몽당연필)에는 동생을 기다리는 북극곰 가족 이야기가 나와요. 그림책을 통해 자신과 같은 처지에 있는 곰 친구를 보며 아이도 자연스럽게 이해하는 것 같아 큰 도움을 받았답니다.

♥ 첫째가 돌볼 수 있는 아기 인형을 준비해요

젖병이나 아기띠, 포대기가 있는 인형이 있어요. 이런 인형을 미리 구입하고 아기를 돌보는 역할 놀이를 같이 하면 좋아요. 단 미리 하기보다 아기 태어나기 한 달 전이 딱 알맞아요.

♥ 신생아 물품을 같이 구입하고 동생 방도 꾸며요

동생이 태어나면 당연히 집 안 환경이 많이 변해요. 아기에게 필요한 갖가지 물품을 구입할 때 첫째와 함께하면 좋아요. 집 안이 다양한 물건들로 채워지고 달라질 때마다 아이한테 자세히 설명해주는 게 필요해요. 특히 주변 환경을 갑작스럽게 바꾸기보다 아이와 함께 천천히 준비한다면 아이가 달라진 환경에 당황하지 않고 쉽게 적응할 수 있어요.

♥ **너 때문이 아니라 너를 위해 따로 자는 거야**

출산 후 보통 산후조리원에 들어가느냐, 시댁이나 친정에서 몸조리를 하느냐를 고민해요. 저는 둘 다 여의치 않아 산후 도우미를 쓰고 집에 있어야 했어요. 집에 있다 보니, 첫째의 숙면을 위해 따로 잘 것인가, 첫째의 안정을 위해 같이 잘 것인가를 놓고 고민을 했습니다. 첫째는 예민한 성격이라 잠자는 문제로 고생을 많이 하다가 이제야 겨우 낮과 밤이 구분되고 규칙적인 생활을 하게 되었거든요.

결국 첫째 아이의 밤잠에 영향을 주지 않기 위해 따로 자기로 결정했어요. 그리고 아이한테 말했죠. 동생 때문에 따로 자는 게 아니라 너를 위해 우리가 자리를 비켜주는 거라고 설명했어요. 한 달만 따로 잔다는 약속을 받아냈죠. 이후에도 잠자리를 준비하며 첫째에게 너와 떨어지는 게 아니라 너를 위해 따로 잔다는 사실을 거듭 강조해서 설명했어요.

♥ 형님이 물려줄 수 있는 걸 구분해요

첫째가 썼던 물건 중에서 둘째한테 물려줄 수 있는 것을 구분하는 작업을 첫째와 함께 하면 좋아요. 저는 배냇저고리는 세상에 태어나 처음 입는 옷이기에 큰애 하나, 작은애 하나를 사주었어요. 그런데 큰애가 배냇저고리 다음에 입은 첫 내의만큼은 잘 보관해서 둘째한테도 입혔어요.

그 내의를 입고 있는 사진을 큰애한테 보여주며 이제 이 내의를 동생한테 물려줄 거라고 설명했어요. 이제 형님이 되는 거라며 으스댈 수 있도록 자긍심을 불어넣었지요. 내의뿐 아니라 장난감이나 육아 용품도 사진을 보여주며 동생을 위해 깨끗이 닦아서 같이 동생을 맞이하자고 말했지요.

♥ 동생이 태어나면 어떤 일이 일어날지 미리 설명해요

엄마들이 여기까지는 미처 생각하지 못할 때가 많아요. 막상 동생이 태어나면 당연하다는 듯이 첫째한테 손이 덜 간다는 생각만 하지, 얼마나 덜 가는지는 알지 못해요. 사전에 아기가 우는 영상이나 젖을 먹는 영상, 사진 등을 보여주며 아기가 있으면 엄마가 얼마나 바쁜지, 네 요구를 다 들어주지 못할 거라는 얘기를 해야 해요.

그렇다고 걱정스러운 눈빛과 과도한 불안함을 드러내는 게 아니라 아이한테 이런 상황이 올 거니까 너무 놀라지 않았으면 좋겠다는 마음을 전달하면 좋아요. 예를 들어, 엄마랑 놀자고 해도 동생이 뱃속에 있을 때와 태어났을 때는 상황이 많이 달라져 있어요. 아기한테 젖을 먹이는데, 첫째가 업어달라거나 왜 간식을 안 주냐며 떼를 부리기도 하고, 자기도 안아달라고 하며 안 하던 행동도 해요. 때로는 퇴행을 보이기도 하고 아기 짓을 하기도 하지요. 그런 이유로 아이가 주로 했던 행동반경을 시뮬레이션 해보면서 내가 둘째 젖을 먹일 때 첫째가 이런 행동을 할 수도 있겠구나 싶은 상황을 미리 설명해주시면 좋아요.

♥ 나를 도와줄 수 있는 사람을 미리 포섭해요

둘째가 태어나면 오롯이 엄마와 함께했던 시간을 빼앗겼다는 첫째의 실망감이 이만저만이 아니에요. 그래서 저는 엄마 대신 놀아줄 이모나 삼촌, 옆집 아기 엄마를 구하기 시작했어요. 둘째가 생기면 키즈 카페에 데려갈 이모라든지, 신생아를 데리고 하기 힘든 등원과 하원, 불가피하게 내가 나가지 못할 때를 대비해 부탁할 수 있는 사람이라든지, 비상사태를 대비해 도와줄 이모나 삼촌들에게 부탁을 하는 거죠. 그러면 정말 힘들 때 SOS를 칠 수 있어요.

드디어 동생이 태어났다!

● 아기를 낳으러 가는 날, 첫째와 대화하고 함께하기

　진통이 오기 시작하면 무조건 첫째만 생각하세요! 지금까지 완전무장을 잘했으니 이제 시작이랍니다. 아이가 엄마와 함께 동생 맞을 준비를 충분히 했다고는 하지만, 막상 엄마가 병원에 가서 부재중이면 많이 당황할 수 있어요. 저는 정기검진 날 진통이 오기 시작했어요. 집에 가서 짐을 싸고 아이를 낳으러 가면서 어린이집에 전화를 했어요. 아이를 바꿔달라 부탁했습니다.

　첫째 아이에 대한 배려지요. 엄마가 직접 아이에게 할머니가 데리러 갈 거라고 설명하고 병원에서 만나자고 했어요. 아이를 낳으러 가는 순간까지도 첫째와의 관계를 놓지 마세요.

♥ 첫째에게 집중할 것

둘째가 백일까지는 누워 있는 시간이 많아요. 더구나 둘째는 잠을 잘 잤어요. 정말 기쁨의 탄성을 질렀습니다. 약간의 등 센서가 작동하긴 했지만 무난한 발달 과정 수준이라 할 만했어요. 이때 첫째가 사랑을 듬뿍 느낄 수 있게 행동해야 해요. 첫째 입장에서는 머리로는 이해하지만, 마음으로는 받아들이기 힘든 게 사실이에요.

엄마는 첫째한테 더 많이 사랑한다고 말해주고, 큰아이와 긴밀한 생활 패턴이 있었다면 그 패턴을 유지하세요. 저는 책을 읽어주거나 대화를 많이 했는데, 그 시간을 뺏겼다고 느끼지 않게 누워 있는 신생아를 옆에 두고 발로 책장을 넘기면서도 책을 읽어줬어요. 하지만 첫째한테 아기를 재우는 동안에는 기다려달라고 이야기했지요. 대신 아기가 잠들면 무한정 첫째와 돈독한 시간을 보냈습니다.

각자의 상황에 따라 엄마가 할 수 있는 시간대를 생각해보는 거예요. 개인에 따라 다양한 변수가 존재하기 때문에 첫째와 어떻게 시간을 보낼 것인지 생각해보세요. 저는 남편이 항상 늦게 퇴근했고, 친정이나 시댁의 도움도 받을 수 없었어요. 대신 체력이 좀 받쳐줘서 온 종일 아기띠를 메고 첫째랑 놀고 육아를 해낼 수 있었어요.

♥ 이제부터 실전이다, 동생 같이 돌보기

이제부터는 실전이에요. 첫째가 글과 말로 동생 돌보기를 배웠다면 진짜로 동생을 같이 돌보는 경험을 해보는 거예요. 하지만 보통 큰애한테 같이 동생을 돌봐야 한다는 말은 하지만, 어떻게 해야 할지 모르는 경우가 많아요.

첫째가 아직도 아기라고 생각하는 분이 많은데, 두 돌이 지나면 인지나 신체도 발달해서 제법 야무지게 할 수 있는 일이 많아요. 또 동생 돌보기는 단순히 동생을 질투하는 것을 예방하기 위함이 아니라, 큰애가 맏이로서 대우를 받을 수 있는 시간이 될 수 있답니다.

♥ 첫째가 함께할 수 있는 동생 돌보기

① 손수건, 기저귀, 젖병 가져다주기

단순히 배달하는 역할이기도 하지만, 그나마 엄마의 일손을 덜어주기 때문에 많이 편하기도 하고 첫째가 기특해 보이지요. 자꾸 시키면 귀찮아하기도 하지만, 아이가 자발적으로 할 수 있도록 독려해주세요. 아이가 자신의 행동에 대해 만족해하며 으쓱해한답니다.

② 기저귀갈 때 엄마 도와주기

사실 도와준다기보다는 도와주는 것처럼 느끼도록 연기하기 스킬이 필요해요. 때로는 엄마가 귀찮을 수 있지만, 아이도 한가하고 엄마도 마음의 여유가 될 때 도와주는 것처럼 상황을 만들어주세요. 첫째가 정말 좋아해요.

③ 재울 때 토닥토닥해주기

아주 단순해요. 아기띠에 재우거나 슬링에 안고 재울 때 첫째를 불러 동생을 쓰다듬어주게 하고, 동생이 잠들 것 같으면 토닥토닥하도록 알려주세요. 간단한 스킨십을 통해 아이는 가족이라는 울타리에 살며시 스며든답니다.

④ 트림시킬 때 등 두드리기

트림을 시킬 때 첫째한테 등 두드리는 것을 시키세요. 때리는 게 아니라 동생을 도와줬다는 자부심을 느끼게 해주면 큰아이의 기분이 하늘 높이 올라간답니다.

⑤ 같이 옷 입혀주기

이것도 연기하기 스킬이 조금 필요해요. 매번 그럴 수는 없지만 외출을 준비하거나 목욕한 다음 내의를 입히는 정도는 첫째가 도와줄 수 있거든요. 단추 끼워보기나 손이 나오도록 잡아준다거나 하는 정도는 아이들도 도와줄 수 있답니다.

⑥ 씻기고 나서 닦아주기

닦아주는 행동은 첫째가 충분히 할 수 있지요. "누워만 있는 아기는 살

살 만지면서 닦아줘야해." 라며 방법을 알려주면, 동생을 살살 다뤄야 한다는 걸 간접적으로 알게 되어 때리거나 꼬집는 행동을 하지 않아요.

♥ 있는 듯 없는 듯, 첫째 배려하기

아무래도 아기가 생기면 온 가족이 집중을 하게 되죠. 점점 크면서 뒤집기도 하고 기기도 하고 귀여움을 독차지하는 건 어쩔 수 없어요. 첫째도 이 같은 과정을 거치며 예쁨을 받았지만, 기억하지 못하는 게 당연합니다. 시댁이든 친정이든 가족들이 모이면 자연스럽게 둘째한테 이목이 집중되기 마련인데, 첫째 아이가 질투를 느낄 수 있어요. 어쩔 수 없는 상황이라고 생각하기보다 어른들이 먼저 아이의 마음을 헤아려 이런 상황을 만들지 않는 노력을 해봐요.

주변 사람들이 둘째한테만 집중하지 않고 큰애한테도 눈을 맞추고 인사를 해주기만 해도 아이의 서운한 마음을 달랠 수 있어요. 가족들이 이런 배려를 해준다면 아이의 마음을 위로하는 데 정말 큰 도움이 돼요.

♥ 형님이라는 특권 주기

형님이 되었다는 자부심을 느끼게 해주세요. 동생이라서 예쁨을 받고 모든 걸 독차지한다고 생각하는 첫째한테 형님이라는 특권을 주는 거예요. 처음 태어났을 때는 언니·형으로서 동생에게 해줄 수 있는 것들을 언급하며 칭찬도 해요. 동생은 누워만 있는데 언니는 혼자 걸어가서 화장실도 다니고, 킥보드도 잘 타고, 밥도 혼자 잘 먹는다는 등 할 수 있는 것이 많다는 말을 툭툭 던졌어요. 일부러 날 잡아 과장 반응하면서 이야기하는 게 아니라 문득 생각날 때마다 말해요. 하지만 자칫 잘못하면 과한 칭찬이 될 수 있으니 주의하세요.

둘째가 점점 자라면서 같이 밥이나 간식을 먹을 때는 언니(형)니까 먼저라고 하면서 더 큰 것을 주었어요. 동생이 아직 어려서 양에 대한 개념이 없을 때는 요긴하게 활용할 수 있어요. 내가 언니(형)라서 이런 특권을 누린다는 생각을 하게 해줘요.

그러다 두 아이가 성장하면 이런 질문을 받을 때가 있어요. "엄마는 누가 더 좋아?" 그럴 때마다 제가 준비한 비장의 무기가 하나 있어요. 동생이 잠깐 딴짓을 하고 안 볼 때 귓속말로 "엄마는 서뉴가 세상에서 제일 좋아." 같은 말을 해요. 덧붙여서 "엄마는 동생도 사랑하지만 너가 더 특별하고 좋아." 같은 말을 해주면 좋아요. 동생이 없을 때 100이었던 엄마의 사랑이 절반으로 줄었다고 느낄 수 있어요. 그럴 땐 이렇게 '너 자체'를 좋아하고 사랑한다고 말해주세요. 그렇다고 너무 남발하면 역효과를 불러와요. 이런 표현이 서로를 비교하게 만들기 때문이죠.

물론 제가 말씀드린 방법이 보편적인 방법일지라도 어느 가정에나 통용되는 건 아니에요. 그래서 옆집 엄마한테 맞는 솔루션이 우리 아이한테는 안 통할 때가 있죠. 그렇다고 실망하지는 마세요. 엄마는 여러 방법 중에 신뢰할 만한 조언 한 가지를 선택하고, 그 방법을 자신의 상황에 맞게 수

정하고 보완하면서 최적의 육아 환경을 만들어가면 돼요.

♥ 퇴행 행동 이해하기

첫째 아이의 행동 중 가장 걱정되는 두 가지는 퇴행과 동생 때리기일 거예요. 퇴행은 아이의 발달 단계에 맞는 행동이 아니라 아기처럼 행동하는 것을 말해요. 이럴 때는 놀라지 말고 웃으면서 반응하세요. 특별히 아이가 정신적으로 문제가 없다고 판단되면, 동생과 함께 생활하면서 자연스럽게 하는 행동의 하나로 받아들이고 별다른 걱정 없이 무관심해지면 됩니다.

아이가 우유병을 달라고 떼쓰고 아기 흉내를 내면 아이를 혼내거나 발음을 교정해주는 게 아니라 엄마가 정확한 발음으로 자연스럽게 받아주면 좋아요. 때로는 동생처럼 기저귀를 차겠다고 떼쓰기도 하는데, 기저귀를 채워보며 너무 커서 안 되겠다고 반응하면 아이가 스스로 포기할 거예요.

걸어다니던 아이가 기어다니려면 무릎이 아파서 오래 할 수가 없어요. 그럴 때는 무릎 보호대를 채워주는 등 아무렇지 않게 대하면 된답니다. 만약 일상에 지장을 줄 만큼 이런 행동을 계속한다면 조금 다르게 접근해야 해요. 동생이 생기면서 심리적으로 위축되고 불안해서 퇴행을 보이기도 하는데, 엄마가 아이와의 관계에 집중하면 충분히 나아질 겁니다.

♥ 동생을 때리려고 할 때

흔히 첫째가 동생을 괴롭힐 때, 때리거나 꼬집는 등의 행위를 많이 해요. 거의 모든 엄마, 아빠가 이런 큰애의 행동을 제지합니다. 동생을 때리려는 찰나 더 민첩한 엄마가 아이의 팔을 잡아채지요. 그리고 안도의 숨을 내쉽니다. 엄마의 놀라고 당황스러운 마음을 이해 못하는 건 아니에요. 하지만 이런 행동은 둘째의 안전만 생각한 반응이에요. 큰아이의 기분이 어떨지 생각해보셨나요?

동생을 미워하는 마음으로 그런 행동을 했더라도 엄마는 아이의 마음을 먼저 헤아려주시면 좋아요. 큰애는 동생을 때려서라도 자신의 마음을 표출하고 싶었던 거예요. 이럴 땐, 먼저 신수를 쳐서 "사랑아, 동생 예뻐해 주려고 그랬어?"라고 하거나, 때린 후에 보았다면 "사랑이가 동생 예뻐해 준 거야."라고 말해줍니다. 그리고 나서 동생을 올바르게 예뻐하는 방법을 알려주면 됩니다.

동생 옆에 얼씬도 못하게 하는 게 아니라, 때리고 밟을지라도 동생 옆으로 올 수 있게 해야 합니다. 첫째도 내 아이고 그만큼 사랑하고 예쁘잖아요. 우리는 둘째만을 위한 육아나 첫째만을 위한 육아를 하는 것이 아니에요. 온 가족이 행복할 수 있는 육아를 해야 해요. 머리 쓰다듬기, 손가락 콕콕 찌르기, 발가락 만져주기, 손등 뽀뽀하기 등을 큰애가 동생한테 해줄 수 있는 긍정적인 행동을 구체적으로 알려주세요. 엄마는 큰애가 동생을 이런 방법으로 예뻐할 때마다 '과장 반응하기 스킬', '격려하기 스킬'을 사용해 첫째를 격려해주면 된답니다.

♥ 찬스를 쓸 차례

둘째가 너무 어릴 때는 외출이 힘들 때가 많아요. 첫째는 놀이터에 가고 싶은데 동생을 데리고 나갈 엄두가 안 나기도 하고요. 제 경우는 잠깐 나갔다 와도 진이 빠지고, 별거 아닌 것 같아도 체력이 떨어지더라고요. 그래서 이모와 삼촌, 할머니 등 가족 찬스를 많이 썼습니다. 토요일에 키즈 카페 데려가기, 비 오는 날 놀이터 가서 원 없이 그네 타고 놀기, 동네 산책하기, 엄마 대신 책 읽어주기 같은 것을 적재적소에 잘 사용했지요.

만약 주변에 도와줄 친척이 없다면 동네 엄마를 잘 사귀어두세요. 마음이 맞는 엄마가 있다면 서로 도움을 줄 수 있어요. 저 같은 경우는, 같은 아파트 라인에 사는 이웃 언니가 있어요. 첫째와 둘째 나이대가 비슷해서 큰아이의 등원과 하원도 도와주고 같이 놀 수 있어서 큰 도움이 되었지요.

♥ 동생 관련 그림책 읽기

동생이 태어나기 전에 동생을 맞이하는 책을 읽었다면, 이번에는 동생이 태어나서 언니(형)의 마음을 대변해주는 책을 같이 읽으면 좋아요. 동생이 기어다니고 걷기 시작하면, 이제 큰애가 일방적으로 괴롭힘을 당하게 됩니다. 아기를 때릴 수도 없고, 미워할 수도 없는데 물건을 막 만지고 망가트리니 큰애는 억울하고 서러워요. 엄마는 동생에게 양보하라 하지, 동생은 미워 죽겠지 이런 큰아이의 심정을 대변하는 책을 소개할게요.

★★★★★
고품격 육아를 위한 추천도서 10

『**하나님이 너를 주셨단다**』
리사 타운 버그렌 글, 로라 J. 브라이언트 그림, 몽당연필

『**하나님이 동생을 주셨단다**』
리사 타운 버그렌 글, 로라 J. 브라이언트 그림, 몽당연필

『**내 동생 김점박**』 김정선 글·그림, 예림당

『**내 동생은 늑대**』 에이미 다이크맨 글, 자카리아 오호라 그림, 토토북

『**내 동생은 고릴라입니다**』 방정화 글·그림, 미세기

『**내 동생 싸게 팔아요**』 임정자 글, 김영수 그림, 아이세움

『**조금만**』 타키무라 유우코 글, 스즈키 나가코 그림, 한림출판사

『**말썽꾸러기 내동생**』 파니 졸리 글, 로제 캅드빌라 그림, 문학동네어린이

『**따라쟁이 내 동생**』 아만 기미코 글, 나가이 야스코 그림, 담푸스

『**그래도 내 동생이야**』 아드리아 매저브 글·그림, 키즈엠

『**내 동생 짜증나**』 알라리오 피갈리오 글·그림, 노란우산

『**순이와 어린 동생**』 쓰쓰이 요리코 글, 하야시 아키코 그림, 한림출판사

『**핑크 공주**』 코리 도어펠드 저자, 책과콩나무

우리는 사이좋은 형제

그럼에도 두 아이는 오늘도 누가 스티커를 가져갔니, 안 가져갔니 하며 싸우고 있어요. 세상의 모든 형제자매는 싸우기 위해 태어났을까 하는 생각이 들 만큼, 싸움은 일상적이고 나쁜 행위도 아니에요. 아이들은 싸우는 과정을 통해 갈등에 대처하는 연습을 하고, 사회성도 생겨나죠. 부모 입장에서는 잘 지냈으면 하는 마음입니다만, 아이들이 성장하는 과정이라고 생각하면 이 싸움이 아주 조금은 이해됩니다.

형제자매의 싸움을 멈추게 하려면 아이들에게 책임감, 협동, 배려, 용서, 상호 존중, 격려, 이해가 필요해요. 그리고 무엇보다 서로를 사랑하는 뜨거운 마음이 필요하죠. 현명한 엄마라면 눈치 채셨을 거예요. 아이들이 전혀 싸우지 않고 사랑만 하고 살기란 불가능해요. 하지만 태어나는 순간부터 아이는 책임감과 협동은 물론이거니와 상대방을 이해하고 배려하는 마음과 함께 존중받으며 존중할 줄 아는 마음을 배워갑니다.

그리고 부모의 무한한 사랑을 통해 형제들끼리도 사랑을 키워갑니다. 어쩌면 엄마들이 제발 좀 싸우지 않았으면 좋겠다는 마음을 내려놓는 순간, 마음이 편해질지도 몰라요. 아이들이 싸우면서 배운다는 사실을 받아들이는 거죠. 그럼에도 아이들이 싸우면 부모로서 어떻게 중재하고 다스려야 할지 난감한 게 사실입니다.

♥ 아이의 연령과 성격을 파악해요

다 큰 어른이라면 다툼의 이유와 원인, 잘잘못을 따지겠지만, 아이들이 싸운다면 조금 다른 관점에서 접근해야 해요. 특히 어릴 때 형제자매의 잦은 싸움은 연령별 특성을 살펴보면 좀 더 쉽게 해결할 수 있어요. 먼저, 우리 아이의 성향, 연령, 형제 간의 나이 차를 고려해 어떤 부분이 가장 문제인지, 가장 많이 부딪히는지부터 파악해야 한답니다.

저희 집은 큰애가 4~5살까지는 동생이 심하게 많이 어렸어요. 양보라는 개념을 알지도 못하는 나이였고, 니 꺼, 내 꺼의 개념도 서지 않았을 때였죠. 막 걷기 시작한 동생이 책상을 부여잡고 언니가 하려는 모든 걸 같이 하려고 난리를 피우며, 끊임없이 방해하기만 했어요.

그래서 저는 큰애한테 양해를 구했어요. 물론 큰애도 동생의 행동을 이해하기에는 한참 어렸지만, 그래도 언니에게 이해를 구해야 해요. "동생이 아직 어려서 모르는 거야, 3살까지는 조금 더 양보해주면 좋을 것 같아. 대신 동생이 4살이 되면 엄마가 언니에게 양보하라고 가르쳐줄게." 이렇게 말하는 대신, 큰애가 언니라는 특권을 누릴 수 있도록 제가 옆에서 조력자가 되었어요. 연령에 맞는 의무와 책임을 알려주는 거예요.

♥ 아이들은 소유와 영역을 놓고 자주 싸워요

만약 아이가 존중받은 경험이 많다면 허용하고 이해하는 범위도 넓어요. 반대로 전혀 소유와 영역을 놓고 싸울 수 없는 환경에 놓여 있다면, 아이는 그 환경에 어느 정도 적응합니다(형제자매가 많은 대가족).

♥ 모든 싸움에 개입하지 않아도 괜찮아요

엄마가 모든 싸움에 개입할 필요는 없어요. 그럼에도 엄마가 끼어들어서 해결해야 할 것 같기도 해요. 내 몸이 근질거리고 성질머리가 쭈뼛쭈뼛 서도 그 싸움을 지켜보세요. 신기하게 아무 일도 없었다는 듯이 원상태로 돌아오기도 해요. 나는 이 상황을 절대 그냥 두고 볼 수 없다면 귀마개를 추천할게요. 두 눈 감고 두 귀 닫고 딱 한 번만 싸움에 개입하지 말고 지켜봐주세요.

그렇게 개입하지 않아도 무마되는 싸움의 형태를 잘 기억해두세요. 이 정도의 싸움은 내가 나서지 않아도 아이들이 해결하겠구나 생각될 겁니다. 이는 절대로 엄마가 방관하는 게 아닙니다. 오해하면 안 된답니다. 개입하지 않는 거예요. 아이들 스스로 싸움을 정리하는 기술을 터득해가는 겁니다.

♥ 싸움의 종류와 원인을 찾아요

이제 아이들의 연령이나 나이 차, 성향을 파악했다면 아이들이 싸우는 이유를 파악해야 해요. 단순히 물건을 가지고 싸우는지, 엄마를 갖기 위한 싸움인지, 네가 더 강하네 마네 하는 세력 싸움인지, 한 아이가 자존감이 낮아서 비롯되는 싸움인지, 서로 성향이 안 맞아서 지속적으로 부딪히는 싸움인지, 무조건 주먹이 오가는 싸움인지에 따라 대처법이 달라집니다.

♥ 존중해주세요

언니고 형이니까 자주 양보하라고 하면 오히려 역효과를 불러올 수 있어요. 존중받아야지 존중해줄 수 있어요. 오빠로, 언니로 인정해주고 존중해주세요. 그런 아이들은 동생도 존중할 수 있어요.

♥ 서열 정리

서열을 정리하되, 상하 수직 관계의 서열이 아니에요. 그냥 너는 형, 나는 동생인 거지 동생이니까 형의 말을 따르라는 건 아니에요. 서열을 정리할 때는 **존중하는 법** 또한 알려줘야 합니다. 형이니까 동생을 챙겨주며 으쓱해지는 상황을 만들고, 동생은 형의 보살핌을 받아 따뜻함을 느끼게 해주세요. 이게 서열 정리랍니다.

"마음아, 언니가 동생이라고 하나 더 주네. 언니한테 고마워해."

"사랑아, 동생이 언니 먼저 하라고 해주네? 그치?"

♥ 사과를 시켜야 할까?

아이들한테 사과를 가르치는 건 어려운 일이에요. 미안해라고 말하지만 정말 미안해서 미안하다고 하는 걸까요? 사과를 시키기는 하지만 이 시점에서 사과를 시키는 게 맞는 걸까요?

사과를 시키는 과정에서 이런 의문이 든다면 사과를 해보는 과정을 통해 사과하는 방법을 배워가는 중이라고 생각하면 좋아요. 사실 사과는 자신의 잘못을 스스로 인정해서 상대방에게 용서를 구하는 일이기 때문에, 어린아이에겐 진심으로 사과하는 일이 힘들 수 있어요. 그래서 제대로 된 사과를 하지 않더라도 사과하는 방법을 알려준다는 마음으로 접근할 수 있게 도와주세요.

♥ 무조건 똑같은 물건 구비하기

둘째가 성장해서 '내꺼 니꺼'를 알게 되면서부터 싸움이 시작됐어요.

이때 알았죠. 모든 물건을 무조건 똑같이 사야 한다는 것을요. 아주 사소한 것도 똑같이 사고, 그렇게 할 수 없는 건 모조리 치워버렸어요. 그 물건이 우리 집에 있을 때 더 유익한가, 사라졌을 때 유익한가를 따져봤죠. 그 물건이 없어서 아이의 발달이 저해된다기보다 서로 갖기 위해 투쟁하는 것이 더 안 좋은 영향을 끼친다고 판단되면 버려버렸죠.

지금 생각하면 아주 잘한 일이었어요. 돈이 들더라도 같이 누리게 해주면 서로 엄마를 독차지하려거나 소유하려는 마음도 많이 사그라들어요.

♥ 어느 누구의 편도 들지 않기

싸움에서 절대 빠지지 않고 등장하는 건 '억울함 호소하기'예요. 두 아이 모두 서로의 입장이 분명하죠. 그럴 때는 엄마가 "누가 잘못했네!"하는 말을 하지 않고, 누구의 편도 들지 않는 것이 포인트입니다. 아이들 싸움엔 잘잘못의 판가름하는 건 큰 의미가 없어요. 마음을 다독이는 게 중요합니다. 저희 집 실제 싸움 상황을 예시로 말씀드릴게요. 저의 행동에 주목해주세요.

며칠 전 동생이 언니가 만든 물건을 허락도 없이 가져갔어요. 언니는 동생한테 가져가지 말라고 소리를 질렀지요. 누가 봐도 동생이 잘못한 거지만, 저는 동생을 혼내기 전에 언니를 보며 눈짓을 했어요. 엄마가 동생을 혼내주겠다는 눈짓이었죠. 그리고 귓속말을 했어요. "동생이 너의 소중한 물건을 가져가서 얼마나 속상 했니…"

그 다음은 동생 차례예요. "언니 물건이 만지고 싶었니? 많이 만지고 싶었겠다. 그치?" 이렇게 두 아이에게 따로 가서 마음을 공감해주면 싸움은 자연스럽게 정리됩니다.

만약 한 명을 혼내고 잘잘못을 따졌다면, 화가 풀리지 않은 아이로 인해 2라운드 싸움이 시작될 게 뻔해요. 물건도 망가지고 아이들 마음도 다치는 최악의 사태가 일어날 수 있죠.

♥ 아이의 관심 돌리기(연기하기 스킬)

보통 아이들이 싸울 때는 다양한 대처 방법이 있어요. 그야말로 별거 아닌 걸로 네가 잘했니, 내가 잘했니 하고 싸울 때는 상황을 전환하는 방법을 사용하면 된답니다. 특히 어린아이들이 이상한 말로 싸울 때는 엄마가 훅 하고 끼어들어 "서뉴야, 아이스크림 먹자."라고 해보세요. 그럼 아이들이 획 하고 돌아와요. 이 방법은 각자 상황에 맞게 적용해야 합니다.

이 방법의 핵심은 아이스크림이 아니라 '상황 전환하기'랍니다. 한마디로 아이들의 관심을 다른 곳으로 돌리는 거예요. 별거 아닌 일로 싸울 때는 아이들은 바로 잊어버릴 수 있어요. 이 방법은 분위기 전환하기 스킬과 비슷한 개념이에요.

♥ 판사처럼 객관적으로 판단하기

반대로 판사처럼 철두철미하게 조사해서 누구의 잘못인지 판단하고 가려줄 필요가 있을 때도 있어요. 어른들도 서로 의견이 맞지 않아 법정 싸움까지 갔다는 기사를 보잖아요. 두 아이도 대화로 해결이 안 된다면 엄마가 형사, 검사, 판사 역할까지 감당하며 정확한 셜록 홈스의 눈으로 판단해야 할 때가 있어요.

♥ 얼른 무조건 개입하기

싸움에 개입하지 말라고 무조건 개입하지 않는 건 아니겠죠? 싸움 중에서도 무조건 개입을 해야 하는 상황이 있어요. 두 아이가 분노에 찬 모습으로 폭력을 행사하고 있을 때랍니다. 그럴 때는 무조건 물리적인 힘을 가해 싸움을 말려야 합니다. 아이들을 떼어놓고 서로 다른 방으로 가서 1차적으로 흥분을 가라앉힐 수 있게 해줘야 한답니다. 이 방법은 형제자매뿐 아니라 또래 아이들이 싸울 때도 적용해야 해요. 1차적으로 흥분이 가라앉았다면 그때 각자의 마음을 공감해주는 스킬로 넘어가면 됩니다.

♥ 서로의 입장을 충분히 공감하기(사후대처 스킬)

이 방법은 모든 싸움에 판사가 될 필요도, 개입할 필요도, 다른 스킬이 필요 없을 만큼 말 한마디면 끝나는 상황이에요. 큰애가 동생이랑 놀다가 내게 와서 동생이 만지지도, 하지도 말라고 했다며 화가 잔뜩 나 있어요. 분을 못 이겨 발을 구르고 난리가 났어요. 저는 아이에게 왜 화를 내냐며 질책하지도 않고, 왜 그러냐며 상황을 물어보지도 않았어요. 그저 공감하기 스킬을 그대로 사용했어요.

"동생이 못하게 해서 화났어? 그래, 화가 나지. 엄마도 화나겠다. 하고 싶은데 못하게 하니까, 그치? 그래, 소리 질러."라고 말하며 머리를 쓰다듬고 토닥이고 안아주었어요. 그랬더니 아무렇지 않게 다시 생글생글 웃으며 기분이 좋아져 놀이를 시작했답니다.

제가 해준 건 있는 그대로 아이의 말을 따라 공감해주고 진심으로 마음을 알아준 것밖에 없어요. 그만큼 '공감하기 스킬'은 육아에 있어 엄청 중요해요. 처음 시작이 힘들지, 하다 보면 공감하기에 중독이 될지도 몰라요. 신기하거든요. 이 스킬 하나로 어쩌면 저렇게 화가 금방 달아나지 하는 생각이 들기도 해요.

♥ 사이좋게 지낼 때 반응하기

싸울 때 반응하는 게 아니라 사이좋게 지낼 때 치고 들어가는 거예요. 평소에 엄마가 아이들이 싸울 때마다 소리를 지르거나 잔소리를 하게 되면, 아이들이 엄마의 관심 반응으로 착각해요. 사실 엄마는 관심 반응이 아닌데 말이죠. 두 아이가 서로 따뜻한 말을 하며 잘 지내고 있을 때 관심을 듬뿍 주는 겁니다.

"으뉴야, 언니한테 예쁘게 부탁하는 말로 해주네."

"서뉴가 동생한테 소리 지르지 않고 차근차근 설명해줘서 고마워."

이런 식으로 따뜻한 말과 함께 어깨를 토닥여주며 사랑스런 눈빛으로 바라본다면 아이들은 싸우는 것보다 사랑하는 일이 얼마나 행복한지 알게 돼요.

==형제자매 싸움은 성숙하지 못하기 때문에 일어나는 아이들의 의견 대립이에요. 그래서 전문가 선생님이 와도 다시는 싸우지 않게 하는 방법은==

없어요. 하지만 덜 싸우게는 할 수 있답니다. 형제자매 싸움은 사후대처 스킬이 요구되는 상황이 많아요. 아이들이 싸울 때마다 스트레스가 이만저만이 아니겠지만 정신 바짝 차리고 더 악화된 상황으로 내몰리지만 않게 하면 된답니다.

★★★★★
고품격 육아를 위한 추천도서 11

『우리집 괴물』 조영아 글·그림, 리틀씨앤톡

『찰리와 롤라』 시리즈 로렌차일드 글·그림, 국민서관

『까까똥꼬 시몽』 시리즈 스테파니 블레이크 글·그림, 한울림 어린이

『터널』 앤서니브라운 글·그림, 논장

『형보다 커지고 싶어』 스티븐 켈로그 글·그림, 비룡소

『안돼 내 과자야』 백주희 글·그림, 책 읽는 곰

『이만큼 컸어요』 루스 크라우스 글, 헬린 옥슨버리 그림, 웅진주니어

『다 내 거야!』 제라 힉스 글·그림, 다림

『싫어! 다 내거야!』 애런 블레이비 글·그림, 현암주니어

『빨간 줄무늬 바지』 채인선 글, 이진아 그림, 보림

『구리와 구라의 빵 만들기』
나카가와 리에코 글, 야마와키 유리코 그림, 한림출판사

『아되세미 외』 시리즈 이사벨 지베르트 글·그림, 루크북스

『욕심꾸러기 생쥐와 빨간 사과』
A.H 벤자민 글, 귀네스 윌리엄슨 그림, 웅진주니어

『떼쟁이 쳇』 미야자와 겐지 글, 가로쿠 공부 그림, 한솔수북

> **서뉴맘의 TIP**
> 형제자매 질투, 아이들에겐
> 엄마의 사랑이 안전한 보험

두 아이를 키우면서 느끼는 건데, 아이들은 신기하리만치 질투가 심하죠. 질투라는 감정을 느끼고 엄마의 사랑을 갈구하는 아이들은 엄마의 사랑을 통해 세상을 살아가는 힘을 얻고 안정감을 느껴요. 만약 자동차를 샀는데, 이상한 소리가 나고 핸들이 흔들린다면 안정감을 느끼지 못해요. 정비소를 찾아가고 보험사를 다시 확인해야죠.

아이들한테 엄마의 존재는 정비소와 보험 같은 역할을 해요. 그런 엄마가 안정감을 주지 못하면 아이는 정서적으로 흔들리고 더 많은 질투를 느끼고 갈구하게 되죠. 성장하는 과장에서 '정비소+보험'의 역할이 점차 자기 자신한테 옮겨가요. 그런데 이 과정에서 엄마가 아이에게 넘겨주지 않으면 혹은 아이가 아직도 엄마의 사랑을 갈구한다면 마마보이, 마마걸이 되는 거예요.

지금은 좀 힘들어도 아이들은 성장해갈 것이고, 미친 듯이 갈구했던 엄마의 사랑도 찾지 않게 되죠. 엄마가 없어도 세상이 안전하다는 걸 스스로 느끼니까요. 그 힘을 자기 자신한테서 찾았을 테니까요. 질투는 그런 거랍니다.

엄마는 가족 중 가장 늦게 자고 일찍 일어납니다.

쾌적하고 편안한 집을 위해 아침부터 분주히 움직입니다.

아이를 위해서는 맛있고 영양이 풍부한 식탁을 차립니다.

아이 앞에서는 아파도 아프지 않습니다.

내 아이가 다른 아이에게 뒤지는 건 참을 수가 없습니다.

최신 교육 정보와 사설 기관을 통해서라도 어떻게든

성적을 높이고 좋은 학교에 진학시켜야 합니다.

아이의 성공이 나의 성공입니다.

아이를 위해서라면 영양사도 되었다가, 운전사도 되었다가,

선생님도 되었다가 하루에 열두 번도 직업을 바꿀 수 있습니다.

아이 앞에서는 못할 것이 없는 슈퍼우먼입니다.

- 『마더 쇼크』 (EBS 마더쇼크 제작팀 지음, 중앙북스) 중에서 -

chapter 4

징하게 안 먹는 아이도
온 종일 먹을 것 찾게 되는
엄마의 레시피

아이가 밥 잘먹게 되는, 엄마 마음 세팅 5단계!

- Step 1

내 아이만 바라보기, 성장 발달에 연연하지 않기 : 옆집 아이와 비교하지 말아요. 먹는 양도 성장 발달도 모두 다르답니다.

- Step 2

즐거운 식사에 집중하기 : 어떻게든 '밥을 먹이기'가 포인트가 아니라 밥 먹는 일을 '즐겁게 해주기'에 집중하세요. 어떻게든 밥을 먹이는 것에 집중하다 보니 '왜 안 먹지? 왜 덜 먹었지?' 하는 의문이 들거든요. 그런데 즐거운 식사에 집중하면 '왜 먹기가 싫지? 왜 즐겁지 않지?'로 질문의 방향이 바뀌기 때문에 원인과 해결책을 찾기 쉬워요. 엄마가 스트레스를 덜 받게 되지요.

- Step 3

엄마가 생각하는 양보다 덜 먹어도 무조건 감사하기

- Step 4

억지로 먹이지 않기

- Step 5

혼자 먹을 수 있도록 돕기 : 아이 스스로 주도해서 먹는 식사가 될 수 있도록 도와주는 역할을 해요.

이 5가지는 아이와 즐거운 식사를 하기 위해 엄마가 가져야 하는 자세랍니다. 그러고 나서 '우리 아이가 왜 즐겁고 신나게 밥을 먹지 않을까?'를 고민하며 원인을 찾아요.

어디, 이래도 안 먹나 봅시다!

♥ 식사 시간을 즐겁게 만들어주세요

　기본 중에 기본인 스킬이에요. 밥 먹는 시간이 즐거워야 하는 건 당연해요. 밥 먹는 시간이 고통스럽다면 당연이 피하고 싶어요. 아이들은 음식물 섭취에 대한 필요성을 정확하게 알지 못하고 배가 고프면 먹는 정도로 받아들여요. 밥 먹기 전에 즐거운 노래도 부르고, 식사 시간을 기대하게 만들면 좋아요.

♥ 엄마 아빠가 잘 먹는 모습을 보여요

　엄마 아빠의 영향이 무조건적이지는 않지만 어느 정도 영향을 끼치는 게 사실이에요. 저는 둘째가 15개월 무렵부터 다이어트를 시작했고 18~20개월부터 식단 조절을 하면서 닭가슴살과 야채 위주로 먹었어요. 둘째는 물론 자기 밥을 먹었지만 4살인 지금 양상추와 파프리카 등 생채소를 잘 먹어요. 엄마가 밤낮으로 생채소를 먹는 모습을 보고 아이도 이게 맛있구나 하고 받아들인 듯싶어요. 엄마 아빠가 '와, 맛있다' 하면서 먹는 모습을 보이세요. 연기하기 스킬을 가미해서 엄청 맛있게 먹어보세요!

♥ 같은 자리, 같은 시간에 규칙적으로 먹이세요

가급적 같은 자리에서 같은 시간에 먹이세요. 특히 이유식을 할 때 아기라서 모를 거라 생각하고 이랬다저랬다 하거든요. 이유식을 하는 시기부터 장소와 시간을 정해 일관되게 먹이면 좋아요. 8시 전후로 아침을, 12시 전후로 점심을, 6시 전후로 저녁을 먹이면 좋아요. 또 돌아다니면서 먹이지 않아야 합니다. 아이가 자리에서 일어나면 숟가락을 들고 쫓아다니는 게 아니라 원래 자리로 돌아와서 먹게 하세요.

♥ 억지로 먹이지 마세요

아무리 맛있는 음식도 억지로 먹이면 싫어지는 법이에요. 아이 스스로 즐겁고 맛있게 먹어야 다음에 또 먹고 싶어요. 억지로 먹이는 건 오늘 한 끼뿐이에요. 또 비싼 그릇이 아니라 저렴하면서도 아이들이 좋아할 만한 그릇이 많아요. 때로는 식탁에 매트를 깔아서 변화를 줄 수도 있는데, 아이의 흥미를 유발시키는 엄마의 노력이 빛을 발할 겁니다.

밥 먹는 시간이 유독 긴 아이들이 있어요. 그럴 땐 '시간 지키기' 규칙을 정해보세요. 5세 이상 아이들은 시계를 이용해도 좋지만, 아직 숫자 개념이 없는 아이라면 30분짜리 모래시계를 이용하면 좋아요. 여기서 중요한 건, '밥을 먹이는 것'이 아니라 '시간 안에 먹는 약속 지키기'랍니다.

♥ 원래 먹는 양보다 적게 주세요

아이가 너무 안 먹는 것 같으면 차라리 양을 적게 주세요. 그러면 허기가 져서 다음 끼니에 잘 먹을 수 있고, 다 먹었다는 성취감을 느낄 수도 있어요. 엄마도 다 먹으라고 잔소리를 하지 않아도 되니까 서로 스트레스가 줄어들어요. 이럴 때 격려하기 스킬을 적용하면 좋아요.

♥ 아이와 함께 요리해요

이유기에는 식재료를 이용해 장난감을 만들어보세요. 미역, 당근, 오이 등의 식재료를 마음껏 탐색할 수 있는 기회를 주는 거예요. 이유식을 거부하는 아이일수록 이유식을 놀이로 받아들이고 주물럭거리거나 마음대로 가지고 놀게 하면서 엄마가 한 숟가락씩 입에 넣어주세요. 이렇게 서서히 자연스럽게 먹는 양을 늘려가야지, 엄마가 처음부터 욕심을 부리지 마세요.

아이가 두 돌이 넘으면 엄마랑 요리 놀이를 할 수 있어요. 주먹밥이나 샌드위치처럼 간단한 음식을 만들어보면 좋아요. 이때 사람의 얼굴을 표현하거나 자동차 등을 만들면서 음식에 대한 관심을 유도해보세요.

♥ 안 먹는 식재료를 탐색해봐요

아이가 거부하는 음식이 있으면 식재료를 보여주고 놀게 하거나 탐색하게 하세요. 오이무침을 싫어한다면 아이가 오이를 만져보고 냄새도 맡아보면서 탐색하게 해요. 그런 과정을 통해 식재료를 친근하게 느끼고 음식에 대한 거부감도 줄어들 수 있어요. 또 항상 먹는 식단이 아니라 색다른 반찬을 준비해보세요. 그럴 때는 아이가 가장 좋아하는 돈가스나 떡갈비 등의 반찬도 있어야 해요.

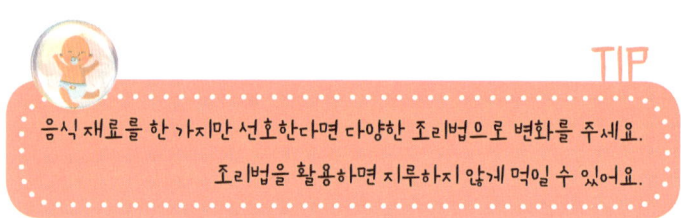

TIP
음식 재료를 한 가지만 선호한다면 다양한 조리법으로 변화를 주세요. 조리법을 활용하면 지루하지 않게 먹일 수 있어요.

♥ 아이 스스로 먹을 수 있게 해주세요

아이가 혼자 먹으려고 하는 시기에는 스스로 먹을 수 있도록 격려해주세요. 엄마들이 아이가 어지럽히면 치우기 힘들어서 아이한테 직접 먹이기도 하는데, 언젠가는 겪어야 하는 전쟁이랍니다. 아이가 재미있고 즐겁게 먹고, 엄마는 걸레 하나 들고 휘리릭 닦는 게 편할 수도 있어요. 아이 옷이 지저분해지는 것을 걱정하는 엄마들도 있는데, 적당히 입히다 버리면 그만이에요. 아이를 너무 깨끗하게 키우겠다는 욕심만 버리면 육아에 지치지 않고 씩씩하게 이겨낼 수 있어요.

♥ 식사에 대한 기대를 하게 만들어요

엄마가 음식을 만들 때 맛있는 냄새가 나면 아이가 궁금해해요. 저는 신나게 음식을 만들며 아이가 무슨 요리를 했는지 호기심을 느끼도록 만들어요. 식사를 준비하면서 노래를 부르는 등 분위기를 한껏 고조시키면 아이들도 덩달아 즐거워해요.

♥ 식당 놀이를 하며 식사해요

식당에 간 것처럼 엄마는 직원이 되고 아이들은 손님이 되는 거예요. 제가 아이들한테 "어서 오세요."라고 말한 다음 주문을 받아요. 미리 메뉴판을 만들어도 좋아요. 엄마가 음식을 서빙하고 "맛있게 드세요." 하는 말을 하고 식당에서처럼 호출하는 버튼도 만들어 식탁 모서리에 붙여둬요. 아이들이 버튼을 누르면 제가 "무엇을 도와드릴까요?" 하고 물어요. 그러면 아이들이 "네, 물 좀 주세요." 또는 냅킨을 달라고 해요.

아이들은 이런 놀이를 정말 좋아해요. 우리가 진짜 식당에 간 것처럼 역할 놀이를 하면 즐겁게 식사할 수 있지요.

♥ 하나만 도전해요

먹기 싫은 음식을 딱 하나만 먹어보는 타임이 있어요. 매일은 아니고 일주일에 두세 번 정도 아이가 평소에 안 먹는 음식을 제공하고 한 번만 도전해보도록 해요. "네가 먹기 싫은 거 알아. 오늘은 이것만 도전해볼까?" 하고 말하며 응원해요. 억지로 먹이는 것도 아니고 격려를 통해 아이의 도전을 함께하는 거죠. 아이는 먹기 싫어도 한 번은 먹습니다. 그리고 맛을 평가하는 시간을 가져요. 이런 시도를 통해 '아, 의외로 맛있네' 하면서 그동안 맛이 없을 거라는 편견을 깨고 잘 먹게 된 음식도 있어요.

♥ 엄마가 최선을 다했으면 충분해요

음식을 잘 안 먹는 아이한테는 먹으라고 잔소리를 하기보다 잘 먹을 때 반응하는 것이 효과적이에요. 이때 머리를 쓰다듬어주고 사랑스런 눈빛으로 바라보며 격려해주세요. 이렇게 온갖 방법을 총동원해도 아이의 식습관이 나아지지 않는다면 엄마가 마음을 비우고 아이를 지켜볼 수밖에 없어요. 또 단숨에 잘 먹는 아이로 만들기는 어려워요. 엄마의 입장에서 최선을 다한다면 그것으로 충분하다고 생각해요. 아이가 성장하면서 스스로 먹는 것을 즐기는 날이 올 거라 믿어요.

♥ 긍정적 조건에 반응해요

먹는 걸 즐기지 않는 아이에게는 먹지 않을 때 얼른 먹으라고 잔소리를 하기보다 먹었을 때 반응해주세요. 어쩌다 한 순가락이라도 먹으면 사랑스런 눈빛으로 바라보고 토닥여주세요. 반대로 먹을 때는 쳐다보지 말고, 안 먹고 딴짓을 할 때는 그냥 아무 말 없이 바라보기만 해요. 온갖 다양한 방법을 동원했지만, 그래도 아이가 먹지 않을 때 그나마 엄마의 간절한 마음을 표현하는 거랍니다.

♥ 식사 시간엔 먹는 것에 집중하게 해주세요

잘 지켜보면 아이가 먹는 속도가 느리거나 장난을 치는 거지 음식을 잘 먹지 않는 게 아닐 수도 있어요. 이럴 때는 딴짓을 하지 않고 떠들지 않고 밥을 먹도록 지도해주세요. 이럴 때는 "마음이가 먹는 건 잘 먹는데, 장난을 치느라 먹는 속도가 느리네?" 하고 말해야지, 빨리 먹으라고 재촉하고 아무리 잔소리를 해봐야 소용이 없어요.

야단을 칠 때도 "마음아, 엄마가 먹지 않아서 뭐라고 하는 게 아니라 자꾸 떠드느라 먹는 일에 집중하지 않아서 말하는 거야." 이런 식으로 말해야 해요. 그러면 아이도 엄마가 떠들고 장난치는 것을 지적한다는 걸 알아요. 이 부분에 초점을 맞춰 훈육해야 합니다.

♥ 아무것도 하지 않아요

온갖 방법을 동원해도 나아지지 않는다면, 식탁에 아이의 밥그릇과 수저 외에 아무것도 놓지 말고 집 안도 깔끔하게 치우세요. 주변이 산만하면 아이가 밥 먹는 것에 집중하지 못할 수 있으니까요. 그렇게 관심을 가질 만한 모든 것을 차단하고 밥 먹는 일에만 집중할 수 있게 환경을 정리해주신 다음에는 아무것도 하지 마세요. 잔소리도 필요 없어요. 필요한 건 규칙적인 식사 시간과 기다려주는 엄마의 마음입니다.

아무것도 하지 않는 방법에 가장 중요한 것은 엄마의 마음가짐이에요. 제 아무리 좋은 방법이라도 엄마의 기본 마음 세팅이 안 되어 있는 상태에선, 내 아이를 '밥 안 먹는 아이'라고 몰아세울 수밖에 없어요. 단숨에 잘 먹는 아이로 만들긴 어려우니 욕심을 버리세요. 그리고 기준을 옆집 아이가 아닌 어제의 내 아이로 생각해주세요. 어제보다 한 톨이라도 더 먹고, 즐겁게 먹었다면 그날 식사 시간은 대성공이에요!

★★★★★
고품격 육아를 위한 추천도서 12

『밥 먹기 싫어요』 안나 카살리스 글, 마르코 캄파넬라 그림, 키득키득
『밥 먹기 싫어』 크리스틴 슈나이더 글, 에르베 삐넬 그림, 그린북
『프란시스는 잼만 좋아해』 러셀 호번 글, 릴리언 호번 그림, 비룡소
『채소가 최고야』 이시즈 치히로 글, 야마무라 코지 그림, 천개의 바람
『콩콩콩』 앤디 컬런 글, 사이먼 리커티 그림, 내 인생의 책
『콩이 좋아!』 와타나베 아야 글·그림, 킨더랜드(킨더주니어)
『밥 한 그릇 뚝딱』 이소을 글·그림, 상상박스
『다른 건 안 먹어』 김영미 글, 박현주 그림, 시공주니어
『꼬마 아이를 먹을래』
실비안 도니오 글, 도르테 드 몽프레 그림, 바람의아이들
『세상에서 제일 맛있어!』 헬렌 쿠퍼 글·그림, 삐아제어린이
『하늘에서 음식이 내린다면』 쥬디 바레트 글, 론 바레트 그림, 토토북
『초밥이 빙글빙글』 구도 노리코 글·그림, 책 읽는 곰
『맛있어 보이는 백곰』 시바타 게이코 글·그림, 길벗스쿨
『편식쟁이 일곱 남매의 분홍케이크』
마리 앤 호버맨 글, 말라 프레이지 그림, Picture Book Factory

자다가도 벌떡! 엄마표 레시피
아이와 함께 만들기 좋은 요리 놀이

★ 카스텔라 밥

 재료: 밥, 카스텔라 가루, 참기름, 소금

① 미리 냉동실에 얼려 놓은 카스텔라를 강판에 갈아 가루로 만들어요.
② 비닐 백에 밥, 참기름, 소금을 넣고 으깨듯 섞어요.
③ ②의 밥을 동그랗게 빚은 뒤, 카스텔라 가루를 고루 묻혀요.

TIP
엄마와 아이가 함께 만들기 좋은 요리랍니다.

★ 아로미 스터프드

 재료: 달걀 3개, 오이 1/5, 당근 1/5, 미니 소시지 2개, 소금 약간

① 달걀을 삶아요.
② 오이, 당근, 소시지를 잘게 다져서 볶아요.
③ 삶은 달걀을 반으로 잘라 노른자만 따로 분리해 ②번의 재료, 마요네즈, 소금을 넣고 섞어요.
④ 속재료를 반으로 자른 흰자 안에 숟가락으로 조금 떠서 예쁘게 담아요.
⑤ 아로미 귀와 리본을 만들어 데코해요.

TIP
아이들이 썰고, 볶는 걸 할 수 있게 해주시고 만드는 양이 적어 야 힘들지 않게 요리놀이를 할 수 있어요. 달걀 3개면 충분해요.

 ## 바쁜 워킹맘과 전업맘을 위한 초간단 요리

★ 저수분 비빔밥

 재료: 애호박, 당근, 시금치, 표고버섯(다른 버섯으로 대체 가능)

선택 재료: 달걀과 소고기볶음

양념장: 참기름, 간장, 고추장

① 냄비에 당근, 호박, 버섯, 시금치 순으로 담아요.
② 뚜껑을 덮고 중약 불에서 20분간 쪄요.
③ 달걀을 프라이하고 준비한 재료와 함께 밥에 넣고 비벼요.

★ 닭다리 삼계탕

재료: 닭다리(4개), 파, 양파, 표고버섯, 통마늘, 후추, 생강가루

① 냄비에 준비한 재료와 물을 넣고 푹 삶아요.
② 센 불로 끓이다 끓기 시작하면 중간 불로 줄이고 푹 끓여요.
③ 완성된 요리에 입맛에 맞게 간을 해요.

TIP
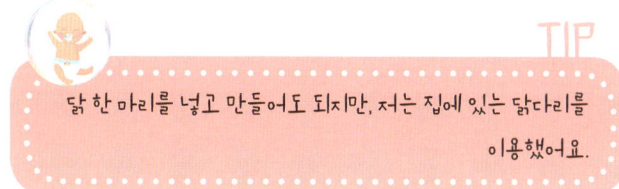

닭 한 마리를 넣고 만들어도 되지만, 저는 집에 있는 닭다리를 이용했어요.

 ## 한 그릇으로도 뚝딱 해 먹을 수 있는 다양한 밥 만들기

사실 여러 가지 반찬을 만들기 쉽지 않아요. 그럴 땐, 한 그릇으로도 맛있게 즐길 수 있는 밥 요리를 해보세요. 채소를 잘 안 먹는 아이들에게도 반응이 좋아요. 저는 특히 마늘 밥을 자주 만드는데, 다양한 식재료를 넣고 밥을 지으면 간단하면서도 색다른 한 끼 식사가 완성된답니다.

★ 건강을 지켜주는 마늘 밥

마늘이 몸에 좋다는 건 많은 분들이 알고 계실 거예요. 저는 통마늘을 냉동실에 보관하다가 밥을 지을 때마다 조금씩 넣어요. 단, 너무 많이 넣으면 마늘 향 때문에 아이들이 싫어하니 적당히 넣어주세요.

★ 별미로 해먹을 수 있는 무밥

무를 두툼하게 채를 썰어 넣고 밥을 지어요. 완성된 달큰한 무밥에 양념장 하나만 넣고 슥슥 비비면, 훌륭한 한 그릇 요리가 완성돼요.

 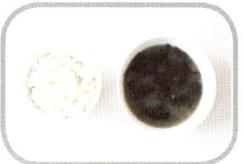 

★ 몸 튼튼 영양밥

밤과 단호박, 은행, 연근을 넣고 밥을 지으면 든든한 영양식이 완성됩니다. 집에 있는 다른 재료를 활용해도 좋아요. 특히 평소에 연근을 잘 먹지 않던 아이들도 이렇게 연근밥을 해주면 잘 먹어요.

연근을 식초를 넣은 물에 헹구면 특유의 아린 맛을 제거할 수 있어요. 아이가 해산물을 잘 먹으면 바지락이나 홍합, 굴을 넣고 밥을 지어도 좋아요. 잡곡밥은 까실한 식감 때문에 아이들이 잘 안 먹으니, 잡곡 대신 뿌리채소나 해산물을 넣고 밥을 지어보세요. 영양가 높은 간편식을 손쉽게 만들 수 있어요.

안 먹던 아이를 단숨에 잘 먹는 아이로 만들기는 어려워요. 물론, 그런 아이도 있을 수 있어요. 하지만 언제나 기준은 내 아이예요. 옆집 아이가 아닌 어제의 내 아이가 기준이 되어야 하죠. (어제보다 한 톨이라도 더 먹었어요! 어제보다 즐겁게 먹었어요! 대성공!)

밥을 잘 먹게 되었다가도 다시 싫어할 수 있어요. 즉 아이가 성장 중이라면, 엄마의 매일은 도전의 연속이 될 거라는 말이죠. 끝날 때 까지 끝난 게 아니에요.

아이들 중에는 편식이고 뭐고 아예 안 먹는 아이, 잘 안 먹는 건 아니지만 편식이 심한 아이가 있어요. 이런 아이들에게는 엄마의 믿음이 필요해요. 스스로 할 수 있도록 기다려주세요. 아무리 엄마가 이거 먹어라 저거 먹어라 잔소리하고 회유해도 바뀌지 않아요. 먹고 싶은 마음이 없는 아이에게는 어떤 말도 통하지 않죠. 그럴 땐 차라리 한 숟가락을 먹든 채소를 뱉든 스스로 선택하게 해보세요.

🙋‍♀️ 소곤소곤 넌지시 말하고, 이제 '선택은 너의 몫이야'라는 느낌을 주는 거죠. 진심을 다해 믿고 또 응원하는 마음으로 힘을 실어 이야기하면, 진짜로 스스로 선택을 해요. 엄마의 진심이 닿으면 아이도 한번쯤 도전도 해보고 밥도 스스로 먹으려고 한답니다.

거짓말 같겠지만, 하루하루 쌓이다보면 어느 순간 진짜, 정말로, 스스로 먹고 있어요. 밥과의 전쟁에서 완전히 해방되는 날이 반드시 찾아옵니다!

chapter 5

본능에 충실한
우리 집 꼬맹이
이해하기

배변 훈련은 이렇게

♥ 대소변 가리기 언제, 어떻게 시작하나요?

많은 엄마들이 18개월부터 24개월까지라고 말해요. 하지만 이 시기는 전문가들이 제안하는 평균치일 뿐, 배변 훈련을 시작하는 시기는 우리 아이가 준비되었을 때입니다. 보편적인 개월 수는 아무 의미가 없어요. 또한 배변 훈련은 태어나면서부터 시작한다는 말이 맞습니다.

♥ 기저귀를 갈며 대화해요

신생아일 때부터 기저귀를 갈 때 아기한테 신호를 보내요. 다리를 번쩍 들어 올리고 무조건 기저귀를 가는 게 아니라 말과 몸짓으로 대화를 하며 기저귀를 갈아주세요.

"쉬했구나. 엄마가 기저귀 갈아줄게."

"쉬했구나. 여기 누워볼까?"

"응가 쌌구나? 기저귀를 갈아줄까?"

"응가 쌌네. 엄마가 엉덩이 씻겨줄게. 뽀송뽀송 예쁜 엉덩이!"

때로는 노래도 불러요. "코끼리 응가는 커다란 응가, 우리 아가 응가는 예쁜 응가" 하면서 멜로디를 만들어 노래를 불러줘요.

♥ 일상에서 자연스럽게 알려줘요

저는 아이가 아주 어렸을 때부터, 쉬를 하거나 응가를 하러 갈 때 꼭 말을 하고 갔어요. 아이가 돌이 지나니 엄마가 화장실 가는 걸 인지하고, 화장실은 쉬나 응가를 하는 곳이라는 개념도 알게 되었어요. 둘째들은 엄마나 손위 형제를 보고 자연스럽게 배워요.

♥ 화장실에서 행복해 하는 모습을 보여줘요

엄마가 세상에서 가장 행복하고 기분 좋은 표정으로 볼일을 봅니다. 노래를 부르기도 하고 "엄마 쉬 다했다. 아이 시원해." 하는 말도 해요. 때로는 "응가가 나와요 풍당풍당!" 의성어나 의태어를 섞어서 행복한 느낌을 전달합니다. 엄마의 모습을 보면 나중에 변기에 앉았을 때 거부감이 덜하겠죠.

♥ 아이도 수치심을 느낄 수 있어요

어느 순간부터 아이가 쉬나 응가를 할 때 자꾸 저쪽으로 가라고 해요. 그건 아이도 어른들처럼 수치심을 느끼기 때문이에요. 정상적인 반응이기 때문에 걱정할 일이 아니랍니다. "마음아 엄마가 쳐다보니까 싫었어? 혼자 볼일 보고 싶구나? 그럼 엄마가 비켜줄게 편하게 응가 싸고 와~"

아이가 마음 편히 볼일 볼 수 있도록 안락한 분위기를 만들어주세요. 그러다 보면 자연스럽게 기저귀를 떼고 변기에 앉게 된답니다.

♥ 응가를 힘들어해요

소변은 가리는데, 대변을 못 가리는 아이들이 있어요. 소변은 마려우면 한 번에 쏴아 하고 나오지만, 대변은 힘도 줘야 하고 남아의 경우는 지금까지와 달리 앉아서 싼다는 게 어색하고 불편할 수 있어요. 그래서 스트레스로 다가오기도 해요. 변비가 있거나 변이 마려운 느낌이 싫어 일부러 참는 아이도 있어요. 아이가 변비가 있다면 엄마가 변을 잘 볼 수 있도록 도와줘야 하고 변을 참는다면 그 이유를 정확하게 알아야 해요.

특별한 이유 없이 느낌이 싫어서 참는 거라면 아이의 마음을 다독여주세요. "응가 마려운 느낌이 싫구나. 어떻게 하면 편하게 응가를 쌀까? 네가 하고 싶은 대로 해."라고 말하고 자신만의 방식으로 편안하게 변을 볼 수 있게 한동안 관심을 갖지 않는 게 좋아요.

♥ 귀찮아하지 마세요

기저귀를 거부하고 대소변을 조절하기는 조금 힘들지만 충분히 기저귀를 채우지 않아도 되겠다 싶을 때 낮 기저귀를 벗기고 팬티와 옷만 입히세요. 그리고 쉬가 마려우면 엄마한테 말해달라고 조곤조곤 설명해주세요. 이 과정이 귀찮아 그냥 기저귀를 채우는 엄마도 많아요. 기저귀를 채웠는데도 혼자 변기에 가서 쉬를 하고 응가가 마렵다는 표현을 하면 굳이 기저귀를 벗기지 않아도 무방해요. 하지만 아이가 기저귀를 찬 상태에서는 여기에 쉬를 하고 응가를 해도 된다고 생각해요. 엄마가 번거롭더라도 확실한 경계를 해줄 필요가 있어요.

♥ 혼내지 말아요

바지에 쉬나 응가를 하고 밤에 실수를 해도 절대 혼내지 마세요. 아이 입장에서도 충분히 당황스럽고 그러면 안 된다는 것을 알고 있어요. 아이는 대근육이 완전히 발달하지 않아 쉬나 응가가 마렵다는 생각이 들었을 때 참지 못하고 바로 쌀 수 있어요. 바지에 실수를 하면 웃으면서 괜찮다고 말해주고 어떻게 해야 하는지 알아듣게 설명해주세요. 이런 과정을 통해 아이의 배변 훈련이 완성된답니다.

♥ **아이가 준비된 시기를 어떻게 판단하나요?**

① 기저귀를 불편해하기 시작해요.

② 말은 못하지만 쉬나 응가가 마렵다는 의사를 표현하기 시작해요.

③ 쉬를 누는 간격이 길어졌어요. 기저귀를 갈아주려고 보면 쉬를 한 번도 안 쌌어요.

④ 엄마나 아빠가 화장실에 앉아 있는 모습을 관심 있게 봐요.

⑤ 자신의 변기에 앉아보기도 하고 유아 변기에서 쉬를 해보려고 해요.

⑥ 옷에 대소변이 묻으면 불편해하기 시작해요.

♥ **어떻게 변기랑 친해지나요?**

아이에게 주입하듯 변기에 대해 설명하면 거부감이 들 수 있어요. 우선 미리 변기를 구입해서, 친근한 장난감이 될 수 있게 해주세요. 적당한 장소에 변기를 두고 다양한 놀이를 해보면 좋아요. 찰흙으로 똥을 만들어 똥 싸는 놀이도 해보고요. 인형을 이용해도 좋아요. 인형이 쉬나 응가를 하면 칭찬하면서 대화를 나눠요. 그런데 아이한테 엄마의 의도가 들켜서는 안 된답니다. 이때는 '변기랑 친해지게 해주자'에만 집중하세요. 이렇게 변기와 친해지면 변기에 앉을 때 거부감이 덜해요.

혹시 아이가 변기에 관심을 보이며 "이거 뭐야?" 하고 물어보면 간단하게 대답해 주세요. 지나치게 자세한 설명을 하기에는 이르거든요.

♥ 밤 기저귀는 언제 떼나요?

많은 아이들이 낮에는 기저귀를 안 차도 밤에는 기저귀를 차고 자요. 잠을 자다 소변이 마렵다고 신호를 보내는 뇌의 기능이 깨지 않는 거죠. 자기 전에는 물을 적게 마시고 소변을 꼭 보게 한 다음 재우고, 중간에 한 번 깨워서 소변을 보게 하는 것도 방법이에요. 기저귀를 채우는 게 편하겠지만, 가급적 방수 패드를 활용하기를 권해요.

아이가 실수를 해도 화내지 말고 아무렇지 않게 대응하세요. 시간이 지나면서 자연스럽게 해결된답니다. 충분히 가릴 나이가 되었는데도 밤에 실수를 계속하면 심리적으로 문제가 있을 수도 있으니 이 부분을 먼저 해결해야 해요. 하지만 대부분 크면서 저절로 나아진답니다.

♥ 언젠가 다 뗄 거야

주변에서 "언젠가 다 떼니까 아무 걱정하지 마!" 하는 말은 반은 맞고 반은 틀려요. 조급해하지 말아야 하는 건 맞지만, 아무 준비 없이 아이 스스로 뗄 거라며 방관한다면 힘들어질 수 있어요. 그런데 배변 문제는 모든 아이를 일반화할 수 없어요. 이유가 아이마다 너무나 다르기 때문이에요. 자연스럽게 스스로 기저귀를 떼는 아이도 있거든요.

세상에 태어나 모든 게 처음인 아이한테 익숙한 기저귀가 아닌 낯선 변기는 정말 어려운 일일 수 있어요. 배변 훈련은 기저귀를 떼는 것뿐만 아니라 대소변을 보는 것이 행복한 일이라는 걸 느낄 수 있게 해주세요. 이때 엄마의 역할이 중요해요.

♥ 조급함을 버려요

엄마의 조급함이 아이에게도 전달될 확률이 높아요.

"언제까지 기저귀 차고 다닐 거야?", "이제 기저귀에다 쉬하는 거 아니야. 기저귀 빠이빠이!", "변기에다 쉬하는 거야. 알았지?" 이런 말로 아이를 압박하지 마세요. 엄마는 온화한 표정으로 친절한 말투로 말했겠지만, 아이한테는 압박하는 걸로 들려요. 오히려 더 두려움을 갖게 되지요.

"괜찮아. 네가 하고 싶으면 해! 네 마음이 준비되었을 때 변기에 앉아." 하고 여유로운 모습을 보여주세요. 배변 훈련에서는 왕도도 없고 정답도 없다는 사실만 기억하길 바라요.

♥ 편안한 마음으로 기다려주세요

기저귀 뗄 준비가 되었다고 해서 많은 엄마들이 갑자기 아이를 변기에 앉히기 시작해요. "아이가 대소변을 가릴 시기가 된 것 같은데 변기에 앉는 것도 거부하고 자꾸 기저귀만 찾아요. 응가 표현도 하거든요." 아이가 준비가 되긴 했지만 그건 신체적인 준비이지, 마음의 준비는 아닐 수도 있어요. 마음이 준비될 때까지 아이를 기다려주세요.

★★★★★

고품격 육아를 위한 추천도서 13

『내 쉬 통 어딨어』 크리스틴 슈나이더 글, 에르베 삐넬 그림, 그린북

『팬티를 입었어요』 히로카와 사에코 글·그림, 길벗어린이

『똥이 풍덩!(여자)』 알로나 프랑켈 글·그림, 비룡소

『똥이 풍덩!(남자)』 알로나 프랑켈 글·그림, 비룡소

『응가하자, 끙끙』 최민오 저자, 보림

『누가 내 머리에 똥 쌌어』
베르너 홀츠바르트 글, 볼프 에를브루흐 그림, 사계절

『누구나 눈다』 고미 타로 글·그림, 한림출판사

『응가를 하려면 아파요』 하워드 베넷 글, 마이클 웨버 그림, 루크북스

『한밤중의 화장실』 마루야마 아야코 글·그림, 한림출판사

『나 똥 쌌어』 미즈우치 기쿠오 글, 하타 고시로 그림, 북뱅크

애착 물건은 소중하게

애착 물건은 개인마다 다르겠지만 긍정적인 영향이 많다고 봐요. 아이가 애착 물건을 갖게 된 계기가 더 중요해요. 애착 물건은 애착 대상(주 양육자)이 아닌 다른 것으로부터 안정감과 편안함을 느끼고 두려움, 불안 같은 감정을 극복하기 위해(아이나 타인이) 만드는데 담요, 인형, 손수건 같은 물건이 아니라 타인의 신체(엄마의 머리카락, 가슴, 젖꼭지, 점 등)가 될 수도 있어요.

애착 물건은 하나보다는 여러 개를 동시에 만들면 좋아요. 아이가 너무나 애착하는 물건이 생기면 똑같은 걸 하나 더 구입하면 좋은데, 번갈아 쓰면 세탁도 가능하니까요. 그러다 어느 정도 성장하면 점점 애착 대상이 많아져요. 그러면 비슷한 물건으로 대체해주세요. 담요를 좋아한다면 다른 종류의 담요를, 인형이라면 다른 인형 등으로 범위를 넓혀가요.

그런데 물건이 아니라 엄마의 점이나 가슴, 머리카락 같은 신체에 집착하면 그게 애착물이 돼요. 물건이라면 모를까, 아이가 시도 때도 없이 만져 엄마의 생활에 방해가 된다면 원인을 찾아야겠죠. 아이가 분리불안을 겪는다든가, 동생이 태어나면서 불안해하는 게 아닌지 등 원인을 찾아 그 문제를 해결하는 데 집중해야 합니다. 또 가급적 대체 가능한 물건으로 전환시켜주는 게 필요해요.

♥ 밖에 나갈 때도 들고 나가요

들고 나가도 괜찮아요. 장난감이 아닌 애착 물건은 기관에 가져가는 게 4세까지는 허용이 돼요. 아이가 이 물건을 통해 안정감을 느낀다면 방해가 안 되는 선에서 가지고 다녀도 상관없어요.

♥ 물고 빨아서 치아가 상하는 것 같아요

이불이나 담요를 그냥 가지고 자면 괜찮은데 아이가 치아로 물어서 손상되는 경우도 있어요. 그럴 때는 애착 물건은 인정해주되, 행동은 제지해요. "우리 상추가 담요 무는 것을 좋아하지? 그런데 담요를 자꾸 물고 자면 치아가 삐뚤어져. 그러면 음식을 잘 못 먹을 수 있어. 요렇게 입술에 비비고 볼에 비벼볼까? 조금 참아볼까?" 하면서 유도하세요. 처음에는 힘들 수도 있지만 중요한 건 아이의 물건을 인정해주되 행동만 수정하는 거예요.

♥ 점점 놀이에 집중하게 해주세요

애착 물건을 통해 정서적 안정과 편안함을 느끼는 건 좋지만 그것에만 집착해서 또래와의 놀이나 상호작용을 하지 않는다면 문제가 될 수 있어요. 낮 시간에는 가급적 찾지 않도록 유도하고, 자기 전에 애착 물건과 함께할 수 있게 해주세요.

♥ 강제로 분리하려 하지 말아요

애착 물건에 집착한다며 강제로 없애려고 하는 엄마들이 많아요. 18~20개월인 아이한테 다 컸다는 이유를 대면서요. 이때는 당연히 강한 애착을 보일 때예요. 애착 물건이 있다고 해서 엄마와 애착에 문제가 있는 건 아니에요. 이 두 가지를 연결지어 생각하는데, 엄마와의 애착이 잘 형성되었어도 엄마가 아닌 다른 대상에 안정감을 느끼고 싶어 애착 물건에 집착하기도 해요. 대부분 성장하면서 찾는 빈도가 줄어들지만, 어른이 되어서도 애착 물건이 있는 사람도 많아요. 일상생활을 하는 데 지장만 없다면 상관없답니다.

애착 물건은 아이가 성장하면서 보이는 하나의 발달 과정이라 할 수 있어요. 하지만 점점 성장하면서 또래 관계에 더 관심을 갖게 돼요. 제가 이야기하고 싶은 건 애착 물건이 있고 집착하는 게 무조건 나쁘다는 편견에서 벗어났으면 좋겠다는 거예요. 외국 캐릭터만 보더라도 추피는 두두, 스누피에 나오는 리누스의 담요 등 애착 물건과 짝꿍으로 등장해요. 오롯이 엄마에게만 애착을 갖지 않고 다른 대상으로 애착을 넓혀가는 용도로 적절히 육아에 적용한다면 서로 윈-윈(win-win)할 수 있을 거예요.

★★★★★
고품격 육아를 위한 추천도서 14

『내 인형이야』 셜리 휴즈 글·그림, 보림
『이불공주 바니 빈』 앰버 스튜어트 글, 레인 말로우 그림, 예림당
『태티 래티는 어디 있을까』 헬렌 쿠퍼 글·그림, 킨더랜드(킨더주니어)
『은지와 푹신이』 하야시 아키코 글·그림, 한림출판사
『내 사랑 뿌뿌』 케빈 헹크스 글, 케빈 헹크스 그림, 비룡소
『모 윌렘스 내 토끼 시리즈』 모 윌렘스 글·그림, 살림어린이
『추피와 두두의 생활 이야기』 티에리 쿠르텡 글·그림, 빛글

벌써 성교육이 필요할까요?

일반적으로 성교육 하면 단순히 성관계 혹은 성폭력 예방을 하는 교육 정도로 알고 있어요. 진정한 의미의 성교육은 자신의 몸을 사랑하고 이해하는 데 있어요. 그리고 상대의 성을 바라보는 올바른 인식을 심어주기 위함이죠. 그래서 최근 들어 이슈화된 젠더(성별) 교육을 하려는 거예요. 성폭력은 남자와 여자의 문제가 아닌 '권력'에 있어요. 이와 관련해서는 주제가 너무 광범위하기 때문에 여기서는 0세부터 7세까지의 아동을 대상으로 성교육과 관련된 육아 팁을 소개할게요.

성교육은 태어났을 때부터 시작해야 합니다. 자신의 몸을 사랑하는 것과 상대의 몸을 이해하는 것이 성교육이니 만큼 신체에 대한 올바른 생각을 가질 수 있도록 도와줘야 해요. 알아두면 육아에 쓸모 있는, 성에 대한 기본적인 인식과 정보를 소개할게요.

♥ 눈높이에 맞는 성교육하기

가장 먼저 성교육은 아이의 눈높이에 맞춰야 해요. 성기(음경, 음순)에 대한 지식이 없다면 이것부터 가르쳐야 해요. 여자와 남자의 몸이 어떻게 다른지 자연스럽게 알 수 있도록 인형이나 부모님을 통해 인식시켜주세요. 때로는 아이가 호기심 가득한 눈으로 물어봤을 때 "뭘 그런 걸 묻고 그래?" 하는 부정적인 반응이 아니라 '이제 너도 이런 것들이 궁금하구나!' 하는 기쁜 마음이여야 한다는 거죠.

♥ 아이의 몸을 소중하게 다뤄요

성교육은 아이의 몸을 소중히 다루는 것에서부터 시작되죠. 기저귀를 갈기 전에 물어보고, 아이의 몸을 씻길 때 조심히 다루는 것에서부터 성교육이 시작됩니다. 엄마가 아이의 몸에 대해 바르게 인식하고, 사랑으로 다룬다면 아이도 자신의 몸을 소중하게 인식할 거예요.

♥ 정확한 명칭을 알려줘요

고추나 잠지가 아니라 음경과 음순이라는 정확한 명칭을 알려주고 불러주세요. 강박적으로 꼭 사용해야 하는 것은 아니지만, 이런 명칭이 우리 몸에 대해 부정적인 의미로 사용되기도 하기 때문이에요. 집에서도 정확한 명칭을 사용함으로써 아이들이 신체를 긍정적으로 바라볼 수 있어요.

♥ 성에 대한 고정관념 깨기

요즘은 덜하지만 분홍색은 여자 색깔, 파란색은 남자 색깔이라는 고정관념이 있어요. 옷이나, 장난감, 사소한 물건들까지도 색과 기능으로 남자용과 여자용으로 구분지어요. 심지어 육아서 시장도 마찬가지예요.

아이들이 어렸을 때부터 성에 대한 고정관념에 사로잡히지 않도록 해주세요. 호르몬의 차이로 남과 여가 명확하게 구분되지만, 우리는 이 세상에서 서로서로 함께 어우러져 살아가는 존재들이니까요.

♥ 없는 게 아니라 다른 거예요

"나는 고추가 있고 너는 없네."가 아니라 "나는 음경이 있고 너는 음순이 있어."라고 말하도록 가르쳐주세요. 가끔 남자아이나 어른들이 "너는 여자라서 고추가 없어!"라는 말을 하는데 이 말은 잘못하면 아이에게 왜곡된 성 개념을 심어줄 수 있어요. 저는 아이한테 누군가 너한테 고추가 없다고 말하면 "남자는 음경이 있는 거고, 여자는 음순이 있는 거야."라고 정확하게 말해주라고 했어요. 다시 말해, 없는 게 아니라 다른 거죠.

♥ 호기심과 폭력을 구분해요

아이들이 장난이라며 여자아이 치마를 들치거나 누가 소변을 보는데 문을 열기도 해요. 정말로 호기심에 그러는 거지, 다른 이유는 없어요. 하지만 이런 행동을 바로잡지 않은 채 그대로 성장한다면, 아이는 당연히 그래도 된다고 생각한답니다. 상대방의 몸을 함부로 만지거나(똥침, 치마 들추기, 엉덩이 때리기, 허락 없이 뽀뽀하기) 화장실에서 소변을 보는데 몰래 쳐다보기, 문 열고 도망가기 등의 행동이 폭력이라는 사실을 아이한테 인식시켜 주세요. 어떤 일이 있어도 상대방의 허락 없이는 어느 누구도 함부로 해서는 안 되는 거예요. 이런 교육이 보편화되고 관습이 된다면 아이들이 장난으로 하는 똥침 놀이나 아이스케키 같은 행동이 사라질 테고, 상대방의 몸을 존중할 거예요.

♥ 스킨십도 허락을 구해요

아이라고 해서 마음대로 해도 되는 건 아니에요. 저도 처음에는 아이를 향해 "삼촌한테 뽀뽀해줘."라고 말하기도 했어요. 옳지 못한 말이었죠. 뽀뽀를 할지 말지는 아이가 정하는 거예요. 심지어 엄마 아빠도 아이와 스킨십을 할 때는 허락을 받아야 하죠. 어린아이라도 '좋다, 싫다'를 분명하게 표현할 수 있어요. 성교육 강사인 손경이 선생님은 '성적 자기 결정권'이라는 표현으로 성교육의 틀을 잡기도 했어요.

즉, 몸의 주인은 자신이라는 거죠. 다른 사람이 내 몸을 만지고자 할 때는 내 허락을 받아야 하듯, 나도 다른 사람의 몸을 만질 때는 허락을 받아야 해요. 어느 날 갑자기 "네 몸은 네 거야."라고 말해준다고 해서 인식하는 게 아닙니다.

♥ 아무 데서나 소변을 누이지 않아요

남자아이를 사람들이 많은 곳에서 옷을 획획 벗겨 페트병이나 종이컵에 소변을 누이지 마세요. 여자아이들도 마찬가지고요. 어리다는 이유로 자연스럽게 밖에서도 볼일을 허락하는 경우가 있어요. 하지만 아무리 급하더라도 소중한 생식기를 사람들한테 보여주지 않도록 해주세요. 아이들이 성기를 아무 데서나 보여줘도 괜찮다고 인식하게 된답니다.

♥ 아기는 어떻게 생겨요?

"엄마, 아기는 어떻게 생겨?" 하는 아이의 질문에 뭐라고 대답하나요? 드디어 때가 왔도다 하면서 자세히 설명하는 엄마도 있을 텐데요. 아무것도 모르는 아이한테 자세히 설명할 필요는 없어요. 그냥 가볍게 "엄마 씨앗과 아빠 씨앗이 만나서 생기지!"라고 설명한 다음 더 궁금해 하면 그림책을 이용해 간접적으로 설명해주세요.

그렇다고 매번 두루뭉술하게 설명하는 게 아니라 다양한 성교육을 조금씩 접하게 해주세요. 그러다보면 자연스럽게 더 자세히 설명해도 되겠다 싶은 시점이 다가와요. 저희 큰아이의 경우는 7살이었어요. 그즈음 아주 정확하게 설명을 해주었답니다.

엄마들은 성행위, 즉 섹스하는 모습을 여과 없이 그대로 보여주는 것이 아이에게 악영향을 끼칠 거라고 생각해요. 이는 우리가 성관계 자체를 부정적인 시각으로 바라보기 때문이에요. 성관계는 너무나 아름답고 신비한 과정이며, 사람이라면 누구나 알아야 하는 당연한 권리죠. 창피해하거나 부끄러워할 이유가 전혀 없어요. 아이들은 어른들의 생각과 달리 자연스럽고, 그냥 보이는 그대로 지식을 받아들입니다.

추천하는 성교육 그림책으로는 『엄마 씨앗 아빠 씨앗』과 『엄마가 알을 낳았대』가 있어요. 아기가 생기는 과정을 아주 자세히 보여준답니다. 사람은 누구나 아기가 어떻게 생기는지 궁금해지기 마련이에요. 배에서 그냥 뽕 하고 나오지 않잖아요. 어릴 때는 그런가 보다 하고 넘어갈 수 있지만, 그 호기심이 충족되지 않으면 엄마 아빠 몰래 영상이나 사진을 통해 왜곡된 정보를 접할 수밖에 없어요. 그전에 엄마가 긍정적인 성지식을 알려주세요.

♥ 유아의 자위행위

어렸을 때 하는 자위행위는 말 그대로 몸 놀이에요. 몸을 사랑하는 행동으로 보면 돼요. 내 몸이 정말 좋으니까 호기심에 만져보고 느껴보는 거지, 어른들이 생각하는 성적 쾌감을 느끼며 하는 자위행위가 아니랍니다. 지나치게 걱정하거나 확대 해석할 필요가 없어요. 혹시 아이가 너무 자주 자위를 해서 걱정이 되나요? 그렇다면 자위행위에 초점을 맞추지 말고 환경을 점검해볼 필요가 있어요.

자위행위 자체에는 집중하지 않아도 됩니다. 충분히 기관 생활도 잘하고 문제가 없다면 단순히 다른 즐거움을 알아가는 거니까요. 오히려 자위행위에 대한 에티켓을 알려주세요. 그리고 언제 어느 때 아이가 자위행위를 하는지 살펴볼 필요가 있어요.

"사랑아, 음경(음순)을 더러운 손으로 만지면 세균이 음경에 들어갈 수 있어. 아주 소중한 곳이니까 우리 깨끗한 손으로 만지자! 그리고 너무 세게 만지거나 잡아당기면(비비면) 음순(음경)이 다칠 수 있으니까 살살 만져야 해. 아주 소중한 곳이니까 혼자 있을 때 만지는 거야, 알았지?"

이렇게 에티켓을 알려주세요. 중요한 건 자위행위를 한 아이를 야단치거나 부끄럽고 창피한 일로 몰아가지 않는 거예요. 몸을 알아가는 일은 전혀 부끄러워할 일이 아니고 아이가 건강하게 잘 성장하고 있다는 증거니까요. 보통 자위를 하는 아이들은 무료하고 심심해서, 불안이나 긴장을 달래기 위해 자꾸 만져보니 좋아서 하게 되는 거예요. 다시 말해 우리가 머리카락을 만지거나 손톱 옆 살을 뜯는 것과 크게 다르지 않아요.

다만 걱정이 된다면 덜 심심하게 만들어주거나 혼자 있는 시간을 줄이는 것도 방법이 될 수 있어요. 무엇보다 어른들이 자위행위를 하는 아이들을 올바르게 인식하는 것이 중요해요. 자위는 나쁜 짓이 아니라 성장하는 과정에서 누구나 겪는 일로 치환하는 것이 좋아요.

♥ 병원 놀이

병원 놀이는 아이들이 몸에 대해 인식하기 시작하면서 자주 하는 놀이에요. 그런데 자칫 아이가 '상대방의 몸을 마음대로 만지는 놀이'로 인식하지 않도록 지도가 필요합니다. 어떤 경우라도 옷을 벗거나 걷어서 진료를 하거나, 치료하지 않도록 해야 해요. 꼭 옷 위에서 놀 수 있도록 주의를 주세요.

흔한 경우는 아니지만, 이런 교육을 받지 않을 경우 다른 집에 놀러 갔다가 아는 오빠(누나, 형, 언니)가 엉덩이에 주사를 놓는다며 바지를 내려 보라고 할 수도 있기 때문이에요. 어린아이들은 아무 생각 없이 당연히 놀이라고 생각하고 바지를 내려 보여주기도 해요. 이런 상황이 거듭되다 보면 처음에는 바지만 내렸지만 그다음에는 만져보기도 할 거예요. 하지만 아무것도 모르는 아이는 그냥 병원 놀이를 하는 줄로만 알 수 있어요.

중요한 건 '아이가 옷을 벗지 않고'가 아니라 '옷을 벗기며 놀지 않고'에 집중해야 합니다. 내 아이가 어느 경우에 해당될지는 모르는 일이니까요. 두 가지 관점을 놓고 교육해야 해요. 어떤 경우라도 혼내듯이 하는 게 아니라 차근차근 친절하게 설명하듯 해야 합니다.

♥ 우리 모두 함께 생각해볼 문제

오래 전, 당시 사회문제였던 왕따에 관한 글을 쓴 적이 있어요. 저는 '가해자가 없으면 피해자도 없다'는 말을 했어요. 사실 우리는 피해자가 되지 않으려고만 하지, 가해자를 만들지 않으려는 생각은 잘 하지 않잖아요? 성범죄도 마찬가지라고 생각해요. 성범죄와 관련하여 제가 매우 공감한 내용이 있어 아래에 소개해드립니다.

'피해를 줄이려면 가해가 무엇인지 가르치는 게 우선되어야 한다. 가해 가능성을, 무엇이 가해이고 아닌지를 (중략) 가해 가능성을 인정하면 그에 대한 대비와 교육을 할 수 있지만, 아에 인정하지 않으면 개선의 여지가 없지 않은가. (중략) 성교육과 성폭력 예방교육이 정말로 그 의미와 가치를 발현하려면, 피해자가 되지 않기 위해 자기 삶을 제한하는 내용이 아닌 가해의 기준과 맥락을 가르치고 그런 행동을 저지르지 않도록 하는 데 초점을 맞춰야 한다.'

- 『페미니스트 엄마와 초딩 아들의 성적 대화』(김서화 지음, 미디어일다) 중에서 -

성범죄에 대한 논의는 우리 모두 함께 생각해봐야 할 문제예요. 다 같이 행복해지기 위해서는 '내 아이만 피해자가 되지 않으면 된다.'는 생각만 하기보다는, 가해를 하지 않는 대비책도 함께 고민하고 개선해나가야 한다고 생각해요.

사실 여기서 이렇게 짧게 언급할 내용은 아니에요. 하지만 그럼에도 불구하고 우리 사회는 아직도 성교육에 대한 지식과 정보, 성범죄 예방을 위한 공감대 형성 등이 부족하다는 생각이 들어서 꼭 이 부분을 언급하고 싶었어요. 올바른 성교육의 필요성, 가해자를 만들지 않으려는 노력에 대해 잠시라도 함께 생각해보길 바라는 마음입니다.

성폭력 예방을 위한 5가지 특훈

♥ 네 몸은 네 것이야

의사 선생님이 너를 진찰할 때 보거나 엄마 아빠가 너를 씻길 때 만지는 것 외에는 어느 누구도 너의 성기를 만질 수 없다고 알려주세요. 만약 누군가가 만져도 되냐고 물어본다면, 싫다는 의사 표현을 할 수 있게 알려주세요. 상대방의 몸을 함부로 대하지 않는 존중을 배우고 나의 몸을 다른 누군가가 함부로 대했을 때도 단순히 이상하다는 느낌이 아니라 잘못된 거라는 사실을 아이 스스로 느낄 수 있도록 지도가 필요합니다.

♥ 비밀은 없어

혹시 누군가가 너의 몸을 함부로 만지고 나는 만져도 된다고 안심시킨 뒤 엄마한테 말하면 혼난다고 말하면서 이건 너와 나만 아는 비밀이라고 했다고 해요. 그럴 경우 엄마한테 말하라고 알려주세요. 한두 번 말로 하기보다 관련 그림책을 읽으며 이야기를 나누는 게 좋아요.

♥ 혼자가 아니라 우리 모두 다 같이 지키는 거야

자신의 몸을 소중히 해야 한다고 이야기해주었다면, 그 다음엔 우리 모두 서로의 몸을 소중히 지켜줘야 한다고 알려주세요.

♥ 엄마가 말한 사람 외에는 절대 따라가면 안되는거야

아이들은 낯선 사람에 대한 경계가 모호해요. 조금 얼굴을 아는 것도 아는 사람이랍니다. 따라서 따라가도 되는 사람을 엄마가 정확하게 지정해주세요. "엄마, 아빠, 이모, ○○엄마 말고는 너의 이름을 부르고, 엄마가 데리고 오라고 했다고 해도 가면 안 되는 거야!"

누군가 아이를 데리러 간다면 "오늘은 크림이 엄마가 너를 데리러 갈 거야. 그 외에는 따라가지 마!"라고 반복해서 강하게 말해주세요. 대부분의 성범죄는 낯선 사람이 아니라 아는 사람에 의해 이루어져요. 또 너의 이름이나 주소는 너를 몰라도 알 수 있다고 알려주세요. 아이들은 모르는 낯선 사람이 자신의 이름을 부르면 반감보다는 먼저 안심을 해요. 이름은 네 가방이나 목걸이 등을 보고 누구나 알 수 있는 거라고 알려주세요.

♥ 어른이 도와달라고 할때, 조심해야 해

종종 아이들의 착한 마음을 악용한 범죄가 발생해요. 갑자기 길을 묻거나, 도와달라고 하죠. 이런 어른들을 조심할 수 있도록 아이에게 미리 알려주세요. "어른은 어린이한테 도와달라고 말하지 않아. 다른 어른이 도와줄 거니까 그냥 와도 괜찮아. 그럴 때는 거기서 멀리 떨어져야 해"라고 알려주세요.

★★★★★

고품격 육아를 위한 추천도서 15

『아하! 우리 아이 성교육』 이명화·신혜선 글, 한철호 그림, 기탄교육
『여자와 남자는 같아요』 플란텔 팀 글, 루시 구티에레스 그림, 풀빛
『나는 여자 내 동생은 남자』 정지영·정혜영 글·그림, 비룡소
『아기는 어떻게 태어났을까?』 알렉시아와 카넬 글, 마리안느와 리즈 그림, 다섯수레
『동생이 생겼어요』 도리 힐레스타드 버틀러 글, 캐롤 톰슨 그림, 거인
『나는 어떻게 태어났나요?』 믹 매닝 글, 브리타 그랜스트룀 그림, 그린북
『엄마가 알을 낳았대』 배빗 콜 글·그림, 보림
『엄마 씨앗 아빠 씨앗』 티에리 르냉 글, 세르주 블로크 그림, 파랑새
『좋아서 껴안았는데, 왜?』 이현혜 글, 이효실 그림, 천개의 바람
『슬픈 란돌린』 카트린 마이어 글, 아네트 블라이 그림, 문학동네어린이
『말해도 괜찮아』 제시 글·그림, 문학동네어린이
『우리 몸의 구멍』 허은미 글, 이혜리 그림, 길벗어린이
『엄마 언제부터 날 사랑했어?』 안니 아고피앙 글, 클레르 프라네크 그림, 문학동네어린이

chapter 6

엄마 마음 사용 설명서

엄마는 상황 실장

   '엄마'는 단순히 살림을 하고 아이를 돌보는 사람이 아니에요. 엄마는 충분히 가치가 있는 직업입니다. 또 직업으로 따지면, 정말 다양한 직업이 한데 합쳐진 것 같죠. 정리 수납, 재테크(재무 설계), 요리, 교육 전문가(교사), 임신출산 전문, 협상, 운전, 응급구조, 여행 전문 등. 그럼에도 불구하고 우리 사회는 전업주부로 살아온 기간을 경력으로 인정하지 않아요. 개인적으로 누구든 아이를 돌보다 다시 일을 할 때, 그간의 경력이 인정되어 연봉에도 적용되어야 한다고 생각해요.

   8년간 오롯이 엄마로서만 살아온 시간이 제 삶에 엄청난 변화를 가져왔어요. 사회생활하며 느끼지 못했던 오만 감정과 제 능력의 최대치를 아이 둘을 통해 배웠죠. 욕심 부리지 않고 참아내는 인내도 배웠고 부족함을 드러내고 인정하는 법도 배웠고, 제 밑바닥까지 들춰내며 자존감의 끝을 보기도 했어요. 이렇게 살다가는 내가 죽을 것 같았기에 두 아이를 돌보며 엄마로, 여자로, 아내로, 사회의 한 인간으로 처절하게 버텨야 하는 세상사는 법을 익혀갔어요.

완벽하려고 하는 모습에서 불안과 미래에 대한 걱정을 보았고, 쓸데없는 감정과 관계에 애쓰는 저를 보며 불필요한 애씀을 줄였어요. 타인의 기준이 아닌 저만의 기준을 세워 오롯이 '나로 살기'를 실천했어요. 지금은 '내가 나여서 좋다'를 매일 되뇌며 내 자신을 한껏 사랑하고 있어요. 그만큼 회사 생활보다 엄마로 산 기간은 인간으로서 그 이상의 성장을 맛보게 해주었답니다. 세상이 우리의 경력을 인정해주지 않아도 당당하게 외칠 수 있길 바라요. '나도 그만큼 경력을 쌓았어!'라고 말이죠.

육아의 블랙홀에서 빠져나오고 싶을 때

♥ 변화시킬 수 있는 것에 초점 두기

무언가 잘못되고 있다고 느끼거나 잘하고 싶은데 안 된다고 느낄 때는 육아 상황을 냉철하게 점검해야 할 필요가 있어요. 그런데 많은 엄마들을 상담하고 만나면서 비슷한 느낌을 받았어요. 엄마들은 내 육아법이 무조건 맞고 절대 틀리지 않았다고 말해요. 그리고 잘못했더라도 잘못한 걸 남들에게 들키고 싶지 않아 한다는 거예요. 이런 생각을 가지고 있다면, 제아무리 혼자 고군분투해도 나아지지 않아요.

아이가 문제 행동을 하거나 이해할 수 없는 행동을 한다면 현재 나의 육아 상황을 객관적으로 점검해야 하는데, 그러지 않을 경우 내가 아닌 다른 곳에서 그 원인을 찾아 끌어오기 시작해요. 아이한테 공감을 하지 않고도 했다고 착각하거나 나는 지금 그럴 여유가 없으니 다른 방법으로 아이의 떼를 다스려야 한다고 생각하죠. 다시 말해 변화시킬 수 있는 환경이 아니라 변화시킬 수 없는 것을 변화시키려다 힘이 빠지고 지치는 상황이 오는 거예요.

딱 한 번만이라도 저 멀리 떨어져 객관적인 전지적 관찰자 시점으로 내 삶을 들여다본다면 어디에 구멍이 생겼는지 충분히 알 수 있어요. 남편, 시댁, 아파트 담보대출, 과거와 같이 바꿀 수 없는 것에 시선을 고정한 채 나 자신을 바라볼 생각은 하지 않는지 생각해보세요. 이제 막 18개월 된 우리 아이가 다른 집 아이를 때리고 못되게 굴어요. 나는 그때마다 답답해요. 왜 답답할까요?

엄마 마음 1. 민망해요. 우리 아이가 남한테 피해를 주는 게 싫어요.
엄마 마음 2. 아이가 왜 그런지 알긴 아는데….
엄마 마음 3. 매번 훈육하는 게 힘들고 지쳐요.

1번의 상황이라면 아이의 성장 발달을 고려해 상대방한테 말하면 돼요. "우리 마음이가 자기 물건을 빼앗기거나 그러면 친구를 때리려고 해요. 아직 어려서 그러니까 이해해주세요."라고 설명하면 이해하지 못할 엄마가 없어요. 그런데도 이해 못한다면 그 엄마한테 이해받으려고 우리 아이를 키우는 건 아니잖아요. 과감하게 무시해요.

2번 상황은 사실 왜 그런지 모르는 게 맞아요. 왜 그런지 안다면 답답할 일이 없어요. 갑자기 남친이 연락두절 됐다면, 왜 그런지 모르기 때문에 속이 터지겠죠. 하지만 속으로는 이유를 지레짐작 할거예요. 하지만 그건 내 짐작이지, 정확한 이유는 아니잖아요. 상대방한테 정확한 이유를 듣기 전까지는 알 수 없어요. 육아도 왜 그런지 정확한 이유를 모르기 때문에 답답한 거예요.

3번이라면 아이 때문에 지친 게 아니에요. 내 마음이 아이의 행동을 받아줄 여유가 없거나 지쳐 있는 게 분명해요. 그렇다면 내 마음 챙김부터 해야 합니다. 결국 우리는 답답한 이유를 스스로 잘 알고 있어서 문제가 없고, 지금 잘 지낸다고 생각하지만 육아의 답답함을 다른 곳에서 이유를 찾기 때문에 힘든 거예요.

♥ 육아 오답노트

정답만 들여다보는 것은 아는 것만 보는 것과 같아요. 내가 잘하는 것만 들여다보지 말고 육아에서 잘 안 되고 힘들었던 부분을 냉철하게 분석, 정리하는 육아 오답노트가 필요해요. 내 육아에 좀 더 솔직해지세요. 모르는 건 주변의 도움을 받고 내 육아 오답노트를 통해 거듭나세요. 형제간의 관계나 싸움으로 힘들고 대처하는 게 어렵다면, 이 부분을 집중적으로 공부해야 해요. 모르는 게 창피한 게 아니라 모르면서도 아는 척, 잘하는 척하는 게 창피한 거죠.

♥ 창의적 육아

아이를 키우다 보면 세상과 고립되고 내 생각의 틀이 갇혀 있기도 해요. 그러다 보니 효율적이면서도 재빨리 판단해야 함에도 시의적절하지 않거나 엉뚱한 판단으로 일을 그르치기도 해요. 과거의 경험에 갇혀 있기 때문이에요. 경험이 풍부하고 아는 게 많을수록 더욱 내 경험에 의존해서 판단하죠. 새로운 정보를 밀어내는 습성이 있기 때문이에요. 뇌 속 시스템에서 내 경험에 의해 감정을 인식하고 사고하며, 의사결정을 합니다.

인간의 사고는 늘 불완전한데, 그것이 정확히 맞다고 생각하는 경험의 오류를 발생시킵니다. 특히 육아에서는 객관적인 데이터를 통해 분석적 사고를 할 필요가 있어요. 즉 창의적 사고를 통해 육아를 해야 하죠. 나만의 육아법을 만들기 위해선 반드시 새로운 관점이 필요해요.

♥ 창의적 육아를 하기 위해 창의적으로 생각하는 법

① 일상에서 질문을 자주 해요

멍하니 있다 보면 답이 안 나와요. 아이들이 자주 싸워서 골머리가 아플 때는 질문을 던져보세요. '이 아이가 왜 그렇게 말했지?', '그땐 무얼 한 거지?', '왜 저게 가지고 싶었던 걸까?' 이런 질문을 던지다 보면 아이의 마음에 가까워지고 자신만의 육아법이 생기기도 해요.

② 익숙한 것이 아닌 낯설고 불편한 일을 자주 대면해요

조금 불편해도 도전적인 일을 해보세요. 저는 새로운 메뉴에 도전해보기도 하고 전혀 모르는 사람한테 말을 걸어보기도 해요. 살림살이를 바꾸기도 하고 세탁기를 돌렸던 패턴을 뒤집어보죠. 꼭 그렇게 정해진 대로만 해야 하는 건 아니거든요. 익숙해질수록 고정관념이 생기기 마련이에요.

③ 나와 전혀 상관없는 경험과 지식을 넓혀요

우리는 아이에 대한 고민이나 문제가 생기면 관련 분야의 책을 읽거나 인터넷에서 정보를 찾아요. 또 전문가의 이야기를 참고하죠. 그런데 전혀 상관없는 분야의 지식과 경험을 찾아나서는 것도 좋아요. 저도 육아서 적을 꽤 많이 읽는 편인데, 고민이 생겼을 때 전혀 다른 책을 읽기도 하고 쓸데없어 보이는 일에 하루를 투자하기도 해요. 그러다 보면 새로운 해결책이 생각날 수 있고 고민이 정리되기도 해요.

♥ 엄마 탓이 아니라 엄마의 책임

기승전 엄마 잘못이라는 말이 있어요. 모든 아이의 문제는 엄마가 원인 제공자라는 말이죠. 사실 엄마를 탓하려는 게 아니라 엄마의 책임을 말하는 거예요. '탓'은 내가 잘못한 일에 대한 부정적인 표현이고, '책임'은 내가 맡은 일을 수행하는 겁니다. 아이가 올바르게 자랄 수 있도록 돕는 역할은 부모가 해야 하는 일이며 당연히 감당해야 하는 몫입니다. 그것이 직접

적이든 간접적이든 부모의 몫인데, 그로 인한 결과를 놓고 탓하려는 게 아니에요. 책임에 대해 이야기하는 거죠.

아이가 잘못된 행동을 했을 때, 우리는 '저 엄마는 도대체 아이들 교육을 어떻게 시켰기에 저 모양이지'라며 비난하는 게 아니라 '왜 책임 있게 아이를 가르치지 않았는지' 물어야 하는 거예요. 그래도 엄마 탓을 한다면 모두 내 잘못이지 하는 스스로에 대한 부정적인 피드백보다는, 긍정적인 자기 점검의 시간을 가져야 합니다.

♥ 양육 대물림, 애착 육아의 본질을 파헤치다

육아하는 엄마라면 내면 아이와 양육 대물림 그리고 엄마와의 애착이 아킬레스건처럼 다가와요. 이게 중요한 건 사실이에요. 엄마와 아이의 애착이 잘 형성되어 있으면 당연히 좋은 일이죠. 내가 온화한 마음으로 아이의 있는 그대로를 인정하고, 친정엄마에게 받은 부정적 양육 태도를 버리고 긍정적 양육 태도로 아이를 대한다면 퍼펙트한 육아일 거예요. 하지만 이건 원인론에 입각한 사고랍니다. 과거의 사건이 현재를 만들었다고 생각하고, 앞으로도 그럴 거라고 믿는 거죠.

알프레드 아들러(Alfred Adler)는 '목적론'을 이야기했던 정신의학자에요. *"인간은 과거의 원인에 영향을 받아 행동하는 것이 아니라 스스로 정한 목적을 향해 움직인다."* 라고 이야기했죠. 원인론이 아닌 목적론에 비춰보면, 친정엄마의 양육 태도와 저의 양육 태도는 우리 아이에게 엄청난 영향력을 행사하지 않는다는 거예요. 결국 우리에게 가장 중요하게 영향을 끼치는 것은 스스로 어떤 선택을 하며 사는가 하는 거예요. 아이들의 삶은 온전히 아이들의 몫으로 남겨 두셔도 돼요. 우리는 아이가 독립할 때까지 최선을 다해 아이를 양육하면 그만이에요. 내면 아이나 애착 육아에 더 이상 집착하지 않았으면 좋겠어요.

아래는 '같은 환경에서 자라도 왜 달라지는지'를 쉽게 설명하기 위한 그림이에요.

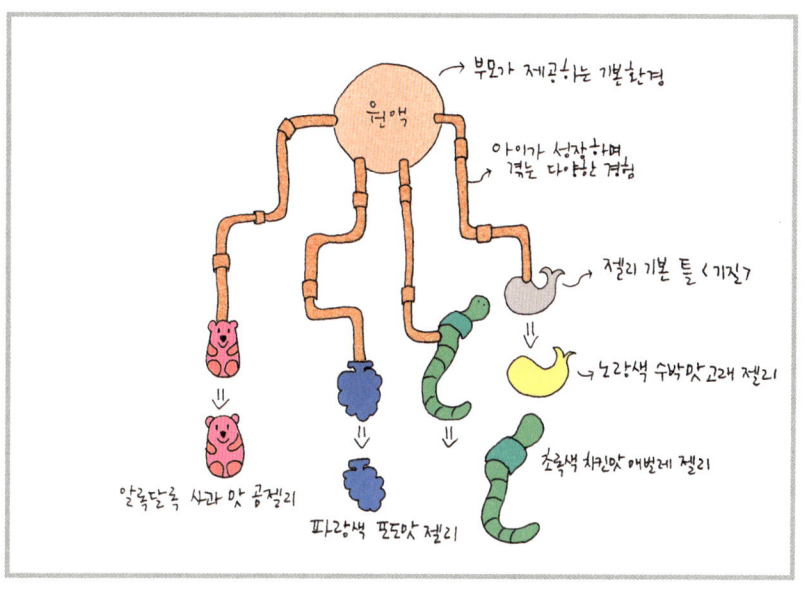

그림을 보면, 부모가 제공하는 환경을 나타내는 '원액'은 같아요. 하지만 원액은 이후 다양한 경로를 타고 변화합니다. 종국엔 맛도 달라지고, 모양도 색도 모두 달라져요. 어떻게 될지 알 수 없는 거죠. 분명 젤리를 만들어주는 관(경험)이 고장이 난다면 결과에도 좋지 않은 영향을 끼칠 거예요. 하지만 고장이 나지 않도록 잘 관리하고 도와준다면 좋은 결과를 기대할 수 있을 거예요. 반면, 젤리의 모양이나 맛이 이상하다고 해서 원액을 제공한 사람의 잘못을 물을 수는 없어요. 만들어지는 과정에서 어떤 오류가 생겼을 수도 있으니까요.

이해를 돕기 위해 젤리와 원액에 비유했지만, 아이들은 사람이에요. 아이가 어떤 삶을 선택하고 나아갈지 모르지만, 부모는 그 과정을 응원해주고, 힘껏 도와주는 것 이상으로 관여할 수는 없어요. 한마디로 원액 제공자인 우리는, 내 책임이라며 결과까지 모두 떠안을 필요는 없다는 이야기에요.

♥ 내가 내 편이 되어줄게

아이 위주가 아닌 엄마 위주의 생활을 하면 주변에서 이기적인 엄마로 몰아세워요. 이건 이기적인 게 아니라 개인주의인 거예요. 순간순간 오는 육아의 힘든 감정을 다스리기 위해서는 엄마가 스스로를 챙겨야 하는데 남편, 며느리, 딸, 엄마로 살다 보면 자신을 챙길 여유가 없어요. 하지만 나를 챙기려면 나 자신부터 사랑해야 해요. 내가 회복되면 나로부터 시작된 긍정적인 감정이 가족들에게도 옮겨가는 거예요.

그런데 우리는 반대로 행동해요. 주변을 챙긴 다음 나를 돌아보고 지하 100층까지 내려간 바닥난 내 마음을 돌아보며 우울감에 빠져 있죠. 그

우울감을 남편이나 아이한테 쏟아 붓는 악순환을 반복하는 겁니다. 누군가가 이런 내 마음을 충분히 공감해주길 바라지만, 나를 나만큼 아는 사람은 이 세상 단 한 사람도 존재하지 않아요.

"기분 좋은 상상을 해보자. 내가 예쁘게 차려입거나 꾸미지 않고도 있는 그대로 사랑받고 있다고 가정해보자. 내가 애써 친절하게 대하지 않아도 나를 귀중한 사람으로 여겨주는 사람이 있다. 나의 선하고 아름다운 모습뿐 아니라, 나의 온전한 모습 그대로를 사랑하고 소중히 여겨준다. 과거의 젊음뿐만이 아니라 미래의 늙음까지, 밝은 모습뿐 아니라 그 뒤에 숨어 있는 어두운 모습까지 그대로 기분이 어떤가? 아주 편안하고 안정된 느낌일 것이다. 바로 이것이 자신이 가장 먼저 해주어야 할, 자기를 대하는 방식이다. 자비를 담아 자신을 바라보는 일. 누군가에게 사랑받고 싶은 방식 그대로 자신을 보듬어주는 일 말이다."

—『불안이라는 위안』 (김혜령 저, 웨일북) 중에서 —

우리는 힘들고 어려울 때 주변의 누군가가 나의 마음을 알아주길 바라요. 위로받길 바라죠. 하지만 누군가에게 기대고 바랄수록 마음은 더 힘들어질 뿐이에요. 받고 싶은 대로 내가 나 자신을 챙겨주는 게 맞아요. 누군가와 마음을 나누는 게 아니라 나 자신의 있는 그대로를 바라보며 위로받고 싶을 때 내가 셀프 위로를 하며 나아가는 거예요. 저는 셀프 칭찬도 자주 하고, 공유하고 싶은 게 있으면 나 자신한테 말을 겁니다.

★★★★★

고품격 육아를 위한 추천도서 16

『정말 정말 화가 나요』 스티븐 크롤 글, 크리스틴 다브니에 그림, 크레용하우스
『혼나지 않게 해주세요』 구스노키 시게노리 글, 이시이 기요타카 그림, 베틀북
『고함쟁이 엄마』 유타 바우어 글·그림, 비룡소
『나는 엄마가 좋아』 사카이 고마코 글, 이선아 그림, 중앙출판사(중앙미디어)
『이상한 엄마』 백희나 글·그림, 책 읽는 곰
『그래도 엄마는 너를 사랑한단다』 이언 포크너 글·그림, 베틀북
『엄마들도 가끔 실수를 해요』 주디스 바이올스트 글·그림, 주니어파랑새(파랑새어린이)
『망태 할아버지가 온다』 박연철 글·그림, 시공주니어
『엄마는 회사에서 내 생각해?』 김영진 글·그림, 길벗어린이
『아빠는 회사에서 내 생각해?』 김영진 글·그림, 길벗어린이
『엄마가 정말 좋아요』 미야니시 다쓰야 글·그림, 길벗어린이
『너 왜 울어?』 바실리스 알렉사키스 글, 장-마리 앙트낭 그림, 북하우스
『엄마 하길 잘했어』 백유연 글·그림, 씨드북
『엄마, 있잖아』 구자선 글·그림, VCR
『L부인과의 인터뷰』 홍지혜 글·그림, 엣눈북스
『엄마 말 안 들으면, 흰긴수염고래 데려온다!』 맥 바네트 글, 애덤 렉스 그림, 다산기획

생존 육아법

♥ 생존 육아만이 살길이다

하루 종일 바깥에서 일과 씨름하고 집에 들어왔는데 두 아이의 분위기가 심상치 않습니다. 티격태격하는 두 아이를 말리고, 둘째 아이와 대화를 하며 속마음을 알아내고 풀릴 때까지 충분히 공감을 해주었어요. 그러고 나서 끊임없이 집안일을 하다 보면 녹초가 되곤 해요. 이게 현실이고, 육아의 실제 상황이죠.

이런 상황에서 아이한테 공감도 해주고, 책도 읽어주는 이 모든 것에 대한 부담이 밀려와요. 그래서 저는 감당할 만한 영역과 시간, 체력을 관리하기 시작했어요. 현실 육아에서는 생존 육아만이 답이니까요.

① 엄마의 수면 시간을 확보해요

처음에는 아이를 재우고 혼자 재미있게 보내다 새벽에 잠들기 일쑤였는데, 아무리 생각해도 7시간의 수면 시간은 확보되어야 해요. 무슨 일이 있어도 엄마는 수면 시간을 사수해야 합니다. 아이가 취침할 때 같이 자서 같이 일어나요. 확실히 푹 잔 날은 삶의 질이 달라요. 수면 부족으로 오는 체력의 한계는 몸과 마음을 지치게 만들어요. 그 힘듦은 아이에게 가기 마련입니다.

② 꼭 해야 하는 일만 해요

하루 일과를 목록으로 적어보세요. 하나하나 세세하게 적어보면 그 양이 어마어마합니다. 먼저 생존에 필요한 목록을 추리고, 오늘 당장 해야 하는 목록만 추립니다. 저는 매일 노트에 목록을 정리해서 관리했어요. O, △, X로 표시해 한눈에 보이게요. 이렇게 적는 이유는 머릿속에 생각하고 있어도 다 아는 게 아니에요. 실제로 제가 썼던 다이어리 내용을 첨부할게요.

2017년 12월 7일 목요일 / ○○일차

no. Official work	O X △ ☆	no. Private Work	O X △ ☆
1. 식기세척기 돌리기	O	1. Q.T	X
2. 콩나물국 끓이기 (저녁메뉴구상)	O	2. 통독 8일차 (신약)	△
3. 어린이집 입학 설명회 다녀오기	O	3. 피부과 치료받기	O
4. 서유 책 가져온 거 읽어주기	△	4. 블로그 포스팅 한 개 하기	O
5. 한글·수학 봐주기	X	5. 청소기 사진 찍기	O
6. 5칸 노트 주문	X	6. 러닝홈 내놓기	△
7. 빨래개기·정리	△	7. 독서	△
8. 아이들 방 정리	△	8. 발목 온찜질하기	X
9. 세탁기 돌리기	O	9. 하루 운동 쉬기	☆
10. 저녁 먹이고, 책 많이 읽어주기	△		
* 소고기, 우유, 행주, 안장			

《 감사일기 》

1. 피부과 치료 받는 동안 으뉴가 잘 있어줘서 감사 / 주차장에 자리가 있어서 감사
2. 아이들이 엄마가 해준 요리 맛있게 먹어줘서 감사
3. 블로그를 통하여 좋은 인연 만나게 하심 감사

《 반성과 다짐 》

* 블로그를 다시 열어서 이야기를 쓸 수 있음에 감사
* 여러 가지를 같이 진행하면... 꼭 한 가지가 소홀하게 된다.
  블로그에 집중하는 시간이 많아서 책 읽는 시간이 줄어드는 게 아쉽다.

《 Today is 》

* 아이들에게 잘할 때는 잘하는데... 공감이나 감정코칭이 필요할 때 하지 못했던 것들이 아쉽다.
* 시간을 더 치밀하게 계획해서 사용했으면 좋겠다.

2017년 12월 8일 금요일 / ○○일차

no. Official work	O X △ ☆	no. Private Work	O X △ ☆
1. 콩나물밥 양념장 만들기	O	1. Q.T	X
2. 남편 와이셔츠 세탁소에 맡기기	O	2. 신약통독 9일차	O
3. 한글·수학 봐주기 (서두 꼼꼼에 넘어가지 말자.>.<)	O	3. 운동	O
4. 5칸 노트 주문 (+올레이 주문)	△	4. 독서 (10p 이상 읽기)	O
5. 현백문센 등록	X	5. 블로그 포스팅 (오늘 낮잠 시간)	O
6. 깔끔 청소 (카펫 털기 깔고, 청소기 물걸레 등등)	O	6. 발목 온찜질	O
7. 설거지	O	7. 다음 주까지 일정 계획해보기	△
8. 반찬구상, 내일이후 먹을 것 정리 (사와고 삼개기)	X	8. 정선 숙소 전화해보기!!	X
9. 콩나물밥 양념장 만들기	O		
10. TV시청 못하게!! >.<	O		
11. 요리 한 가지 만들기	O		

《 감사일기 》

1. 11층 언니와 즐거움 담소 나눈 것 / 좋은 이웃들 만난 것!!
2. 바쁜 와중에도 해야할 일들 할 수 있었던 것!!
3. 좋은 책을 알 수 있었던 것. 어떤 사람이 되어야겠다는 마음이 그 일이 내겐 벌써 그런 사람이라 느낀 것!!

《 반성과 다짐 》

* 시간을 계획적으로 전략적으로 사용하기!! ★
* 5칸 노트는 직접 보고 사는 게 좋을 것 같다. 6칸 노트와 글쓰기 노트랑 비교해 보기!!

《 Today is 》

* 사소한 것에 감사해하는 내가 좋다. 항상 웃는 얼굴로 친절한 말투로 상대방을 대하니 복이 들어옴을 느낀다. 내 이야기에 주변 사람들이 좋아해 주니 좋다. 선한 영향력 있는 사람이 되자, 에너지를 변화시키는 사람이 되자!! ^.^ "즐거운 하루하루가 감사할 따름"

♥ 엄마가 아닌 온전한 '나'로 살기

저는 엄마들과 연락처를 주고받을 때 엄마 이름을 꼭 물어봅니다. 누구의 엄마가 전부인 삶을 살고 있지만, 일상의 작은 것에서부터 나 자신을 찾기 위함이에요. 상대가 처음에는 무진장 쑥스러워해요. 누구의 엄마라는 게 익숙하기 때문입니다. 그런데 제가 그 이름을 불러드리면 엄청 좋아해요. 본인을 찾은 듯한 기쁨과 희망의 세계로 들어선 듯한 그런 기분일까요?

첫째의 예방접종을 하러 소아과에 갔다가 간호사가 '서뉴 어머니'를 불렀는데, 제가 못 들었던 거예요. 그때는 그랬는데, 이제는 병원에서 한송희 씨 하면 어색해요. 그런데 '익숙해지지 마라. 행복이 멀어진다'는 책 제목처럼 익숙해지면 제 자신의 삶에서 멀어져요. 서뉴 엄마에서 멀어져야 해요. 그렇다고 해서 서뉴 엄마가 아니지는 않잖아요. 우리가 육아 스트레스를 받는 이유 중 하나도 그거예요.

한때는 잘나가는 사회인에서 지금은 누구의 엄마이기만 한 거잖아요. 그게 서글프잖아요. 저는 두 아이의 엄마라서 행복하고 좋지만, 그냥 제 자신, 한송희도 좋아요. 나라서 내 삶 자체가 행복해야 하는데, 타인에 의한 삶만 있으니 제 자신이 사라지는 거예요. 그래서 행복도 멀어지는 것 같더라고요. 첫째만 있을 때는 온 마음 온 정성을 다해 희생하는 마음으로 나름 행복하다고 자부했어요. 그럼에도 즐겁고 재미있었거든요.

그런데 둘째를 낳고 나서는 이게 행복이 아니라 오롯이 내 희생인 거예요. 그때부터 저를 찾는 행위를 하나하나 실천해 나갔습니다.

♥ 나만 그런 것 같아요

육아를 하면서 '나만' 그런 것 같은 느낌을 많이 받아요. 같은 말로 '우리 아이'만 그런 것 같은 느낌을 지울 수 없어요. 나만 우울해하고 가장 슬픈 행성에 자리 잡고 있는 것 같아요. 어디를 가도 나만 외롭고 우울하고 뒤처지고 있다는 생각에서 빠져나오지 못하죠. 마트에 가서 아이가 떼를 부릴 때, 같은 반 엄마들과 키즈 카페에 갔는데 우리 아이만 드러누워서 울고 불며 밥 안 먹을 때, 놀이터에 가서 우리 아이만 간식 달라고 떼쓸 때, 왜 우리 아이만 그런 것 같죠?

그런 기분에서 빠져나와야 해요. 절대로 그렇지 않다는 것을 알면서도 정작 우리는 모르잖아요. 나를 중심으로 유리벽으로 둘러싸인 듯, 어떠한 소리도 들리지 않는 현실을 항상 경험해요. 절대 그렇지 않아요. 옆집 엄마는 더하면 더했지 덜하지 않아요. 모든 사람이 나름의 고민을 안고 살아가고 있어요. 다른 아이를 한번 봐요. 딱 그 나이에 할 수 있는 행동을 하는 걸 보면 우리 집 아이랑 똑같아요.

그런데 왜 내 아이만 그럴 때마다 화가 나는지 모르겠어요. 이게 모두 비교 때문이에요. SNS에서 완벽해 보이는 유명인 엄마, 아빠의 모습은 일부일 뿐인데, 그 모습이 전부인 것처럼 다가오죠. 내 삶은 내가 가진 것을 가치 있게 바라보는 것에서부터 가치가 높아져요. 그러거나 말거나 내 길을 가는 것, 마이웨이의 마인드가 필요하답니다. 제가 좋아하는 글이에요.

나 자신에게 더욱 집중하라. 언제나 나를 1순위에 두어라.

다른 이의 삶에 한눈팔며 살기에 여기 내 인생은 너무 소중하다.

-『흔들리는 나에게 필요한 한마디』(서윤진 지음, 타커스) 중에서 -

♥ 엄마의 모든 감정은 소중하다

〈인사이드 아웃〉이란 영화가 있어요. 라일리라는 아이가 주인공이지만, 사실 라일리의 머릿속에서 감정을 컨트롤하는 본부에 사는 감정 친구들(기쁨, 슬픔, 까칠, 버럭, 소심)이 주인공인 셈이에요. 라일리의 감정 컨트롤 본부에서 기쁨이는 라일리가 슬픔을 느끼지 않도록 무던히 애써요. 하지만 기쁨이는 슬픈 감정도 꼭 필요하다는 걸 알게 되고, 서로의 감정이 모두 필요하다는 결론으로 끝나요.

우리의 안에는 영화처럼 5가지의 감정으로 축소시킬 수 없을 만큼 다채로운 감정이 존재해요. 여러 감정을 느끼는 게 당연한데 버럭 화를 내거나 불안해하는 감정을 나쁜 감정이라고 치부하는 것에서부터 오류인 거죠. 우리가 아이에 대해 죄책감을 느끼거나 화를 내는 것도 나쁜 건 아니에요.

흔히 엄마가 느끼는 죄책감에 대해 이야기해볼게요. 죄책감은 부정적인 나에 대한 평가예요. 자기비난인 거죠. 죄책감을 갖는다는 건 한편으로는 아이한테 맞춘 생활을 했을 확률이 높아요. 삶에서 아이를 빼면 남는 게 무엇인지 살펴보세요. 당신은 좋은 엄마란 증거예요. 더 이상 아이로 인한 죄책감에 사로잡히지 않았으면 좋겠어요.

더 잘해주지 못해서, 더 함께하지 못해서, 더 많이 해주지 못해서, 다른 엄마가 나보다 더 잘해주는 것 같아서, 나 같은 엄마 안 만났으면 하는 미안함과 안쓰러움 같은 감정 말이에요. 내가 해줘야 하는 부분을 해주지 못해서 미안해하는 건 괜찮지만, 내가 해주지 않아도 되는 부분을 해주지 못해서 미안해하는 엄마들이 많아요.

늦게까지 어린이집에 있는 아이에게 미안함을 갖지 않아도 돼요. 늦은 하원으로 제대로 놀아주지 못하거나 마음을 공감해주려 노력하지 않는 것을 미안해하세요. 아이에게 버럭 화를 냈거나 감정적으로 대응했다면, 아이를 재우고 후회와 죄책감과 반성이 범벅된 감정이 아니라 내일은 어떻게 해야겠다고 다짐하고 판단하는 점검의 시간이 되어야 해요.

죄책감을 느끼는 건 괜찮지만 죄책감을 과하게 느끼다 보면 쓸데없는 자기비하로 발전해서 나는 쓸모없는 사람이라는 좌절감과 패배감, 더 나아가 분노로 발전해요. 그 분노는 다시 아이에게 가고 엄마는 우울감에 빠지죠. 이제 죄책감은 잠시만 느끼고 이만하면 잘한다며 나 스스로를 토닥여주는 뻔뻔함과 당당함을 장착하세요. 워킹맘은 뻔뻔함을, 전업맘은 당당함이 필요한 최적기랍니다. 다음의 문장은 저를 위로해 준 문자이에요.

지금 여러분이 인간적인 엄마라면 여러분은 이미 훌륭한 엄마입니다. 명심하세요. 조금 부족한 모성, 부족한 엄마가 가장 훌륭한 엄마라는 사실을. 그러니 가슴을 활짝 펴십시오. 훌륭한 엄마의 또 다른 요건이 있다면 그건 당당함이랍니다.

- 『완벽하지 않아도 괜찮아』(박미라 지음, 휴) 중에서 -

엄마의 화 다스리는 리얼 현실 팁

♥ 엄마의 화 다스리기

> 마음의 괴로움을 견디지 못해, 나를 찾는 사람들
> 10명 중 8명의 문제는 '못 참고 욱하는 것'이었다.
>
> - 오은영·소아청소년정신과 전문의 -

엄마들이 가장 어렵다고 말하는 것이 바로 감정 컨트롤이에요. 대부분의 엄마들이 화가 나도 큰소리를 내지 못하고 꾹 참죠. 감정을 억눌러야 하는 것만큼 엄마를 괴롭히는 일도 없답니다. 화가 나는 이유는 대부분 나의 시간과 감정이 상대방에게 침범당했다고 느끼기 때문이에요. '너 때문에 늦어졌고, 너 때문에 내 일을 포기했고, 너 때문에 나의 모든 삶이 낭비되고 있어!'라는 생각 때문에 화가 나는 거죠.

그렇기 때문에 가장 먼저 '남 탓'을 하지 않아야 해요. 인간관계에서도 굉장히 중요하지만, 엄마와 아이의 관계에서는 '아이 때문이야'라고 느끼지 않아야 해요. 제가 육아 우울증에 빠져 있을 때, 아이를 키우는 것 자체보다 더 힘들었던 것은 자꾸 아이 탓을 하고 화를 내고 있는 제 모습이었어요. 화가 나는 원인을 아이에게서 찾았고, 아이에게 화를 내는 제 자신에게 실망하고 자책하다 보니 육아 우울증에서 쉽게 벗어날 수 없었어요.

그만큼 육아에서는 감정 조절이 힘들어요. 자꾸 치미는 화를 단순히 개인의 문제만으로 치부하는 것이 오류의 시작이죠. 화가 나는 건 문제가 아니에요. 사람이라면 화도 나고 분노할 수 있어요. 화(감정)를 잘못된 방법으로 표현(행동)하는 것이 문제이고, 화를 현명하게 다루지 못하는 것이 문제랍니다.

> 화내는 엄마가 아이를 망친다느니, 아이는 엄마 감정의 하수구가 아니라느니, 그딴 책들은 넣어두세요. (중략) 우리는 원래 화내는 엄마가 아니었어요!
>
> - 『극한육아 상담소』 (한혜진 지음, 로지) 중에서 -

저는 이 말 한마디가 너무 감사했어요. 평소 화를 낼 때도, 내고 난 다음에도 현실적인 대안을 찾지 못하고 무조건 남 탓만 하는 제 자신이 못마땅했죠. 그런데 알고 보니 화는 나를 보호하기 위한 하나의 감정이었던 거예요. 옳고 그름을 따질 수 있는 성질의 것이 아니었던 거였죠.

그런데 아이들은 그 사실을 저 보다 더 먼저 알고 있었던 것 같아요. 화를 내는 엄마만 기억할까 걱정했는데, 그렇지 않았거든요. 화도 내기도 하지만, 평소 저는 한없이 다정다감하고 잘 놀아주고, 아이들 마음을 진심으로 공감하려고 노력하는 엄마이기도 하거든요.

물론 화를 다스리기 위해서는 내가 화나는 이유와 패턴을 분석하는 일이 필요해요.

♥ 나는 분노하는 엄마가 아니다

나 자신을 믿어주세요. 나는 화를 내는 엄마가 아니고 충분히 화를 조절할 수 있고, '아이에게 분노하는 엄마가 아니다' 하는 마음을 스스로에게 불어넣어주세요. 자책하고 자기혐오의 감정을 느끼며 반성에만 머무르기 보다는, 나는 그런 사람이 아니고 충분히 할 수 있다는 마음을 더 많이 가져야 해요.

♥ 화냈던 상황을 철저히 분석한다

내가 왜 그 상황에서 화를 냈지? 왜 그랬을까? 꼭 화를 냈어야만 했나? 하는 분석을 해보세요. 지나고 보면 별거 아닌 일에 버럭 화를 냈을 수도 있어요. 다시 그 상황이 오면 '아, 그때와 같은 상황이다!' 하며 인지하는 거죠.

화내는 패턴을 분석하지 않는다면 반복적으로 화를 표출할 수도 있어요.

♥ 아이에게 시그널 보내기

저는 아이한테 화를 덜 내기 위한 다양한 방법을 시도해봤어요. 아이한테 화를 내기 직전 시그널을 보내는 거예요. "지금 엄마 화가 많이 날 것 같아. 어떻게 하면 좋을까?"라는 말을 해요. 아이도 엄마가 화를 내면 걷잡을 수 없다는 상황을 감지해요. 다양한 방법으로 상황을 정리하고 싶은데, 말도 안 되는 상황이 시작될 때 시그널을 보내줍니다. 그다음 정확히 원하는 걸 설명하거나 다시 공감하기를 해서 상황을 마무리하거나 서로 타협하죠. 기다려주기와 거래하기 스킬을 적용하는 거예요.

♥ 손으로 T자를 그리며 "타임!" 하고 외치기

순간 주의를 돌리는 효과가 있어요. 폭발 직전이거나 아이의 동시다발적인 요구에 쓰러질 것 같을 때 **'타임스킬'**을 써보세요. 그건 아이나 엄마가 이상한 게 아니라 자연스러운 현실이에요. 아이이기 때문에 엄마한테 연속적으로 요구하고, 무한정 그 요구를 받아내는 엄마이기 때문에 지치지요. 그럴 때 손으로 T자를 만들며 타임이라고 외치면 아이들도 알아요. 처음에는 어리둥절해하지만 잠깐 시간을 갖자는 멈춤의 의미로 받아들여요. 순간 정지 기능이 필요할 때 타임 스킬을 사용해보세요.

♥ 다른 곳으로 이동하기

아이가 나를 화나게 만들 때 엄마의 감정을 있는 그대로 말해요. 그리고 아이들한테 화가 미치기 전에 다른 곳에 가서 화를 푸세요.

"엄마가 지금 화가 많이 났어. 미안하지만 잠깐만 기다려!"

베개에 얼굴을 파묻고 소리를 지르거나 미친 듯이 다른 방에서 화를 풀고 나오세요. 아이가 보이지 않는 곳에 가서 화를 푸는 방법은 굉장히 올바르고 건전한 화 풀기 방법이에요. 한번 실행해보면 내 화를 이렇게 표출해서라도 가라앉혀야겠다는 생각을 하게 돼요.

♥ 딴짓하기 스킬

아이에 대한 신경을 끊고 새로운 상황으로 전환해요. 미친 듯이 노래를 불러요. 아이가 '이게 뭐지?' 하며 당황해하겠지만 화는 피할 수 있죠. 육아서 등을 보면 너무 판에 박힌 이야기뿐이에요. 모든 상황에서 이런 스킬을 적용하라는 건 아니에요. 엄마와 아이한테 맞는 다양한 스킬을 잘 적용해서 화를 다른 곳으로 돌리고 가라앉히라는 의미입니다.

♥ CCTV 스킬

어딘가에 CCTV가 있다고 생각해봐요. 그럼 화를 내려다가도 순간 멈칫할 수 있어요. '누군가 날 지켜보고 있다. 같은 반 아이 엄마들이 날 보고 있어!'라고 상상해보세요. 섬뜩하지 않나요? 이런 이야기를 주변 엄마들한테 하면 어이없는 표정으로 웃어요. 소리를 빽 지르고 있는 저의 모습을 볼 때 **CCTV 스킬**을 적용하면 순간 멈칫할 때가 많아요.

♥ 폭발 직전을 알리는 사인 만들기

돌아버리기 일보 직전에 엄마만의 사인을 만들어요. 아이에게 알리는 게 아니라 스스로 깨닫기 위함이죠. 몸짓이나 단어를 만들어 "이건 아니지!" 하고 제자리로 돌아옵니다. 저는 머리를 도리도리 세차게 흔들거나 "아니야, 아니야." 하고 말하거나 머리를 한 대 때립니다. 그리고 정신을 차려요. 저 혼자만의 사인인 거죠.

♥ 쓸데없이 에너지를 낭비하지 않기

엄마가 쓸데없는 곳에 감정과 체력을 소비하면 심신이 지치기 때문에 더 화가 날 수 있어요. 내가 처리해야 하는 목록을 작성하고 그것 말고는 아무것도 하지 않아요. 감정이 상할 일이나 체력적으로 지치는 일을 하지 않아요. 내가 할 수 없거나 하지 않아도 되는 것을 내려놓는 지혜가 필요해요.

♥ 화를 내고 나서 솔직하게 미안하다고 말하기

아이를 훈육했을 때는 미안하다고 하면 안 되지만, 내 감정을 쏟아내고 컨트롤하지 못한 화에 대해서는 솔직하게 엄마의 감정을 설명하는 게 좋아요. "엄마가 화가 많이 나서 그랬어. 미안해. 소리 질러서 많이 놀랐지?"라고 사과하고 아이의 감정을 공감해주세요. 그러다 보면 아이가 커서 엄마의 힘든 마음도 헤아릴 날이 올 거예요. 그리고 아이들은 화를 내는 엄마만 기억하지 않아요.

♥ 내가 잘해줄 수 있는 것에 집중하기

아이가 어릴수록 팔랑귀가 되어 내가 해줄 수 없는 영역까지 손을 대고 끙끙거리느라 아이는 뒷전으로 밀려나는 경우가 있어요. 아무리 옆집 엄마가 미술을 해줘도 먼저 자신의 상황을 점검하고 결정해야 합니다. 또 아이와 놀아줘야 하는 강박에서도 벗어나세요. 아이랑 놀아주지 않아도 놀아주는 것처럼 보이는 **둔갑시키기 스킬**이 있어요. 아이가 책을 읽거나 뭔가를 할 때 엄마가 필요한 시점이 있어요. 그 틈을 노려서 치고 들어가 잠깐 격려하고 다시 하던 일을 하면 된답니다.

♥ 나를 위한 온전한 시간이 있나요?

정말 심하게 아이한테 화를 낸다면, 육아 상황을 점검해볼 필요가 있어요. 아이한테 올인하고 나를 위한 시간이 전혀 없는 건 아닌가요? 아무리 살림을 좋아해도 요리는 나만을 위한 게 아니에요. 남편과 아이를 떼어놓고 아주 잠시라도 나만을 위한 시간이 있는지 살펴보세요. 책 읽기, 혼자 영화보기, 산책하기 등 온전히 나를 위한 시간을 확보하세요.

에필로그

재테크, 자기 계발, 육아 이 세 가지엔 공통점이 있어요. 관련 분야의 이론서와 실전 전문서적이 아주 많다는 것, 전문가가 많다는 것, 아는 사람도 행하는 사람도 매우 많다는 것이에요. 그리고 또 하나의 공통점이 있어요. 그럼에도 불구하고 제대로 실천하는 사람은 많지 않다는 것. 사실, 알기만 하는 건 진짜 아는 게 아니에요. 내가 알게 된 것에 대해 깊이 공감하고, 이해하고, 행동으로 옮겼을 때, 비로소 내 것이 되고 진짜 안다고 말할 수 있어요.

『책이 좀 많습니다』(윤성근 지음, 이매진) 라는 책에 이런 내용이 나와요.
"경험한다고 하더라도 그 경험을 이해하는 건 또 다른 문제다. 이해하려면 자기 안에 철학이 있어야 한다. 임영욱씨는 그렇게 읽은 많은 책들을 통해서 자기 철학을 만들고, 그 철학을 통해 사회를 이해할 수 있는 눈을 얻은 셈이다. 아무리 책을 많이 읽고 머릿속에 든 게 많아도 그것을 버무려 자기 철학을 만들지 못하면 '아는 척'밖에 할 수 없다."

엄마들이 알고 있다고 생각하는 육아, 정말 알고 있는 걸까요? 혹시 '아는 척'을 하기 위해 안다고 하는 건 아닐까요? 진짜 알고 있는 내 지식이라면, 누군가에게 술술 그 방법을 전수하거나 그 방법을 몰라서 쩔쩔매는 상황은 적어도 없어야 해요. 예를 들어, 영어를 공부하려면 단어를 외우고, 복습을 반복해야 한다는 방법론적인 것은 누구나 알고 있어요. 하지만 내가 직접 영어를 정복하지 않는 이상 영어공부법을 제대로 안다고 할 수는 없어요. 그전까지는 아는 척만 할 뿐이죠. 육아도 마찬가지에요. 이제는 어디 가서 안다고 다 아는 내용이라고 하지 말아요.

저도 초보 엄마 시절에 시행착오가 많았어요. 셀 수 없이 번뇌하고 쓰러지고 실패하고, 소리 지르고 발악했지요. 사실 지금도 다름없이 지내지만, 처음보다는 훨씬 좋아졌어요. 무엇보다 행복합니다. 예전엔 생방송 같은 육아 현장에 매일 출근하다보니 행복하지 않은 날들도 있었어요. 그러다 그 치열한 시간 속에서 '이건 정말 좋더라'하는 육아의 비결들이 하나둘씩 생겼죠. 우리 '뉴자매'를 연구하며, 더 좋은 방법을 찾기 위해 한 발 한 발 나아가다보니 서로 행복한 육아를 할 수 있게 되었어요.

앞서 저의 안내에 따라 숨 가쁘게 달려오셨을 엄마들에게 드리고 싶은 말이 있어요. 어쩌면 글을 읽다가 '이걸 어떻게 다 하란 말이야?'라거나 '뭐 다 아는 이야기네, 어디서 봤을 법한 이야기.'라는 생각이 드셨을 수도 있어요. 하지만 제가 말씀드린 내용들은 모두 정답이 아니라 과정이에요.

이렇게 할 수 있다는 걸 보여드린 거예요.

　육아는 매우 모호합니다. 아이마다 육아법이 통하기도 하고 통하지 않기도 해요. 그렇기 때문에 저는 이 책에서도 "이게 정답이에요.", "이렇게 무조건 해보세요." 라고 말씀드리지 않아요. 다만, 내가 아는 육아법이 안 통하고, 도대체 아이의 마음은 모르겠고, 육아에 힘들고 지칠 때, 주저앉지 말고 제가 말씀드리는 방법을 단 한 번이라도 시도해보시길 바라요.

　육아법은 다른 게 아니라 엄마의 삶을 더 행복하게 가꾸기 위해 필요한 방법입니다. 엄마의 삶 속엔 당신의 예쁜 아이가 평생 함께 하겠죠. 어릴 때 물고 빨고 말로만 예쁘다하지 말고 진짜 예뻐해 주세요! 0세부터 7세는 아이의 삶을 통틀어 가장 중요한 시기예요. 못된 행동을 하더라도 진심으로 사랑을 주고 바르게 이끌어주세요. 물론 아이의 말썽에 엄마도 힘들어요. 또 모두 실천하기 힘들다는 것도 잘 알아요. 하지만 바로 내 눈앞의 문제 상황을 바꾸기 위해서라도 책을 펴고 파야 합니다! 육아서가 하는 말 그대로 따르기 보단, 나에게 맞게 변경하시고 '내 육아'로 변경하시는 거예요. 그렇게 하다보면 결국 두 사람에게 딱 맞는 '육아법'이 나와요.

　다시 말씀드리지만, 아이들은 사랑스런 미치광이에요. 평범하고 정상적인 사고방식으로는 아이를 이해하고 받아들이기 쉽지 않아요. 하지만 육아는 내려놓는 게 아니라 아이를 받아들어야 가능한 일이니까, 창의적으로 생각해야 해요.

누구나 살아가며 공부를 합니다. 아마 안 해본 엄마는 없을 거예요. 영어를 한 번 더 예로 들어볼게요. 과거 우리는 토익, 토플, 영어회화 등을 공부한다며 얼마나 많은 학원을 다녔고, 또 얼마나 많은 양의 책과 기기를 구입했는지 기억하시나요?

"그럼, 혹시 엄마 공부를 위해서는 얼마나 시간을 투자하셨나요?"

학교 졸업 혹은 직장을 구할 때 도움이 되었던 영어공부는 많은 에너지를 투자했지만, 정작 우리는 일생일대의 중요한 역할인 부모를 경험하며 얼마나 공부했을까요? 주변을 보면 육아에 대해 굳이 공부가 필요 하느냐 또는 공부해서 되는 게 아니라는 반응도 있어요. 하지만 내 아이가 '알아서 잘 큰다.'는 생각은 부모님의 큰 착각이에요. 어린 아이에겐 적절한 보살핌과 훈육 그리고 사랑이 필요해요. 그 역할은 오직 부모만 할 수 있죠.

이 책의 끝자락까지 와 계신 엄마들이이라면 이제, '사권신공'스킬을 장착하고, 당신의 아이를 위해 새로운 육아법을 창조할 일만 남았어요. 귀한 당신의 아이를 위한 육아법은 세상에 단 하나입니다. 주변의 시선이나 말에 흔들리지 마세요. 오직 당신의 아이와, 당신 자신의 행복을 위하는 엄마가 되길 소망합니다.

— 서뉴·으뉴 엄마 한송희

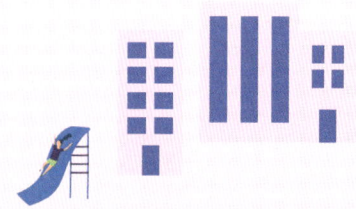

일상의 별별 상황에 바로 적용할 수 있는
소신 있게 엄마표 꿀육아

초판 1쇄 인쇄 2018년 8월 30일
초판 1쇄 발행 2018년 9월 6일

지은이   한송희
발행인   김승호
펴낸곳   스노우폭스북스
편집인   서진

편집진행   이현진
마케팅   김정현, 이민우, 박솔지
디자인   강희연

주소   경기도 파주시 문발로 165, 3F
대표번호   031-927-9965
팩스   070-7589-0721
전자우편   edit@sfbooks.co.kr
출판신고   2015년 8월 7일 제406-2015-000159

ISBN 979-11-88331-45-1 13590
값 16,800원

- 스노우폭스북스는 여러분의 소중한 원고를 언제나 성실히 검토합니다.
- 이 책에 실린 모든 내용은 저작권법에 따라 보호를 받는 저작물이므로 무단 전재와 무단 복제를 금합니다. 이 책 내용의 전부 또는 일부를 사용하려면 반드시 출판사의 동의를 받아야 합니다.
- 잘못된 책은 구입처에서 교환해 드립니다.